A

IVAN LE TERRIBLE

DU MÊME AUTEUR

Romans isolés

FAUX JOUR (Plon)
LE VIVIER (Plon)
GRANDEUR NATURE (Plon)
L'ARAIGNE (Plon) *Prix Goncourt 1938*
LE MORT SAISIT LE VIF (Plon)
LE SIGNE DU TAUREAU (Plon)
LA TÊTE SUR LES ÉPAULES (Plon)
UNE EXTRÊME AMITIÉ (La Table Ronde)
LA NEIGE EN DEUIL (Flammarion)
LA PIERRE, LA FEUILLE ET LES CISEAUX (Flammarion)
ANNE PRÉDAILLE (Flammarion)
GRIMBOSQ (Flammarion)
LE FRONT DANS LES NUAGES (Flammarion)
LE PRISONNIER Nº 1 (Flammarion)
VIOU (Flammarion)
LE PAIN DE L'ÉTRANGER (Flammarion)
LA DÉRISION (Flammarion)

Cycles romanesques

LES SEMAILLES ET LES MOISSONS (Plon)
  I — Les Semailles et les Moissons
  II — Amélie
  III — La Grive
  IV — Tendre et violente Elisabeth

LES EYGLETIÈRE (Flammarion)
  I — Les Eygletière
  II — La Faim des lionceaux
  III — La Malandre

LA LUMIÈRE DES JUSTES (Flammarion)
  I — Les Compagnons du Coquelicot
  II — La Barynia
  III — La Gloire des vaincus
  IV — Les Dames de Sibérie
  V — Sophie ou la Fin des combats

LES HÉRITIERS DE L'AVENIR (Flammarion)
  I — Le Cahier
  II — Cent un Coups de canon
  III — L'Éléphant blanc

TANT QUE LA TERRE DURERA... (La Table Ronde)
  I — Tant que la terre durera...
  II — Le Sac et la Cendre
  III — Étrangers sur la terre

LE MOSCOVITE (Flammarion)
  I — Le Moscovite
  II — Les Désordres secrets
  III — Les Feux du matin

HENRI TROYAT
de l'Académie française

IVAN
LE TERRIBLE

FLAMMARION

Il a tiré de cet ouvrage :

TRENTE-CINQ EXEMPLAIRES SUR PUR FIL
DES PAPETERIES D'ARCHES
DONT TRENTE EXEMPLAIRES NUMÉROTÉS DE 1 A 30
ET CINQ EXEMPLAIRES, HORS COMMERCE, NUMÉROTÉS DE I A V

CINQUANTE-CINQ EXEMPLAIRES SUR VÉLIN ALFA
DONT CINQUANTE EXEMPLAIRES NUMÉROTÉS DE 31 A 80
ET CINQ EXEMPLAIRES, HORS COMMERCE, NUMÉROTÉS DE VI A X

Il a été tiré en outre :

QUARANTE-CINQ EXEMPLAIRES SUR VÉLIN ALFA
NUMÉROTÉS S. L. 1 A S. L. 45
RÉSERVÉS AUX BIBLIOPHILES DES SÉLECTIONS LARDANCHET

Le tout constituant l'édition originale.

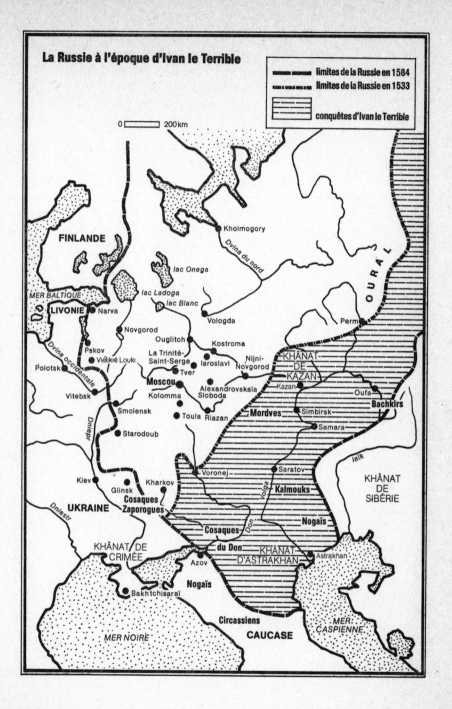

La Russie à l'époque d'Ivan le Terrible

limites de la Russie en 1584
limites de la Russie en 1533
conquêtes d'Ivan le Terrible

0 ⊏⊐⊏⊐⊏⊐ 200 km

FINLANDE

Kholmogory

Dvina du nord

lac Onega

MER BALTIQUE
lac Ladoga
lac Blanc

LIVONIE Narva
Vologda
Perm
OURAL

Novgorod
Ouglitch Kostroma
KHÂNAT
DE
KAZAN

Pskov La Trinité-
Saint-Serge Iaroslavl Nijni-
Novgorod
Viélikié Louki
Polotsk Tver
Kazan
Oufa

Moscou
Alexandrovskaïa
Sloboda
Bachkirs

Vitebsk Kolomma
Mordves Simbirsk

Smolensk Toula Riazan
Samara

Starodoub
Iaïk

Kiev Voronej Saratov
KHÂNAT
DE
SIBÉRIE

Glinsk Kharkov
Kalmouks

Cosaques
Zaporogues
UKRAINE

Nogaïs

Cosaques
du Don

KHÂNAT DE
CRIMÉE
KHÂNAT
D'ASTRAKHAN Astrakhan
Azov

Nogaïs

Bakhtchisaraï

Circassiens
MER
CASPIENNE

MER NOIRE CAUCASE

Dvina occidentale
Dniepr
Dniestr
Don
Volga

CHAPITRE PREMIER

LES PARENTS

Vingt ans de mariage et pas la moindre promesse d'enfant. C'est une épreuve plus dure pour un couple princier que pour le commun des mortels. Du moins est-ce, en 1526, l'opinion du grand-duc de Moscou, Vassili III. Soucieux d'assurer sa descendance, il se demande si, malgré l'estime affectueuse qu'il porte à son épouse, la belle Salomé Iourievna, il ne devrait pas la remplacer avant d'avoir perdu, avec l'âge — il a quarante-sept ans —, tout pouvoir de procréation. Partageant la déception de son mari, Salomé multiplie les pèlerinages, les consultations de sorciers et les frictions avec un mélange d'huile et de miel sur les parties les plus intimes de son corps, sûr moyen, dit-on, d'être fécondée. Le résultat est nul. Désespéré, Vassili ne peut plus voir un nid sur une branche d'arbre sans en avoir les larmes aux yeux. Tourné vers sa suite de boyards [1], il soupire : « Les oiseaux sont plus heureux que moi. Ils ont au moins des enfants !... Qui deviendra mon héritier et celui de l'empire de Russie ? Mes frères en sont indignes, eux qui

_____

1. Nom des anciens nobles en Russie. Leur assemblée, la *Douma,* était parfois associée aux affaires de l'Etat.

ne savent pas seulement gouverner leurs apanages [1] ! » A ces mots,
les boyards sentent le moment venu d'avancer une suggestion
hasardeuse. « Sire, dit l'un d'eux, on abat le figuier infécond pour
en planter un autre dans le verger. » C'est précisément ce que
Vassili voulait entendre. Peut-être, d'ailleurs, la stérilité de Salomé
n'est-elle qu'un prétexte pour ouvrir le lit du souverain à une
créature plus fraîche. Sans ombre de remords, il conseille à son
épouse de se retirer dans un cloître. Elle proteste qu'elle n'a pas
mérité une telle pénitence après toute une vie de loyal amour.
Devant son refus, Vassili emploie la manière forte. Enlevée au
palais, elle est enfermée au couvent de Souzdal, où on lui coupe les
cheveux. Pendant la prise de voile, elle se débat avec tant de
vigueur qu'un officier du grand-duc la frappe avec son bâton pour
la rappeler à l'ordre. « Dieu me voit ; il me vengera de mon
persécuteur ! » s'écrie-t-elle entre deux sanglots. Le vieux prince
Simon Kourbski, les moines Maxime le Grec et Vassiane Patri-
khéïev osent intercéder en faveur de la malheureuse et sont
immédiatement bannis. Mais la plupart des boyards et des
ecclésiastiques, le métropolite Daniel en tête, approuvent cette
décision.

Débarrassé de son épouse, Vassili n'a qu'une hâte : en prendre
une autre. Certes, d'après la règle de l'Eglise orthodoxe, l'homme
qui a répudié sa femme n'a pas le droit de se remarier tant qu'elle
est en vie. Mais les lois qui régissent le comportement des humbles
s'effacent d'elles-mêmes devant les têtes couronnées. C'est du
moins ce qu'affirme le métropolite Daniel. Pour plus de sûreté, il
décide néanmoins de consulter le patriarche grec de Jérusalem.
Celui-ci, homme têtu et rigoriste, loin d'applaudir, fulmine.
« Vassili, écrit-il, si tu contractes un second mariage, tu auras un
fils méchant ; tes Etats seront en proie à la terreur et aux larmes ;

---

1. Vassili III compte, à cette époque, deux frères vivants : Iouri (certains
auteurs le prénomment Georges, né en 1480) et André (né en 1490).

des ruisseaux de sang vont couler ; les têtes des grands tomberont ; tes villes seront dévorées par la flamme. » Nullement impressionné par cette prophétie, le métropolite Daniel déclare avec superbe : « Eh bien, nous nous passerons de sa bénédiction ! » Son assurance revigore Vassili. Convaincu qu'il n'a plus rien à craindre de la colère céleste, il active les préparatifs de la noce. En vérité, son choix est déjà fait.

Alors que, selon l'usage, le souverain moscovite devrait convoquer au palais toutes les jeunes filles à marier du pays pour désigner, lors de la cérémonie du *smotriny* (le regard), celle qui partagera dorénavant sa couche, il décide de renoncer à ce concours de beauté et annonce tout à trac qu'il désire prendre pour femme Hélène Glinski, dont le père est un transfuge lituanien. Stupeur parmi les boyards : la fiancée est issue d'une famille catholique. N'eût-il pas mieux valu réserver un si grand honneur à une fille de leur race et de leur religion ? Vassili reste sourd à leurs doléances. Hélène est belle, intelligente, passionnée. Elevée « à l'allemande », elle tranche par sa culture et sa liberté de manières sur les vierges russes de son âge, qui sont enfermées dans l'ignorance, la pudibonderie, les superstitions et les modestes vertus ménagères. Le souverain est si amoureux d'elle que, pour paraître plus jeune, il n'hésite pas à se faire couper la barbe, ce qui, aux yeux des hommes pieux de son temps, confine au sacrilège.

Les fêtes nuptiales dureront trois jours. Avant la cérémonie religieuse, les fiancés se présentent devant une table drapée d'une nappe, où se trouve un plat contenant du pain et du sel. Leurs sièges sont recouverts de quatre-vingts peaux de martre noires, ces fourrures étant destinées à chasser les mauvais esprits. Les cierges nuptiaux sont, eux aussi, enveloppés de peaux de martre. Un dignitaire évente les fiancés avec des peaux de martre réunies en faisceau. L'épouse d'un autre dignitaire lisse leurs cheveux avec un peigne fin trempé dans de l'hydromel. On pose sur la tête d'Hélène un bonnet et un voile blanc. On jette sur le couple du houblon,

présage de fécondité. Et on se met en route, avec cierges,
lanternes, icônes et gâteaux, vers la cathédrale de l'Assomption.
Là, les fiancés marchent sur un tapis de damas et de zibeline. Le
métropolite leur présente un verre rempli de vin d'Italie. Ayant
bu, le monarque brise le verre sous ses pieds. Après la bénédiction,
les nouveaux époux, assis sur des coussins de velours cramoisi,
reçoivent les félicitations du clergé et de la cour, tandis que le
chœur chante : « Longue vie ! » Dans la chambre à coucher, où ils
se rendent ensuite, il y a un peu partout des icônes, des vases
remplis d'hydromel, des cierges fichés dans des tonnelets de
grains, des montagnes de peaux de martre et de zibeline et, sur le
lit nuptial, vingt-sept gerbes de blé. La femme du capitaine des
gardes, vêtue de deux pelisses de fourrure, dont l'une obligatoire-
ment tournée à l'envers, saupoudre encore les nouveaux mariés
avec du houblon, et des témoins leur offrent à manger du coq rôti.
Toute la nuit, l'écuyer du prince veille à cheval, l'épée nue, sous
les fenêtres de la chambre à coucher. Le lendemain, les deux époux
se rendent aux étuves, chacun de son côté, et, revenant dans la
chambre, mangent du gruau dans leur lit. Le mariage étant
considéré comme consommé — une chemise tachée de sang en est
la preuve —, les boyards congratulent leur maître et les festins
reprennent.

Malgré tout le houblon répandu au cours des diverses cérémonies, Hélène se révèle aussi stérile que Salomé. Comme pour
Salomé, ni les oraisons, ni les reliques, ni les pratiques de
sorcellerie, ni les onguents italiens ou allemands ne parviennent à
vaincre la malédiction qui pèse sur ce ventre. Dans le peuple, on
murmure déjà que Dieu, désapprouvant la seconde union de
Vassili, a décidé de ne pas lui donner d'enfant. En revanche,
l'innocente Salomé aurait accouché clandestinement d'un fils dans
le couvent où elle a été reléguée. Heureusement, les prières d'un
moine, nommé Paphnuce Borovski, finissent par fléchir le courroux du ciel. Hélène est enceinte. Vassili exulte. Derrière son dos,

les méchantes langues prétendent que l'honneur de cet exploit ne revient pas à celui qui s'en réjouit officiellement mais à un familier de la princesse, le prince Obolenski-Telépnev. Peu importe, Vassili se croit père, se veut père, comble Paphnuce de cadeaux, le déclare thaumaturge et le fait canoniser. Un autre moine, nommé Domitien, prophétise devant Hélène qu'elle sera « mère d'un Titus au vaste génie ».

Le 25 août 1530, elle met au monde un fils robuste et hurleur : Ivan. Au moment de la naissance, un roulement de tonnerre ébranle le ciel ; la foudre frappe le Kremlin ; les devins de la cour en concluent qu'un grand règne s'annonce. Dix jours plus tard, Ivan reçoit le baptême au couvent de la Sainte-Trinité [1], et son père reconnaissant, les larmes aux yeux, pose le petit corps emmailloté sur le tombeau de saint Serge, afin d'appeler sur le nouveau-né la protection de l'homme de Dieu. Dans l'ivresse de son bonheur, il prodigue l'or aux églises, ouvre les prisons, accorde son pardon à quelques hauts seigneurs qui ont naguère mérité sa disgrâce et reçoit infatigablement des délégations de ses sujets, des plus déshérités aux plus fastueux.

Cependant, très loin de là, le khân de Kazan, apprenant la naissance d'Ivan, déclare aux boyards russes qui lui rendent visite : « Il vous est né un souverain et il a déjà deux dents. Avec l'une, il nous dévorera, nous les Tatars, mais avec l'autre, c'est vous qu'il dévorera ! »

Deux ans plus tard, Hélène, décidément favorisée par le Très-Haut, accouche d'un second fils, Iouri. La dynastie est assurée. Vassili a conscience d'avoir rempli son rôle de souverain aussi bien sur les champs de bataille que dans son lit. Le 25 septembre 1533, dans un esprit de gratitude, il se rend avec sa femme et ses enfants au couvent de la Sainte-Trinité, reçoit la bénédiction de l'archi-mandrite, jeûne et prie parmi les pèlerins accourus de tous les

---

1. A quelque soixante-dix kilomètres au nord de Moscou.

coins de la Moscovie. Puis, il part pour la chasse, entouré de ses
chiens, de ses archers à pied et de ses cavaliers armés de fourches.
En pleine forêt, non loin de la localité de Volokolamsk, il éprouve,
en chevauchant, une souffrance à la hanche gauche : un abcès
violacé et qui suppure. Malgré la douleur, il décide, le lendemain,
de participer à une battue. Un étourdissement le saisit. On le
ramène sur une civière au village de Kolp. Inquiète, Hélène fait
mander son oncle Michel Glinski et deux médecins allemands,
Théophile de Lubeck et Nicolas Luef. Ceux-ci commencent par
employer les « remèdes russes » : cataplasmes de farine, de miel et
d'oignons bouillis. En vain. Le pus jaillit à pleines tasses.
Transporté à Volokolamsk par ses boyards, Vassili se sent perdu.
Chaque fois qu'on renouvelle les cataplasmes, le flux nauséabond
augmente. Les docteurs, désorientés, ordonnent un laxatif de
graines qui ne fait qu'affaiblir le malade. Il exige qu'on le ramène à
Moscou, car il veut mourir dans sa capitale. Première étape : le
couvent Saint-Joseph où on expose le malade sur un lit, dans
l'église. Pendant que le diacre récite des prières pour sa guérison,
Hélène et ses enfants, les chasseurs, les boyards, le clergé, le
peuple accouru, tous à genoux, sanglotent. On reprend la route de
Moscou. Il neige. Le traîneau où repose Vassili est durement
secoué sur la piste. Comme il veut entrer secrètement dans la ville,
afin d'échapper à la malveillante curiosité des ambassadeurs
étrangers, on jette un pont sur la rivière Moskva en cassant la glace
encore très mince. A peine le traîneau s'est-il engagé sur la légère
passerelle qu'elle se rompt sous le poids de l'attelage. Les chevaux
glissent dans l'eau, mais les boyards, coupant les traits, retiennent
le traîneau et le tirent sur la berge. Enfin, à l'aube du 25 novembre
1533, Vassili se retrouve dans ses appartements du Kremlin,
tellement épuisé qu'il peut à peine remercier Dieu de l'avoir
conduit à bon port. Il neige sans discontinuer sur les églises, le
palais, les masures. Transies de froid, aveuglées par le tourbillon-
nement des flocons, les sentinelles interpellent des fantômes qui se

hâtent vers l'escalier d'honneur. Tous les dignitaires de la cour savent déjà que leur souverain se meurt. Ils accourent sur son ordre : les princes Ivan et Vassili Chouïski, Michel Zakharine, Vorontzov, Kourbski, Glinski, le trésorier Golovine, l'intendant Chigona, des boyards de moindre importance... Massés dans le vestibule, ils attendent silencieusement, dans la lueur blafarde qui tombe des fenêtres en mica. Enfin, un serviteur ouvre les portes de la chambre. Des cierges brûlent devant le lit où repose l'agonisant. Autour de lui, des moines murmurent des prières. Rassemblant ses forces, Vassili dicte, en présence des boyards, un testament définitif. Il désigne pour son successeur au trône son fils Ivan, qui n'est encore que dans sa troisième année, et le met, jusqu'à l'âge de quinze ans, sous la tutelle de sa mère, Hélène, et des boyards. Ces dispositions ne satisfont guère les courtisans qui répugnent à avoir pour souverain un enfant en bas âge et pour régente une étrangère flanquée d'une famille nombreuse et rapace. Mais ils s'inclinent avec respect devant la volonté du mourant. Celui-ci, devinant leur mécontentement, dit à Michel Glinski : « Bien que tu sois étranger de naissance, tu es devenu russe parmi nous. Je te confie donc ma femme et mon fils. »

Comme sa plaie suppure de plus en plus, dégageant une odeur infecte, il prie les médecins Luef et Théophile de le laver avec de la vodka. Pendant qu'ils s'exécutent, il leur demande : « Dites-moi avec franchise s'il est en votre pouvoir de me guérir. » Luef ne lui cache pas qu'il a perdu tout espoir. « Eh bien, mes amis, soupire Vassili, vous l'avez entendu, il faut que je vous quitte. » Le métropolite Daniel est là, avec le prêtre Alexeïev, portant les Saintes Espèces. Dans un effort surhumain, Vassili se met debout pour recevoir le Pain et le Vin. S'étant recouché, il fait venir sa femme, ses enfants et les bénit avec la croix. Puis, s'adressant aux boyards, il leur déclare : « Servez mon fils comme vous m'avez servi moi-même. Faites tout ce qui sera en votre pouvoir pour qu'il règne sur ce pays... N'abandonnez pas Michel Glinski, car il est

attaché à mon épouse par les liens du sang. » A ces mots, les
sanglots d'Hélène redoublent. Elle pousse des cris perçants et,
agenouillée, se frappe la tête contre le sol. On l'emmène de force,
les vêtements déchirés, les cheveux épars. Dès qu'elle s'est retirée,
Vassili demande au métropolite Daniel de le consacrer moine.
Pour le salut de son âme, il veut, dit-il, qu'on l'enterre non comme
un monarque tout-puissant mais comme le plus modeste des
religieux. Son frère André et Vorontzov élèvent la voix pour
s'opposer à ce désir qu'ils jugent incompatible avec la dignité de
grand-duc de Moscou. La langue à demi paralysée, Vassili insiste.
Il baise la bordure de son drap, se signe d'une main incertaine et
supplie du regard l'icône de la Madone de Vladimir. Le métropolite Daniel se fait apporter un capuchon noir et s'écrie : « Non,
personne ne me ravira son âme ! Un vase d'argent est précieux sans
doute, mais, doré, il augmente de valeur ! » Les prières reprennent. Vassili est tonsuré. Il devient moine sous le nom de Varlaam.
L'Evangile est posé sur sa poitrine. Il respire à peine. Soudain,
Chigona s'écrie : « C'en est fait, le monarque n'est plus ! » Peu
après, il affirmera que le visage du prince s'est illuminé au moment
du dernier soupir et que les miasmes fétides qu'exhalait sa plaie se
sont transformés en un parfum suave. Le métropolite Daniel lave
le corps du défunt, l'essuie avec de la charpie et le revêt de l'habit
religieux. En apprenant la nouvelle, Hélène perd connaissance et,
dit-on, ne reprend ses esprits que deux heures plus tard.

Il est minuit, le 4 décembre 1533, personne ne dort dans
Moscou. Malgré la neige, le peuple attend, debout, dans les rues.
Quand la grosse cloche du Kremlin sonne le glas, la foule éclate en
sanglots et se prosterne. Elle pleure un grand prince qui, au cours
d'un règne de vingt-neuf ans, a su mater les boyards, combattre les
Tatars de Crimée et ajouter aux provinces et aux villes dont il a
hérité Pskov, Riazan et des territoires enlevés à la Lituanie. Le
lendemain, à la cathédrale de Saint-Michel-Archange, le métropolite Daniel prononce l'éloge du défunt, « administrateur habile,

vrai pilote, image de la bonté divine, colonne de patience et de fermeté, père des seigneurs et du peuple ».

Après avoir pleuré à flots son mari quinquagénaire, Hélène se tourne gaillardement vers ses nouvelles activités de souveraine. Un conseil de régence l'entoure, composé des frères du défunt, Iouri et André, et de vingt boyards de distinction, dont Bielski, Chouïski, Obolenski, Vorontzov, Zakharine, Morozov... Cette assemblée est dominée par le vieux Michel Glinski, oncle de la régente, ambitieux et entreprenant, et par le grand écuyer, Ivan Obolenski-Telépnev, jeune, beau et borné, dont Hélène a fait son amant. Sur leur avis, elle envoie des ambassadeurs extraordinaires à l'empereur Charles Quint, à son frère Ferdinand, roi de Hongrie et de Bohême, renoue des relations amicales avec la Suède, la Moldavie, la Livonie, le khân d'Astrakhan, quelques princes nogaïs, continue le combat contre les Tatars de Crimée, pénètre en Lituanie, fortifie l'enceinte de Moscou. En 1536, le petit Ivan, âgé de six ans à peine, reçoit les ambassadeurs lituaniens et, se levant de son trône, demande d'une voix fluette : « Notre bon frère, le roi Sigismond, est-il en bonne santé ? » Puis il leur tend sa main à baiser. Tout le monde, dans son entourage, loue la dignité de son maintien et la netteté de son élocution. Incontestablement, ce bambin, haut comme trois pommes, a l'étoffe d'un souverain. Mais, selon le testament paternel, il faudra attendre longtemps avant qu'il ne prenne le pouvoir. Et, d'ici là, que de complots en perspective !

Dès le lendemain de la mort de Vassili, la lutte éclate entre les boyards soucieux de reprendre leurs prérogatives et la régente qui entend gouverner le pays avec plus de poigne que le prince défunt. Craignant que, malgré leur serment, les deux frères de son mari, Iouri et André, ne cherchent à s'emparer de la couronne, elle les fait arrêter l'un et l'autre, sous prétexte d'insubordination. Le premier, jeté en prison, y meurt de faim. Le second est capturé alors qu'il tentait de fomenter une révolte, incarcéré et empoisonné. Ses partisans sont torturés après avoir reçu le knout. Une trentaine d'entre eux sont pendus à des gibets dressés, de loin en loin, sur la route de Moscou à Novgorod. La femme d'André et son fils sont enfermés dans un cul-de-basse-fosse. Enfin, Michel Glinski, le propre oncle d'Hélène, pour avoir osé lui présenter des remontrances au sujet de sa liaison avec Ivan Obolenski-Telépnev, est privé de sa charge et conduit dans un cachot. D'autres princes sont étranglés ou exilés sous les motifs les plus futiles. Tant de violence indigne les boyards. « Obolenski-Telépnev est seul puissant à la cour, dit l'un d'eux. Les autres, plus anciens que lui, ne sont boyards que de nom. Et nul service n'est reconnu à moins de se rendre aimable au favori ! » Chaque jour, au Kremlin, augmente le nombre de ceux qui aspirent à un changement. Soudain, le 3 avril 1538, Hélène meurt, saisie par d'horribles souffrances. Nul doute, pour les ambassadeurs, qu'elle n'ait été empoisonnée. Au palais, c'est un soulagement unanime sous le masque de la contrition. Dans ce grand remue-ménage politique, personne ne s'occupe du petit Ivan, âgé de huit ans, qui vient de perdre sa mère.

CHAPITRE II

L'ENFANCE

Orphelin de père et de mère, Ivan ne peut même pas, dans son désarroi, se tourner vers ses oncles, André et Iouri, tous deux ayant péri en prison. Il est vrai que l'orgueilleuse princesse Hélène, absorbée par les soucis du pouvoir, ne s'est jamais beaucoup occupée de ses fils. La disparition de cette mère distante ne creuse donc pas un grand vide dans leur existence. Néanmoins, Ivan a l'impression qu'une source de chaleur lui manque. Aussi reporte-t-il toute son affection sur sa chère nourrice Agraféna, sœur du favori Obolenski-Telépnev. Celui-ci, dès la mort de la régente, comprend que sa situation est gravement menacée. L'heure de la revanche a sonné pour les boyards. Le premier qui redresse la tête est le prince Vassili Chouïski. Descendant, comme le grand-duc défunt et son successeur Ivan, de l'illustre Alexandre Nevski, il se targue d'appartenir à la branche aînée d'une famille dont la maison régnante ne représente que la branche cadette. Ce qu'il convoite, ce n'est donc pas une place proche du trône, mais le trône lui-même. Son premier soin est de balayer de sa route l'ancien favori Obolenski-Telépnev, qui est jeté dans un cachot où il succombe, rongé par la faim, écrasé par le poids de ses chaînes. Aussitôt après, il donne l'ordre de se saisir de la sœur du condamné, la nourrice Agraféna, et de l'expédier dans un couvent lointain. Quand on vient arrêter la malheureuse, Ivan s'agrippe à ses jupes, pleure, trépigne, supplie les gardes de prendre en pitié cette femme qui n'est en rien coupable. Peine perdue. On le bouscule, on emmène son unique amie, il ne la reverra jamais.

Resté seul avec son frère, Ivan se demande s'il ne sera pas, demain, arrêté à son tour. Mais, assez curieusement, les boyards, occupés à s'entre-déchirer, le considèrent comme une quantité négligeable. Sans doute jugent-ils qu'il sera toujours temps de se débarrasser de lui lorsqu'ils auront réglé leurs rivalités personnelles. La première décision du conseil des boyards est la libération des prisonniers politiques, victimes des humeurs de la régente. Parmi les revenants, figurent Ivan Chouïski, frère du prince Vassili Chouïski, et Ivan Bielski, descendant des princes lituaniens Gédymine, qui, lui aussi, songe à s'emparer du pouvoir. Aussi, loin de remercier Vassili Chouïski de l'avoir fait relâcher, Ivan Bielski s'empresse-t-il de le combattre. Les deux champions ont des partisans résolus. Tantôt l'un tantôt l'autre appesantissent leur tutelle sur les orphelins. Dans ce climat d'espionnage, d'empoisonnement, de violence, Ivan prend de la vie une conception d'animal rapace, ardent à poursuivre ses proies et à jouir de leurs souffrances. Tout ce qu'il voit, tout ce qu'il entend dans le palais lui enseigne la cruauté et la ruse. Malheur aux faibles ! La réussite excuse tout ! Dieu est du côté du poison, du garrot et de l'épée ! Très jeune, il se complaît à des jeux sanguinaires. Observant les sévices que les hommes mûrs font subir à leurs semblables, il se prépare à les imiter en tourmentant les animaux. C'est plus qu'un divertissement : un apprentissage. Il arrache les plumes des oiseaux qu'il capture, leur crève les yeux, les éventre avec un couteau, se délecte à suivre les phases de leur agonie. Debout sur les remparts de la forteresse, il fait tournoyer de jeunes chiens au-dessus de sa tête et les précipite dans la cour pour leur briser les

membres. Leurs aboiements plaintifs satisfont en lui un obscur
besoin de revanche. Comme si c'étaient des boyards détestables
qu'il mettait à mort. Ces boyards, il ne leur pardonne pas les
désordres où ils plongent le pays par leurs querelles et le mépris
qu'ils témoignent à leur jeune souverain. Certes, les jours de
cérémonie officielle, on l'habille somptueusement, on l'entoure de
pompe impériale, on l'escorte avec une feinte déférence, mais, les
autres jours, ces mêmes hommes le traitent avec dédain comme le
fils d'une servante. Dépouillé de son bonnet, de son manteau, de
son caftan ornés de pierres précieuses, il est relégué dans sa
chambre et essuie les rebuffades de ceux-là mêmes qui, quelques
instants plus tôt, s'inclinaient devant lui. Parlant de cette époque,
il écrira, vingt-cinq ans plus tard, au prince Kourbski[1] : « Lorsque notre mère, la pieuse tsarine Hélène, quitta le royaume
terrestre pour celui de Dieu, nous restâmes, mon frère Iouri et
moi, des orphelins dans le sens absolu du mot... Nos sujets
voyaient se réaliser leurs désirs : ils recevaient un empire sans
maître. Ils ne s'encombrèrent point de nous — leurs souverains —
et se ruèrent à la conquête des richesses et des honneurs, tombant
du même coup les uns sur les autres... Quant à mon frère Iouri et à
moi, ils nous traitèrent comme des étrangers ou des mendiants.
Que de privations n'avons-nous pas endurées, tant dans notre
habillement que dans notre nourriture ! On ne nous laissait aucune
liberté. On ne nous élevait pas comme il sied d'élever des enfants.
Je vais évoquer un souvenir : nous nous amusons à quelque jeu
puéril et le prince Ivan Chouïski est vautré sur une banquette, le
coude appuyé au lit de notre père, les pieds sur une chaise. Il ne
nous prête aucune attention, ni comme parent, ni comme potentat,
ni comme serviteur de ses maîtres. Qui donc pourrait supporter
tant de morgue ?... Nombreuses furent les occasions où l'on ne me
servait même pas mes repas à l'heure due ! Et que dirais-je du

---

1. Première épître au prince Kourbski.

trésor paternel qui me revenait de droit ? On l'a pillé entièrement... Les fils de boyards enlevèrent ce trésor, ils le fondirent
pour en faire de la vaisselle d'or et d'argent ; ils y gravèrent le nom
de leurs parents comme s'il s'agissait d'un bien héréditaire ! »

S'il n'y avait que le dépit et l'humiliation pour nourrir la rancune
d'Ivan contre les boyards ! Mais il s'y mêle une peur constante.
L'enfant vit dans la crainte d'être assassiné. Partout il voit des
ennemis qui le guettent. Ce rideau ne cache-t-il pas un mercenaire,
le poignard à la main ? L'eau de cette aiguière n'est-elle pas
empoisonnée ? Chaque jour, il assiste à des querelles, à des rixes, à
des meurtres. Par moments, il a l'impression d'être en sursis de
mort, miraculeusement oublié par les brutes qui se disputent son
empire. Une nuit, la soldatesque poursuit le nouveau métropolite
Joseph jusque dans la chambre de l'enfant, où le prélat s'est
réfugié. Lapidé, couvert de crachats, la robe déchirée, Joseph
implore la protection de son jeune prince, qui, dressé dans son lit,
tremble pour sa propre vie et ne dit mot. Emmené par les gardes,
le métropolite Joseph sera enfermé dans un monastère, à Biélozersk. Son crime ? Etre un partisan d'Ivan Bielski. En effet, depuis
peu, les Chouïski ont repris l'initiative des opérations. Leurs
sbires, au nombre de trois cents, envahissent le Kremlin, arrachent
Ivan Bielski à sa maison et le jettent en prison. Son confident
intime, Michourine, est livré aux enfants des boyards qui l'écor-
chent vif. Le corps sanglant est ensuite poussé jusqu'au billot où
un bourreau le décapite. Sur ces entrefaites, Vassili Chouïski
meurt, abandonnant le pouvoir à son frère Ivan. Celui-ci, plus
faible, laisse revenir Ivan Bielski, lequel aussitôt fomente une
révolte. Capturé, entraîné et emprisonné de nouveau, il est mis à
mort dans son cachot. Sur quoi, Ivan Chouïski meurt à son tour,
mais de maladie. Son cousin, André Chouïski, le remplace à la tête
des boyards. Entre-temps, Ivan s'est lié d'amitié avec Fedor
Vorontzov. Il n'en faut pas plus pour qu'André Chouïski décide la
perte du favori. Au cours d'une discussion orageuse, en présence

d'Ivan et du métropolite Macaire, André Chouïski et ses compagnons, ivres de rage, frappent Fedor Vorontzov au visage, le traînent jusqu'à la cour du palais et, l'ayant roué de coups, ordonnent aux gardes de le jeter en prison. Effrayés, Ivan et Macaire tentent d'intercéder en faveur du malheureux. Mais les boyards ne veulent rien entendre, et l'un d'eux, Golovine, déchire la robe du prélat en signe de mépris. Une fois de plus, Ivan ravale sa terreur, son dégoût, et se tait, le regard étincelant, le front pâle. Il a treize ans.

Quelque temps plus tard, après les fêtes de la Noël, il convoque les boyards à un banquet. Sa haine contre eux, lentement accumulée, lui donne le courage de frapper un grand coup. Après des mois d'incertitude, il a enfin l'impression que sa naissance princière le place directement sous la protection céleste. Son bras, bien que faible encore, est le prolongement du bras de Dieu. Dressé devant ses invités barbus et avinés, il les interpelle d'une voix ferme. Il leur reproche d'avoir abusé de son extrême jeunesse, de s'être livrés au pillage, d'avoir exécuté arbitrairement des sentences de mort. Parmi eux, il y a, dit-il, de nombreux coupables, mais il se contentera de faire périr, à titre d'exemple, le plus criminel d'entre eux, le prince André Chouïski. Ayant dit, il éprouve une terreur mortelle devant son audace. Sera-t-il obéi par les gardes ? Les boyards ne profiteront-ils pas de l'occasion pour se saisir de lui et le mettre en pièces ? Il a joué son va-tout. Le cœur serré, il attend. Et le miracle se produit. Autour de la table, les convives, stupéfaits par cet acte d'autorité, ne bronchent pas. Tout à coup, ils ont un maître. Un maître à peine sorti de l'enfance. Les gardes s'emparent d'André Chouïski et le livrent aux piqueurs qui, en pleine rue, le font dévorer vivant par les chiens de chasse.

Cependant, ce sursaut de volonté, chez Ivan, reste sans lendemain. De toute façon, il n'a pas l'âge de gouverner par lui-même. Profitant de l'effondrement des Chouïski, les Glinski, revenus en force, tuent ou exilent quelques adversaires et coupent la langue au

boyard Boutourline, accusé d'avoir tenu des propos outrageants.
Ils sont bientôt chassés par les Bielski, lesquels à leur tour doivent
s'incliner devant les Chouïski, ceux-ci étant finalement surpris et
défaits par un ultime sursaut des Glinski. C'est une ronde
infernale, où les mêmes familles se succèdent dans la même
ambition. Quand l'un des meneurs tombe, son frère, son oncle,
son fils, son neveu, son cousin le remplace. On ne peut abattre
toutes les têtes à la fois. Ivan avouera plus tard, lors de l'ouverture
du concile du *Stoglav* : « Nos boyards gouvernaient le pays à leur
fantaisie, car personne ne s'opposait à leur pouvoir... Je grandis...
Des gens qui m'entouraient, je m'appropriai les pratiques tortueu-
ses, j'appris à ruser comme eux. »

A quatorze ans, la grande passion d'Ivan est la chasse à l'ours, au
loup, au renard blanc. Il court les forêts, entouré de fils de
boyards, traque les bêtes fauves, ou encore, le gerfaut au poing,
poursuit les cygnes sauvages. Puis, excitée par la chevauchée, la
joyeuse bande s'attaque aux villages, rosse les paysans, renverse les
filles sur la paille, boit et mange à s'en crever la panse. S'il
participe à ces expéditions sauvages, Ivan, contrairement à ses
compagnons, conserve la tête froide dans la débauche. Il les
regarde malmener les moujiks et les marchands, jouit du spectacle
des femmes troussées, respire avec délice l'odeur du vin, de la
sueur et du sang, mais, au plus fort de l'orgie, il ne perd jamais la
notion de son exceptionnelle dignité. S'il s'enivre, s'il fornique,
c'est Dieu qui s'enivre et fornique à travers lui. Alors que son frère
Iouri, à demi idiot, ne s'intéresse à rien d'autre qu'aux jeux et à la
nourriture, lui, après avoir maraudé, aime à se plonger, le soir,
dans la lecture. A la lueur des chandelles, il rêve sur les pages de la
Bible, de la vie des saints, des commentaires et des exhortations de
Jean Chrysostome, des chroniques du moine Nestor. Les prophé-
ties de l'Apocalypse rejoignent dans son esprit les vieilles légendes
slaves. Le métropolite Macaire l'aide à se familiariser avec la
théologie et l'histoire. Grâce à lui, Ivan se rapproche à la fois du

passé de la Moscovie et des mystères de la religion. Il se sent tout ensemble enraciné et exalté. Insatiable, il complète cette information en interrogeant les secrétaires de chancellerie, les ambassadeurs étrangers, les artisans qui travaillent dans le palais. Picorant à droite et à gauche, il s'instruit ainsi au hasard des rencontres, sans direction définie. Ses connaissances hétéroclites s'enchevêtrent dans sa tête. Autodidacte, il ne sait ni dominer son savoir ni l'utiliser à bon escient. La lecture l'incite à l'écriture. Il éprouve une véritable passion pour le maniement de la langue russe. Des phrases somptueuses dansent dans son cerveau. Il les couche sur le papier pour son seul plaisir. Plus tard, il en fera profiter le monde entier. Il aime aussi l'art oratoire. Quand il prend la parole, il a l'impression de chanter. Sa propre voix le grise. Des périodes, d'un style biblique, coulent de sa bouche. Il est verbeux, emphatique, exalté selon la mode du temps.

Pour mieux connaître son pays qu'il ne peut gouverner encore, il le parcourt en tous sens. Le voici à Vladimir, à Mojaïsk, à Rjev, à Tver, à Novgorod, à Rostov, à Iaroslavl. Au cours de ces déplacements, il chasse, bien sûr, mais aussi il s'adonne furieusement à la piété. Pas un couvent qu'il ne visite sur son itinéraire, pas un prêtre d'importance dont il ne sollicite la bénédiction. Après avoir ripaillé avec ses compagnons, il peut rester debout cinq heures d'affilée pendant un office religieux, l'âme saisie d'une douce béatitude. A force de se prosterner devant les icônes, son front porte la trace d'une callosité.

Cependant, le peuple, pressuré par les boyards, s'efforce en vain d'attirer l'attention de son jeune souverain. Ivan refuse de voir la misère des provinces qu'il traverse. Peu lui importe que ces voyages coûtent cher aux villes qui l'hébergent. A chaque étape, il exige des festins et des cadeaux. Si quelques audacieux se hasardent à lui présenter une pétition, elle est interceptée par ses proches. Encore heureux si les auteurs n'en sont pas immédiatement punis ! Le seul espoir des petites gens est de voir les années mûrir le caractère de cet adolescent inexpérimenté et l'instruire des devoirs d'un monarque envers ses sujets.

Même les événements extérieurs ne le troublent pas dans son vertige de morgue, de violence, d'hypocrisie et de piété. Occupés à des combats fratricides au Kremlin, les boyards ne savent pas résister aux incursions des Tatars de Kazan et de Crimée. Un chroniqueur du temps relate ainsi ces razzias sur le territoire russe : « Les malheureux habitants sans défense étaient réduits à se cacher dans les forêts ou au fond des cavernes, et les lieux, autrefois peuplés de villages, étaient couverts de broussailles. Au milieu des ruines des monastères en cendres, les infidèles vivaient, dormaient dans les églises, buvant dans les vases sacrés, arrachant les ornements des images saintes pour les transformer en pendants d'oreilles et en colliers dont ils paraient leurs femmes. Ils glissaient des cendres chaudes mêlées à des charbons ardents dans les bottes des religieux et les forçaient, malgré la douleur, à danser devant eux. Ils violaient les jeunes nonnes, crevaient les yeux, coupaient le nez et les oreilles, les mains et les pieds à ceux qu'ils n'entraînaient pas en captivité. Mais, de toutes ces choses, la plus horrible, c'est que beaucoup de chrétiens adoptèrent leur croyance... Ce que j'écris, je ne l'ai jamais entendu dire, mais je l'ai vu de mes propres yeux et je n'en perdrai jamais le souvenir [1]. »

C'est à grand-peine que, répondant à l'appel de leur souverain, les Russes finissent par repousser les Tatars sur l'Oka, puis sur la Volga. Le danger semble provisoirement écarté. Ivan, alors âgé de seize ans, rejoint l'armée cantonnée à Kolomna. Mais, depuis longtemps, l'ennemi ne se montre plus. Transformé en cour, le camp militaire devient un théâtre d'intrigues. Un jour, Ivan, se trouvant à la chasse dans les environs, voit arriver une cinquantaine d'arquebusiers de Novgorod, porteurs d'une pétition. Ils viennent se plaindre des vexations dont ils sont l'objet. Refusant de

---

1. Cité par Karamzine : *Histoire de l'Empire de Russie.*

les entendre, Ivan les fait charger à cheval par ses boyards. Les arquebusiers se défendent et, transpercés de flèches par les assaillants, s'affaissent les uns sur les autres. On a beau affirmer à Ivan qu'il s'agit d'un malentendu, il se croit victime d'un attentat et en désigne aussitôt les auteurs : Ivan Koubenski, Fedor Vorontzov, l'ancien favori libéré de prison, et son frère Vassili. Sans leur laisser le temps de se justifier, il les fait décapiter devant leurs pairs. Par trois fois, la hache s'abat et le sang gicle. Pas un muscle du visage d'Ivan ne tressaille. Nul dans son entourage n'ose protester. Cette acceptation horrifiée de la sentence renforce en lui l'idée que sa justice est infaillible et son pouvoir sacré.

CHAPITRE III

LE TSAR IVAN IV

D'année en année, Ivan prend mieux conscience des limites de son empire. Libérée du joug des Tatars, la principauté dont il est le grand-duc s'étend de la Volga septentrionale au Dniepr et de l'océan Arctique au Don. Au-delà de cette Russie encore réduite, se déploient les steppes mystérieuses de la Sibérie, les régions insoumises de la Volga, d'Astrakhan et de Crimée, l'Ukraine occidentale, le grand-duché de Lituanie, les pays riverains de la Baltique. Autant de territoires sur lesquels Ivan jette un regard de convoitise. Ses ancêtres ont fait de la Russie un Etat puissant par l'enrôlement sous leur bannière de tous les principicules dont les domaines entourent Moscou. A lui de parfaire l'œuvre paternelle en repoussant les frontières et en soumettant définitivement les boyards.

La ville même de Moscou a pris, depuis peu, une extension considérable. Elle compte déjà quarante mille cinq cents maisons. Au cœur de la capitale, se dresse la forteresse sacrée du Kremlin. Ses remparts crénelés abritent des cathédrales dont les coupoles dorées, en forme d'oignons, luisent sous le soleil, des résidences princières, des palais à la décoration délirante due au génie de quelques architectes italiens. Autour, s'étale une cité aux bâtisses de bois, aux jardins touffus, aux larges rues que la moindre averse transforme en rivières de boue. Les masures des artisans voisinent avec les riches demeures des notables, les chapelles miraculeuses avec les étuves. Ces étuves, tous les Russes, quelle que soit leur condition, s'y rendent une fois par semaine pour transpirer dans la vapeur d'eau. Sur la grande place du Kremlin, parmi les échoppes, se tient une foire bruyante et colorée. Des saltimbanques, des montreurs d'ours, des ménestrels aveugles attirent les badauds, et les badauds attirent les vide-goussets. On se presse autour des vendeurs de *bliny* et de *kwass*[1]. Parmi les chants et les rires, des querelles éclatent. Certains en viennent aux poings et les gardes s'interposent rudement.

Sur le *Lobnoïé Miésto,* des clercs hurlent les ordonnances du gouvernement. Personne ne les écoute. Un peu plus loin, le bourreau administre le knout à quelque petit malfaiteur. Insensibles aux cris des suppliciés, des ivrognes cuvent leur vin, vautrés à même le sol, parmi la cohue. Les passants les enjambent et poursuivent leur route en évitant les tas de crottin.

La nuit, toutes les voies d'accès au Kremlin sont barrées de chevaux de frise. Les murs de la citadelle se hérissent de canons. Une garde nombreuse veille sur la sécurité du grand-duc qui réside là. C'est là également que se tient la Douma, le conseil des boyards. Dans des salles basses, voûtées, aux piliers trapus, dominent les couleurs rouge et or. L'or, on le retrouve aussi bien dans les icônes qui ornent à profusion les églises, les chambres à coucher, les salles d'audience que dans les vêtements des nobles ou dans la vaisselle dont ils se servent au cours d'interminables banquets. Ces nobles, qui forment l'entourage du grand-duc, sont tous des descendants d'anciens princes apanagés et représentent

---

1. *Bliny :* sortes de crêpes ; *kwass :* boisson russe, obtenue par la fermentation de l'orge.

..., âgé de six ans, recevant les ambassadeurs ...niens. D'après une miniature du XVIᵉ siècle. ...o collection Viollet.

Hélène Glinski régente, et son fils,
le futur Ivan le Terrible,
faisant frapper une nouvelle monnaie.
D'après une miniature du XVIᵉ siècle.
Photo collection Viollet.

Cérémonies du sacre d'Ivan IV le Terrible. D'après une
miniature du XVIᵉ siècle. Photo collection Viollet.

Couronne des tsars, dite chapeau du Monomaque.
Moscou, musée de l'Armée au Kremlin. Photo A.P.N.

Trône et sceptre d'Ivan le Terrible.
Photo A.P.N.

Plan de Moscou en 1527. Paris, Bibliothèque nationale, Estampes. Photo B.N.

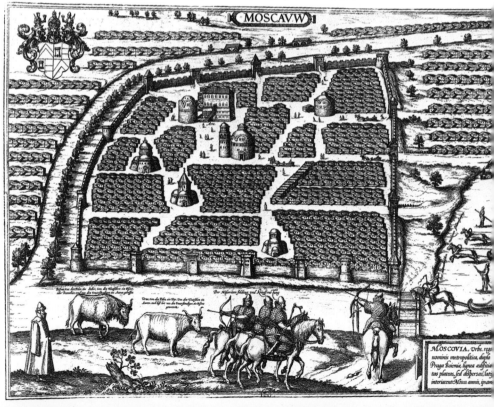

des familles aussi illustres que celle de leur maître, d'où leur
répugnance à se laisser gouverner par lui. Le reste de la population
comprend des fonctionnaires, des marchands, des ouvriers, des
paysans surtout, dont le rôle principal est de nourrir l'armée en
marche. Pas de servage, en principe. Qu'ils fassent valoir une terre
leur appartenant ou celle appartenant à un tiers, les paysans
(nommés *khrestianié*, autrement dit « chrétiens ») sont maîtres de
leur personne et de leur travail. Mais, dans l'un comme dans
l'autre cas, ils sont accablés d'impôts. Les « vrais esclaves »,
captifs de guerre, hommes privés de la liberté par décision de
justice ou par contrat avec un propriétaire, sont relativement rares.
Dans cette hiérarchie sociale, une place privilégiée revient aux
marchands, dont certains, par la hardiesse de leurs entreprises,
amassent un capital énorme. Ignorant l'Europe occidentale, ils
font de préférence commerce avec l'Asie centrale et avec l'Orient
lointain. La foire de Nijni-Novgorod accueille des acheteurs
étrangers. Des caravanes russes s'aventurent jusqu'à Pékin. Néanmoins, les plus grosses fortunes de Russie sont entre les mains de
l'Eglise. Les domaines immenses du clergé bénéficient de l'exemp-
tion d'impôts. Plus de cent mille paysans travaillent sur les terres
des couvents. Aux produits du sol s'ajoutent, pour les moines,
ceux de l'industrie qu'ils patronnent, ceux des taxes qu'ils
prélèvent, ceux des dons pieux qui pleuvent de tous côtés sur leur
confrérie. Pressuré d'un côté par l'Eglise, de l'autre par l'Etat, le
peuple russe, dans son ensemble, est pauvre, endetté, assujetti. Ce
peuple est extrêmement religieux, mais sa foi s'identifie au rite. La
stricte observance des cérémonies tient lieu, chez lui, de conviction
profonde. Pour l'homme simple, il est plus grave de ne pas se
signer devant une icône que de voler son prochain. L'usage de la
viande n'est permis que trois fois par semaine et les rapports
sexuels sont prohibés les jours de fête et pendant le carême. En
général, l'Eglise considère la femme comme le principal émissaire
du démon. Plus elle est belle, plus elle est pernicieuse. Pour

atténuer le mal, on l'enferme dans un gynécée, le *térem*. Les fenêtres du *térem*, garnies de vessie de bœuf, donnent sur une cour intérieure. Aucun homme, hormis le mari, n'a accès auprès de la recluse. Elle ne manque de rien, sauf de l'essentiel : le regard du monde sur elle et d'elle sur le monde. Un essaim de servantes l'entoure. Elle ne paraît devant les hôtes de son époux que lors des banquets les plus solennels. Son existence est vouée aux soins du maître, à la prière et à l'interprétation des songes. Dans les milieux plus modestes, cette claustration est évidemment observée avec moins de rigueur. Mais alors, ce qu'elle gagne en liberté, la femme le perd en égards. Levée la première dans la maison, elle s'adonne à tous les travaux ménagers jusqu'à l'épuisement. « Les femmes russes ont une condition tout à fait misérable, écrit Herberstein, ambassadeur du Saint Empire, car les hommes tiennent pour honnête celle-là seule qui vit enfermée dans sa maison et ils la surveillent si étroitement qu'elle ne sort jamais. » Même le bavardage avec une voisine est interdit. Mais les diseuses de bonne aventure savent se faire ouvrir toutes les portes. Le pays entier est pénétré de superstition. Dans toutes les classes de la société, christianisme et paganisme se confondent. Les moindres événements de la vie prennent, dans les esprits, un sens prophétique. Un bourdonnement d'oreilles annonce quelque médisance, une démangeaison des doigts promet un voyage, les cris des canards laissent présager un incendie. Les femmes enceintes offrent du pain aux ours des jongleurs ambulants et écoutent les grognements de ces animaux pour se renseigner sur le sexe de l'enfant qu'elles attendent. On ramasse de la terre sous les pas d'un homme dont on souhaite la mort et on la jette symboliquement au feu. Le samedi de la Pentecôte, on danse dans les cimetières. Le jeudi saint, on brûle de la paille pour évoquer les esprits. Ce qui n'empêche pas les églises d'être pleines d'une foule aux génuflexions profondes et aux larges signes de croix.

A la somptuosité de la liturgie orthodoxe répond la somptuosité des vêtements, chez les fidèles de haut rang. Quand ils sortent sur le parvis, ils ont autant d'éclat que les prêtres. Leur crâne est coiffé d'un bonnet conique dans le goût persan, garni de renard noir. Plusieurs chemises de couleur, richement brodées, descendent l'une sur l'autre jusqu'à leurs genoux. Une tunique étroite et longue, en drap d'or, recouvre le tout et s'arrête aux chevilles. Une ceinture, nouée très bas, sous le nombril, souligne la proéminence orgueilleuse du ventre et sert à porter un poignard et une cuiller. Enfin, un vêtement de soie plus long encore, bordé de fourrure, enveloppe l'ensemble, d'où émergent, à chaque pas, des bottes en maroquin brodées de perles.

Les femmes sont encore plus emmitouflées dans une extraordinaire superposition de robes, les unes larges, les autres serrées, en drap d'or ou en soie, constellées de pierreries, doublées de fourrure. Les cheveux couverts d'un bonnet de fine batiste attaché sous le menton, le cou, les oreilles, les poignets chargés de bijoux, les pieds chaussés de brodequins en cuir de couleur vive parsemés de perles, elles sont de véritables châsses, lourdes et raides, qui peuvent à peine se mouvoir sous l'abondance des ornements. L'ampleur de ces vêtements ne fait qu'accuser la complexion opulente de la race. De l'avis de tous les voyageurs occidentaux, l'homme russe est ventru, la femme russe envahie de graisse par l'usage d'une chère trop riche et le manque d'exercice. La cuisine russe est très variée et très pesante [1] ; elle est relevée par le goût de l'ail, de l'oignon et de l'huile de chènevis. A la table des grands, on sert des rôts, des poulets au citron, du *chtchi* (potage national aux choux), des pâtés — *pirog* au riz, au poisson —, des *pirojki* aux œufs, des *bliny* à la crème, de la *kacha* (gruau de sarrasin et de millet), du *kissel* (jus de canneberge épaissi par de la fécule de pomme de terre et sucré), des entremets au gingembre et au miel...

1. La plupart des plats en usage au XVIᵉ siècle en Russie sont encore en honneur dans ce pays. La cuisine russe est la plus conservatrice d'Europe.

Les jours maigres voient le triomphe des esturgeons, des brochets, des saumons, des beignets de poisson, du caviar enfin. Comme boisson, du *kwass*, du vin de Hongrie, de l'hydromel et de la vodka. L'ivrognerie sévit dans toutes les couches de la société. Un mâle digne de ce nom doit pouvoir boire comme un trou. Ensuite, il fait la sieste. Les marchands eux-mêmes ferment boutique à l'heure de la digestion. Si l'homme porte la barbe, symbole de sa puissance et de sa situation privilégiée au regard de Dieu qui est lui-même barbu, la femme se couvre le visage d'un fard épais, blanc et rouge, non pour séduire, dit-on, mais pour cacher, par pudeur, la nudité de sa peau, incitation permanente au péché.

Très tôt, Ivan a été attiré par les femmes. Mais, après avoir troussé des servantes rieuses, chevauché des villageoises épouvantées, il songe à un divertissement plus délicat. L'idée du mariage l'émoustille. Il va avoir dix-sept ans. Grand et maigre, le nez en bec d'aigle, le visage allongé par une barbe brune tirant sur le roux, il fascine ses interlocuteurs de ses yeux petits, bleus et perçants, profondément enfoncés dans l'orbite. Ses cheveux bruns tombent, très longs, de chaque côté de sa figure et sont taillés court sur sa nuque. Un frémissement parcourt parfois cette physionomie aux traits durs. On chuchote qu'il boit trop et que l'alcool détraque ses nerfs, déjà ébranlés par une enfance malheureuse et constamment menacée.

Au mois de décembre 1546, il convoque son maître en théologie, le métropolite Macaire, et lui annonce qu'il a l'intention de prendre femme. Le prélat se réjouit de ces dispositions honnêtes après tant de débauche. Mais il doute qu'une princesse étrangère accepte de s'établir dans un pays voué depuis dix ans à la violence. Sagement, il conseille à Ivan de renoncer à son projet d'alliance avec une cour européenne, qui risquerait d'aboutir à des rebuffades, et de se chercher une fiancée russe en réunissant, selon la tradition, toutes les jeunes filles de grande ou petite noblesse pour jeter son dévolu sur la plus méritante. La proposition enchante

Ivan qui n'a, pour l'instant, aucune préférence, et il décide de
passer immédiatement à l'action. Sur son ordre, le métropolite
appelle à un service religieux, dans la cathédrale de l'Assomption,
tous les boyards, y compris ceux qui sont récemment tombés en
disgrâce. Ils accourent, pressentant quelque révélation d'importance. Après avoir célébré un *Te Deum* plus solennel encore que
d'habitude, Macaire réunit toute la noblesse dans la salle de
réception du palais, face à Ivan, assis sur son trône. Quand
l'assemblée a pris place devant lui, le grand-duc se lève et s'adresse
au métropolite en ces termes : « Fondant tout mon espoir dans la
miséricorde de Dieu et l'intercession des saints protecteurs de la
Russie, et avec ta bénédiction, mon Père, j'ai résolu de faire choix
d'une épouse. Ma première idée avait été de chercher une fiancée
dans les pays étrangers. Mais, après de mûres réflexions, j'ai
renoncé à ce projet. Privé de mes parents dès ma plus tendre
enfance, élevé comme un orphelin, il serait possible que mon
caractère ne s'accordât pas avec celui d'une étrangère. Alors, une
pareille union pourrait-elle être heureuse ? Je souhaite donc
trouver une épouse en Russie, par la volonté de Dieu et avec votre
bénédiction, mon Père ! » Le métropolite, qui, vraisemblablement, a eu connaissance du discours avant qu'il ne soit prononcé,
répond avec une douce sérénité : « Prince, c'est Dieu lui-même
qui t'a inspiré une intention si avantageuse pour ton peuple. Je la
bénis au nom du Père céleste. » Les boyards, « émus aux larmes »
selon le chroniqueur, acclament leur souverain et s'embrassent. Il
leur plaît fort qu'Ivan ait décidé de se marier avec une Russe. Leur
fierté nationale en est agréablement chatouillée. En outre, la
plupart d'entre eux ont une fille, une cousine ou une nièce, dont ils
se disent qu'elle pourrait, avec un peu de chance, retenir
l'attention du prince. Toute la famille en profiterait. Déjà, chacun,
dans sa tête, tisse les fils d'or d'un rêve matrimonial. Ils se
préparent à se disperser pour courir annoncer la grande nouvelle à
leur maisonnée, mais Ivan les arrête d'un geste. Il n'a pas tout dit.

Une autre idée lui tient à cœur : avant de se marier, il veut être
couronné tsar. Il le proclame à haute et intelligible voix. Les
boyards échangent des regards étonnés : grand-duc ou tsar, quelle
est la différence ? Pour Ivan, elle existe et il y a longuement pensé.
Ce titre de tsar, les livres saints en langue slavonne le donnent aux
rois de Judée, de Babylone, d'Assyrie et même aux empereurs
romains. Sous leur plume, apparaissent le « tsar David », le « tsar
Assuérus », le « tsar Jules César », le « tsar Auguste ». Le mot
« tsar » se pare donc, pour Ivan, du prestige de la Bible, de
l'Empire romain, de Byzance. Celui qui le porte est l'héritier de la
Rome antique et de la Nouvelle Rome byzantine. Il est le chef de la
Troisième Rome, dont la puissance doit dépasser les deux autres.
Grâce à lui et à ses successeurs, Moscou supplantera Constantinople, la Moscovie sera « le sixième Empire » annoncé par l'Apocalypse. D'ailleurs, selon une généalogie rapidement échafaudée
pour les besoins de la cause, Ivan est le descendant direct de
l'empereur romain Auguste. D'après cette légende, Auguste aurait
divisé le monde entre ses plus proches parents et attribué à son
frère Prousse (ou Prussus) les bassins de la Vistule et du Niemen.
Rurik, l'ancêtre de la dynastie moscovite, n'aurait donc été que le
successeur normal de Prousse, frère du fondateur de l'Empire
romain. Ainsi, la tradition souveraine russe serait ininterrompue
depuis le début de l'ère chrétienne. Cette ancienneté assurerait au
nouveau tsar une primauté incontestable sur les autres rois et
princes d'Europe. Il est déjà, de par sa naissance, le plus grand
parmi les grands. Tout, dans le monde de demain, sera un jour,
selon la volonté de Dieu, soumis à la loi de Moscou. Et ce vaste
mouvement d'hégémonie slave, ce sera lui, le tsar Ivan IV, qui
l'aura déclenché. Cela, il ne le dit pas : son auditoire serait
incapable de le comprendre. Mais Macaire est dans le secret de ce
rêve impérialiste et il l'approuve. Après un moment d'hésitation,
les boyards applaudissent à la deuxième initiative de leur jeune

maître. L'important n'est pas qu'il veuille être tsar, mais qu'il se choisisse une épouse parmi leurs filles.

La cérémonie du sacre a lieu le 16 janvier 1547, à Moscou. Précédé de son confesseur, qui tient d'une main un crucifix et asperge de l'autre les assistants avec de l'eau bénite, Ivan sort du palais et, au son des cloches, se dirige vers la cathédrale de l'Assomption. Il est suivi de son frère Iouri et des membres de la cour qui rivalisent de richesse dans leur toilette. C'est un fleuve de brocart, d'or et de pierreries qui s'engouffre dans le sanctuaire et s'avance avec lenteur vers le métropolite Macaire, les archevêques, les évêques et les prieurs assemblés. Invisible, le chœur chante avec sentiment, d'une voix de tonnerre : « Puisse-t-il vivre de longues années, de longues années ! » Le métropolite bénit le souverain et le conduit vers une estrade de douze gradins, supportant deux sièges recouverts de drap d'or. Ivan et le prélat s'asseyent côte à côte. Les attributs royaux sont déposés sur un pupitre, devant l'estrade. Le métropolite donne une seconde fois la bénédiction au monarque, place sur sa tête la couronne — ou plutôt le chapeau du Monomaque [1] —, et lui tend le sceptre et le globe en priant à haute voix le Tout-Puissant de conférer à « ce nouveau David » la force du Saint-Esprit. « Accorde-lui de longs jours, poursuit-il. Mets-le sur le siège de la justice, fortifie son bras et soumets-lui tous les peuples barbares. » Voici Ivan nommé, face à ses sujets, « tsar saint, couronné par Dieu, autocrate de toutes les Russies ». A la fin de la cérémonie, les prêtres chantent encore : « Longues années au noble Ivan, le bon, l'honorable, le favori de Dieu, grand-prince de Vladimir et de Moscou, tsar et monarque de toutes les Russies ! » Après avoir reçu les félicitations du clergé et des dignitaires, Ivan assiste à la liturgie. L'office dure quatre heures. Mais le jeune tsar n'éprouve nulle fatigue. Il est, tout au contraire, exalté dans sa décision par les fastes du sacre. A présent,

1. Surnom de Vladimir II, grand-prince de Moscou (1053-1125).

il se sent inattaquable aussi bien d'en bas (les boyards, le peuple)
que d'en haut (Dieu qui l'a consacré). Un seul couronnement a eu
lieu en Russie avant le sien, encore s'agissait-il de Dimitri, petit-fils
d'Ivan III, qui ne régna jamais [1]. Pour organiser ces solennités
exceptionnelles, on a fouillé les archives et reproduit tous les
détails de l'ancien rite de Byzance. Enfin, Ivan reprend le chemin
du palais en foulant aux pieds un tapis de velours et de damas.
Derrière lui, marche son frère Iouri qui, de temps à autre, répand
sur la tête du potentat nouvellement couronné des pièces d'or
puisées dans un vase que porte Michel Glinski. A leur passage, le
peuple se prosterne en silence et se signe. Lorsqu'ils ont disparu,
les petites gens se précipitent en tumulte dans la cathédrale et
déchirent l'étoffe qui recouvrait le trône du tsar, chacun voulant
emporter un souvenir de ce jour fastueux.

A peine rentré au palais, Ivan envoie au patriarche grec Ioasaphe
de Constantinople une lettre sollicitant son investiture en tant que
tsar. Cette investiture, grassement payée, se fera longtemps
attendre. C'est seulement en 1561 que le patriarche l'accordera,
après avoir reçu trois fois la somme convenue. La charte qui
confirme Ivan dans la dignité de tsar portera la signature de trente-
six métropolites ou évêques grecs. Mais, sur le nombre, il n'y en
aura que deux d'authentiques, celles de Ioasaphe et de son vicaire ;
les autres auront été imitées par le greffier Phanar, chargé de
rédiger le document.

Du reste, pour Ivan, la réponse du patriarche Ioasaphe n'est
qu'une formalité. La bénédiction du métropolite Macaire lui suffit
pour se considérer désormais comme le dépositaire de la volonté
divine. Lors du sacre, le haut clergé a salué en lui à la fois le maître
de tout ce qui respire sur la terre russe et le champion de la vraie
religion. Face au Saint Empire romain germanique de Charles

---

1. Il faudrait citer aussi le couronnement de Vladimir II. en 1113, par
l'archevêque Néophyte, mais ce fut « à titre personnel ».

Quint, à la France de Henri II, à l'Angleterre de Henri VIII, tous
pays qui, dans la division, s'ouvrent à l'influence protestante, il se
dresse, en effet, comme le principal défenseur de la foi orthodoxe.
Moscou devient la capitale spirituelle de l'Eglise grecque, dont la
liberté est menacée par les Turcs, à Constantinople.

Maintenant, il faut songer au mariage et réunir le plus grand
nombre possible de candidates. Des émissaires partent de Moscou
pour toutes les provinces, porteurs de la circulaire suivante : « De
la part d'Ivan Vassiliévitch, grand-prince de toutes les Russies. J'ai
chargé mes envoyés d'examiner toutes les demoiselles, vos filles,
qui sont des fiancées pour Nous... Ceux d'entre vous qui
cacheraient leurs filles et ne les amèneraient pas à Nos boyards
s'attireraient une grande disgrâce et un terrible châtiment. Faites
circuler ma lettre entre vous, sans la garder même une heure entre
vos mains. » Au chef-lieu de chaque province, les hommes de
confiance du tsar se livrent à un premier triage, à la suite duquel les
jeunes filles jugées les plus appétissantes sont dirigées sur Moscou.
Il en vient un millier. C'est trop ! On procède à de nouvelles
éliminations. Les vierges choisies, après un examen approfondi
conduit par des duègnes, sont logées à douze par chambre dans
une maison attenante au palais. Le tsar leur rend visite, à plusieurs
reprises, pour le *smotriny*, et échange quelques mots avec elles. Au
jour fixé pour la cérémonie, les postulantes, levées dès l'aube,
lavées, poncées, coiffées, fardées, vêtues de leurs plus belles robes,
se présentent, à tour de rôle, devant le souverain, assis sur son
trône, plongent en une profonde révérence et guettent d'un regard
craintif l'étincelle du désir dans l'œil du maître. Hiératique, Ivan
ne laisse rien paraître de ses sentiments. Mais, à la fin du défilé, il
se met debout, s'approche sans hésiter d'Anastasie Romanovna
Zakharine-Iouriev et lui offre un mouchoir brodé d'or et d'argent,
parsemé de perles. L'heureuse élue s'empourpre de bonheur,
tandis que ses rivales malheureuses ravalent leurs larmes. Il ne leur

reste plus qu'à rentrer chez elles, avec leur déception, leur rancune et leur jalousie.

Anastasie Romanovna appartient à une famille d'ancienne noblesse, dont les ancêtres ont quitté la Prusse pour s'établir en Russie au XIVe siècle[1]. Par chance, ses proches ne sont compromis dans aucune des intrigues tramées par les Chouïski et les Bielski. Cependant, ce n'est ni la haute naissance de la jeune fille ni l'innocence politique de ses parents qui a guidé le choix du tsar. Du premier coup d'œil, il l'a jugée singulièrement belle. Et, en parlant avec elle au cours du *smotriny*, il a pu apprécier son intelligence, sa douceur, sa modestie et sa piété. Croyant obéir à une nécessité dynastique en prenant femme, il se découvre subitement amoureux de celle qu'il a remarquée. C'est un sentiment très nouveau pour lui et il s'en étonne. Ne va-t-il pas perdre en autorité ce qu'il gagne en tendresse ? Avec amusement, il appelle Anastasie sa « petite génisse ».

Le mariage du tsar est célébré le 3 février 1547 en la cathédrale de l'Assomption. La cérémonie est exactement semblable à celle qu'ont connue, vingt et un ans plus tôt, son père et sa mère. Tout recommence, chants, prières, cierges ornés de peaux de martre, saupoudrage du couple avec du houblon. Après la bénédiction, le métropolite Macaire s'adresse sentencieusement aux époux : « Vous voici réunis à jamais en vertu des mystères de la Sainte Eglise. Prosternez-vous donc ensemble devant le Très-Haut et vivez dans la pratique des vertus. Celles qui doivent vous distinguer surtout sont l'amour de la vérité et la bonté. Tsar, aimez et honorez votre femme. Et vous, tsarine, vraiment chrétienne, soyez soumise à votre époux, car, comme le saint Crucifix représente le chef de l'Eglise, ainsi l'homme est le chef de la femme. »

1. La dynastie des Romanov, issue de cette famille, prendra le pouvoir en 1613.

A l'issue de l'office divin, le couple souverain paraît devant le peuple qui l'acclame. La tsarine, de sa propre main, fait l'aumône aux nombreux mendiants qui tombent, face contre terre, devant elle. Le jeune prince Iouri Glinski prépare le lit nuptial en y disposant les gerbes de blé traditionnelles, et accompagne Ivan au bain. Enfin les nouveaux mariés, alourdis par un festin trop copieux, assourdis par les ovations des boyards et ankylosés par de longues stations debout à l'église, se retrouvent dans la chambre à coucher qu'éclairent faiblement les veilleuses brûlant devant les icônes. Comme le veut l'usage, le grand écuyer, prince Michel Glinski, passe la nuit à cheval, l'épée au poing, sous les fenêtres du tsar afin que nul ne dérange le souverain dans son déduit.

CHAPITRE IV

QUELQUES RÉFORMES

ה

Après le mariage du tsar, le menu peuple et les boyards festoient, chacun de leur côté, à longues rasades et à grands cris, jusqu'au commencement du carême. Puis, la sonnerie d'un millier de cloches appelle les fidèles à la prière et à la pénitence, les réjouissances s'arrêtent d'un seul coup et une chape de grisaille enveloppe la ville. Ivan et sa femme s'habillent en simples pèlerins et prennent à pied, dans la neige, le chemin du monastère de la Sainte-Trinité. Là, ils passent la première semaine du carême, jeûnant, communiant et se recueillant chaque jour sur la tombe de saint Serge, le thaumaturge. Anastasie est aussi pieuse que son époux, mais son sentiment religieux est fait de charité et d'indulgence, tandis que, chez Ivan, le mysticisme n'implique nullement l'amour de l'humanité. Alors que la jeune femme, élevée modestement par une mère veuve, vit de plain-pied avec ses semblables et s'efforce de compatir à leurs souffrances, lui se considère comme placé si haut que son plus proche voisin n'est pas l'homme mais Dieu. Tout en bas, grouille une fourmilière qu'il peut sans remords écraser d'un coup de talon. Ce qui est important, pour le tsar, ce n'est pas ce que pensent ces insectes, mais ce que pense le Père céleste. Et le Père céleste lui a maintes fois laissé entendre que sa situation de souverain russe l'autorise à tous les débordements. Grisé par ce pouvoir illimité, Ivan se désintéresse des travaux administratifs pour ne songer qu'aux joies de la chasse, de la beuverie et de l'amour. A peine revenu de son pèlerinage au monastère de la Sainte-Trinité, il se plaît à dérouter son entourage par l'absurdité de ses caprices. Rien ne l'amuse plus que de décider un châtiment injuste ou d'accorder une récompense imméritée. En choisissant pour quelques jours un nouveau favori, il savoure le désespoir de celui qu'il a éloigné et dont il confisque les biens. Plus ses sentences sont arbitraires, plus, lui semble-t-il, elles affirment son indépendance. Il confond autorité et omnipotence, force de caractère et cruauté. Quant à la politique quotidienne, que d'autres s'en occupent ! Les Glinski ont l'habitude. Ce sont eux qui, au nom du tsar, font marcher le pays. Comblés d'honneurs et de richesses, ils oppriment le peuple, monnaient sans vergogne leurs moindres interventions, punissent impitoyablement ceux qui se plaignent. Le tsar a besoin d'eux pour la sale besogne de tous les jours. Et il leur sait gré de s'y dévouer, même s'ils s'emplissent les poches au passage. Les petites gens et la plupart des boyards, en revanche, vouent une haine silencieuse à ces oppresseurs protégés par Ivan. Les Glinski deviennent pour toute la nation le symbole de la tyrannie, de la malhonnêteté et du vice. Dans leur détresse, les habitants de Pskov décident de s'adresser directement au tsar et lui envoient une délégation de soixante-dix notables, pour se plaindre de leur gouverneur, le prince Tourountaï-Pronski, favori des Glinski. Cette démarche hardie s'explique par le fait que les Pskoviens, dont la ville a été récemment annexée par la Moscovie [1], n'ont pas encore une claire connaissance du caractère de leur souverain. Ils ont appris qu'il réside pour le moment dans sa maison de campagne d'Ostrovskaïa, proche de Moscou, et se

---

1. L'annexion a eu lieu en 1510.

rendent auprès de lui, le 3 juin 1547, comme on va vers un père. Furieux d'être dérangé dans sa retraite pour des peccadilles, Ivan insulte les délégués, leur fait lier les mains derrière le dos, verse sur leur tête de l'alcool bouillant et, allant de l'un à l'autre avec une chandelle, allume leurs cheveux et leurs barbes. Puis, ayant fait déshabiller les soixante-dix hommes, il ordonne de les étendre nus, en rangs, sur le sol. Pendant qu'il médite pour eux un dernier supplice, un messager accouru de Moscou lui annonce que la grosse cloche du Kremlin est tombée, sans raison apparente, et que les anses se sont brisées sous le choc. Atterré, le tsar se demande s'il n'y a pas là un présage funeste. Oubliant les gens de Pskov, il se fait amener un cheval et part immédiatement pour sa capitale. Ses victimes, détachées, se hâtent de déguerpir en bénissant la cloche providentielle dont la chute leur a sauvé la vie.

A Moscou, le tsar a un moment d'angoisse. L'incident de la cloche n'est pas le premier qui trouble son esprit. Le 12 avril 1547, le feu a détruit de nombreuses maisons, des églises et quelques boutiques dans le quartier central de Kitaï-Gorod. Huit jours plus tard, un deuxième incendie a dévoré toutes les rues situées de l'autre côté de la Yaouza, où habitent les potiers et les tanneurs. Or, voici que, le 20 juin, les flammes s'élèvent de nouveau dans la ville. Poussées par un ouragan d'une violence inouïe, elles s'emparent des édifices en bois, qui s'écroulent dans des gerbes d'étincelles, bondissent par-dessus les murs crénelés du Kremlin, s'attaquent aux toits des églises et des palais. A travers le mugissement continu du brasier, retentissent des explosions énormes. Les dépôts de munitions sautent l'un après l'autre. Le fer rougeoie dans la fournaise, la chaleur liquéfie le cuivre. Dans les églises de pierre, les flammes lèchent les fresques, rôtissent les icônes, brûlent les reliques. Le ciel n'est plus qu'un plafond de fumée pourpre où éclatent des aigrettes lumineuses. A l'intérieur de la cathédrale de l'Assomption, le vieux métropolite Macaire, à demi asphyxié, prie désespérément. Des prêtres le supplient de fuir. Il se retrouve avec eux sur un mur surplombant le vide. Malgré ses protestations, ils l'obligent à descendre le long d'une corde à nœuds. Un peu avant la fin du parcours, ses forces l'abandonnent, il lâche prise, tombe et se blesse. On le transporte, évanoui, dans un monastère voisin. De tous côtés, les habitants courent, se bousculent, hébétés, éplorés, ne sachant que faire pour arrêter le sinistre. La ville ne dispose d'aucun moyen pour lutter contre l'incendie. On ne peut compter que sur la clémence de Dieu. Des femmes à la recherche de leurs enfants hurlent d'épouvante. Des vieillards sanglotent et se signent devant les débris de leurs maisons. Des silhouettes calcinées passent en glapissant, tandis que leurs habits brûlent sur eux. Certains se jettent dans la rivière pour échapper aux flammes. Les vaches et les chevaux périssent étouffés dans les étables et les écuries. Les chiens aboient lamentablement autour des cadavres. Dans les jardins, les arbres ne sont plus que des squelettes noirs hérissés de flammèches. Une poussière de suie chaude voltige dans l'air.

Dès le début de l'incendie, le tsar, la tsarine et leur suite se sont réfugiés dans le village de Vorobiev, qui domine Moscou[1]. De là, Ivan contemple la nappe de feu et évalue froidement les dégâts. Pendant qu'Anastasie, horrifiée, se plonge dans d'interminables oraisons, il se fait apporter d'heure en heure, par des messagers, les nouvelles de la progression du désastre. La coupole de la cathédrale de l'Assomption, les palais du tsar et du métropolite, deux monastères, plusieurs églises avec toutes leurs richesses, les demeures des dignitaires, les arsenaux, le trésor sont la proie des flammes. On parle de dix-sept cents victimes, « sans compter les enfants ».

Vers le soir enfin, le vent s'apaise. Au milieu de la nuit, l'incendie s'éteint, faute d'aliments. Mais, dans ce désert fuligi-

---

1. C'est de ce lieu, nommé « le mont des Moineaux », que, deux siècles et demi plus tard, Napoléon regardera, lui aussi, Moscou en flammes.

neux, clignotent encore des lueurs menaçantes. Le lendemain, les
habitants, le visage noirci, les cheveux roussis, retournent vers les
ruines et cherchent, dans la cendre, leurs morts défigurés et les
restes de leur fortune. De loin en loin, des chiffonniers tragiques
se baissent, se redressent et poussent des lamentations compara-
bles, dit le chroniqueur, aux cris « des animaux sauvages ». Des
rumeurs insensées parcourent le troupeau des fouilleurs de
décombres. De bouche à oreille, on répète que l'incendie de
Moscou n'est pas le fait d'un hasard mais le résultat d'une
sorcellerie. « Les Glinski, les Glinski ! » Eux seuls sont responsables. Au dire des mieux renseignés, la vieille princesse Anne, mère
de Iouri et Michel Glinski, a arraché le cœur des cadavres et, après
avoir plongé les viscères dans l'eau, a aspergé les rues avec ce
liquide diabolique. « Voilà pourquoi notre cité a brûlé ! » Les
Chouïski, ennemis déclarés des Glinski, soutiennent, par leurs
émissaires adroitement disséminés dans le peuple, cette version de
l'événement. Le propre confesseur du tsar, Fedor Barmine, appuie
délibérément cette accusation extravagante. Quelques boyards font
chorus. Impressionné par leur assurance, Ivan prescrit une
enquête. Le 26 juin, cinq jours après la fin de l'incendie, une foule
de gens sans abri est rassemblée, par ordre, sur la place du
Kremlin. De nombreux témoins affirment, sous la foi du serment,
que les Glinski ont bien recouru à des pratiques de magie noire
pour détruire la ville. La princesse Anne Glinski, l'aïeule mater-
nelle d'Ivan, se trouve, pendant ce temps, avec son fils Michel,
dans ses terres de Rjev, mais son autre fils, Iouri, est présent, face
à la multitude, parmi l'assemblée des boyards. D'abord, il hausse
les épaules devant ces allégations imbéciles proférées par des
manants. Puis, comprenant que certains des hauts dignitaires
prêtent une oreille complaisante aux cris de la populace, il prend
peur et, se faufilant entre leurs rangs, cherche refuge dans la
cathédrale de l'Assomption. Mais, quelque précaution qu'il ait
prise, son mouvement de retraite n'est pas passé inaperçu.

Furieuse, la foule se rue sur ses traces. Les nobles s'écartent devant le flot. Un groupe d'énergumènes pénètrent en vociférant dans la cathédrale aux murs charbonneux, à l'iconostase calcinée, et, profanant le lieu saint, se saisissent de Iouri, l'assomment, l'étranglent et traînent son cadavre hors du Kremlin, sur la place des exécutions capitales. Mise en goût par ce premier assassinat, la racaille déchaînée se répand ensuite dans les rues avoisinantes, pille et incendie le palais des Glinski, massacre les proches et les serviteurs de cette famille exécrable. Les émeutiers ont volé des armes dans l'arsenal, des bannières et des icônes dans les églises. Ils les brandissent au-dessus de leur tête. Qui porte une croix, qui un sabre. Trois jours plus tard, obéissant à une mystérieuse pulsion, la foule se dirige vers le village de Vorobiev et exige qu'on livre à sa colère les aïeux maternels du souverain, le prince Michel Glinski et sa mère, la princesse Anne. Or, ils ne sont pas là. Peu importe : qu'on aille les chercher dans leurs terres ! Frappé de terreur devant ce soulèvement populaire, Ivan pourtant refuse de céder. Même s'il croyait à la culpabilité des Glinski, il ne pourrait, sans déchoir, se laisser dicter sa conduite. C'est de lui, et de lui seul, que doivent dépendre, dans son pays, la vie et la mort. Sans hésiter, il commande à ses gardes de tirer dans le tas. Quelques hommes tombent, d'autres s'enfuient, d'autres encore se prosternent et demandent grâce. On arrête plusieurs manifestants, au hasard, et on les exécute sur-le-champ, devant leurs camarades médusés. L'ordre est rétabli. L'autorité du tsar sort renforcée de l'aventure. Mais il a eu grand-peur. D'autant que, pendant la révolte, il a reçu la visite d'un prêtre, Sylvestre, natif de Novgorod et desservant de l'église de l'Annonciation. Celui-ci, contrairement au confesseur d'Ivan qui voit dans l'incendie de Moscou l'effet de la magie noire, affirme que la ville a été détruite par le Très-Haut comme l'ont été jadis Sodome et Gomorrhe, en manière de châtiment. Il ne craint pas de le répéter fermement devant le tsar, en levant un doigt dénonciateur. La force de sa voix, la lumière prophétique de ses yeux ébranlent les nerfs d'Ivan. Soudain, le maître de la Russie doute de l'infaillibilité de ses décisions. Pour la première fois, il accepte la critique. Oui, il a eu tort d'abandonner les affaires de l'Etat aux Glinski, oui, il porte de lourds péchés sur sa conscience, oui, il a montré, en maintes occasions, son peu d'amour pour le prochain. Sylvestre ouvre devant lui l'Evangile, lui rappelle les commandements de Dieu et le presse de changer la couleur de son âme s'il veut éviter une catastrophe plus redoutable encore. Il révèle même qu'il a eu des visions et reçu des signes condamnant le tsar. A ces mots, Ivan tombe à genoux. Il s'est toujours figuré que Dieu et lui étaient une paire d'amis. Et voici qu'un messager divin, évidemment bien renseigné, lui jure le contraire. Peut-être, en effet, Dieu est-il en train de se détourner de son représentant sur la terre ? Peut-être y a-t-il entre eux une mésentente, une brouille comme il en arrive dans les meilleurs ménages ? Peut-être faut-il changer de conduite avant qu'il ne soit trop tard ? Retenant des sanglots, balbutiant d'épouvante, le tsar donne raison à Sylvestre, lui promet de s'amender, et, comme preuve de sa bonne volonté, écarte du pouvoir les Glinski dont le peuple ne veut plus.

Pour remplacer ces mauvais serviteurs de sa gloire, il forme un conseil d'un type nouveau, l'*Isbrannaïa Rada* (le Conseil choisi), composé de membres de la noblesse et du clergé, tous remarquables par leur sagesse, leur pondération et leur dévouement. Parmi eux, siègent le métropolite de Moscou Macaire, rétabli de son accident, le prêtre Sylvestre, Alexis Adachev, le prince André Kourbski... Cette assemblée est dominée par deux hommes : Macaire, le personnage le plus cultivé de Russie, auteur de plusieurs ouvrages de piété et d'histoire, et Sylvestre, le prédicateur illuminé qui ose parler au tsar comme à un simple pénitent. Ce pope d'origine modeste prend un tel ascendant sur son souverain en le menaçant de la colère céleste qu'il est bientôt chargé de l'administration des affaires ecclésiastiques et civiles. Tout passe

par lui et chacun se loue de ses multiples compétences. A ses côtés,
se profile un jeune boyard, excellent officier, d'un physique
agréable et d'un esprit aigu, Alexis Adachev. Naguère, il figurait
parmi les officiers de la chambre « faisant le lit ». Aujourd'hui, de
par la volonté d'Ivan et avec la bénédiction de Macaire et de
Sylvestre, il devient un conseiller et même un confident du tsar.
Les chroniqueurs du temps le comparent à « un ange céleste » et
louent la pureté et la sensibilité de ses intentions. « Porté au bien
sans aucun motif sordide, écrit Karamzine, il avait recherché la
faveur d'Ivan plus pour l'intérêt de la patrie que pour le sien
propre. » André Kourbski, de son côté, affirme que Sylvestre, par
ses exhortations, a fait naître dans le cœur du tsar le désir du bien
et qu'Adachev lui a facilité les moyens de l'exécuter. A ces
heureuses influences s'ajoute celle de la tsarine Anastasie. Plus
d'une fois, le caractère violent, tortueux, sadique et poltron à la
fois de son mari l'a pénétrée d'inquiétude. Elle est devant lui
comme devant une bête fauve qu'elle aime, redoute et s'efforce
d'apprivoiser. Lui aussi l'aime d'ailleurs, pour sa beauté et sa
soumission. Elle obtient de lui, par sa faiblesse, ce qu'il lui
refuserait si elle était moins vulnérable. Et puis, ils communient
souvent dans la prière. Cette prière exprime la foi en un Dieu de
miséricorde pour elle, la crainte d'un Dieu vengeur pour lui. Après
l'incendie de Moscou et la formation de la *Rada,* Ivan distribue
quelque argent aux victimes de la catastrophe et ordonne la
reconstruction de la cité. De tous côtés, les ouvriers affluent. Les
villes sœurs envoient des icônes et des reliques en remplacement de
celles qui ont été détruites. Moscou se transforme en un vaste
chantier, retentissant du grincement des scies et du choc des
haches. On recouvre de terre les toits des maisons afin que les
étincelles jaillies des cheminées n'y mettent pas à nouveau le feu.
On rouvre quelques magasins dans les décombres. Mais cela ne
peut suffire à effacer l'horreur du châtiment céleste. Ivan éprouve
le besoin de relever à la fois les ruines de sa capitale et les ruines de

son âme. Il veut reconquérir Dieu par l'éclat de son repentir et montrer à son peuple la vertueuse ardeur dont il est embrasé. Toutes les provinces de Russie reçoivent l'injonction d'expédier à Moscou des représentants des différentes races et conditions sociales pour entendre la voix du tsar. En fait, ne seront désignés pour cette mission que des membres du clergé, des boyards et des fonctionnaires. L'assemblée ainsi réunie, en 1550, prend le nom de *Zemski Sobor*. Elle n'a d'autre rôle, semble-t-il, que d'enregistrer les décisions du souverain. Après la première séance du *Zemski Sobor,* Ivan entend la messe, communie et, suivi de tous les notables et du clergé, se rend sur la place du Kremlin, noire de monde [1]. Là, il s'arrête sur le *Lobnoïë Miésto,* lieu surélevé des exécutions capitales, près de la porte du Sauveur, face à la foule silencieuse. Les prêtres disent encore une prière et, dans la multitude, les mains esquissent d'innombrables signes de croix, comme des oiseaux volant de branche en branche. Quand c'est fini, le tsar prend la parole. Sa voix jeune et ferme passe au-dessus des têtes. D'abord, il s'adresse au métropolite Macaire :

« Saint Père, votre zèle pour la vertu, votre amour pour la patrie me sont connus. Secondez-moi dans mes bonnes intentions. J'ai perdu trop jeune mes parents et les grands qui n'aspiraient qu'à la domination n'ont eu aucun soin de ma personne ; ils ont usurpé en mon nom les charges et les honneurs ; ils se sont enrichis par l'injustice ; ils ont accablé le peuple sans que personne osât mettre un frein à leur ambition. »

Cette plainte, les familiers du tsar l'ont déjà entendue cent fois dans sa bouche : toujours, pour excuser ses fautes, il a invoqué le fait qu'il a été orphelin de bonne heure et que les notables, au lieu de l'élever comme leur fils, l'ont volé et ont volé le peuple. Mais

---

1. C'est seulement dans la deuxième moitié du XVIIᵉ siècle que cette place recevra le nom de *Krasnaïa ploshad,* que l'on peut traduire indifféremment par place Rouge ou Belle Place. Auparavant, elle s'appelait : *Pojarnaïa ploshad,* ou place des Incendies.

jamais encore il n'a accusé les boyards en public, tout en battant sa
coulpe comme un simple pécheur. Haussant le ton, il poursuit son
discours, avec une emphase théâtrale. C'est un acteur ivre de son
texte qui s'adresse à un auditoire captivé. Il aime les grandes
phrases, les silences savamment calculés, les grimaces tragiques.
Devant ses yeux, sur la place des exécutions capitales, des hommes
pendus sur son ordre se balancent à un gibet. Voit-il un reproche
dans ces pantins desséchés que picorent les corbeaux? Non, la
rhétorique l'emporte. Seuls les boyards sont responsables de ses
erreurs. Il leur dédie la suite de sa harangue :

« J'étais comme sourd et muet dans ma déplorable enfance, car
je n'entendais pas les lamentations des pauvres et mes paroles
n'adoucissaient pas leurs maux. Vous vous livriez alors à vos
caprices, sujets rebelles, juges corrompus ! Comment parviendriez-
vous maintenant à vous justifier ? Que de larmes n'avez-vous pas
fait répandre ! Que de fois vous avez fait couler un sang qui ne peut
retomber sur moi ! Mais craignez le jugement de Dieu ! »

Sur ces mots, le tsar s'incline, saluant les quatre côtés de la
place. Puis, il reprend, à l'intention, cette fois, de ses humbles
sujets :

« O vous, peuple, que le Tout-Puissant m'a confié, j'invoque
aujourd'hui et votre religion et l'attachement que vous avez pour
moi : montrez-vous généreux ! Il est impossible de réparer le mal
qui a déjà été fait. Mais je peux vous promettre que je saurai
dorénavant vous préserver de l'oppression et du pillage. Oubliez
donc ce qui fut et ne se renouvellera jamais. Bannissez de vos
cœurs tout sujet de haine et de discorde. Réunissons-nous tous
dans une ardeur chrétienne et fraternelle. A dater de ce jour, je
serai votre juge et votre défenseur ! »

Le peuple n'en croit pas ses oreilles. Cet extraordinaire orateur,
vêtu d'or et constellé de pierreries, qui scintille au soleil comme un
scarabée, c'est son tsar. Et un tsar ne peut mentir. Une ère de
bonheur s'ouvre pour la Russie. Afin d'inaugurer cette sage

politique, Ivan annonce qu'il accorde le pardon à tous les boyards coupables et invite ses sujets à s'embrasser entre eux, tels des frères. Dans la foule, on verse des larmes de gratitude et on échange le triple baiser, comme pour les fêtes de Pâques. C'est tout juste si on ne s'écrie pas : « Christ est ressuscité ! » Satisfait du succès de son allocution, Ivan se tourne vers Adachev et le charge d'accueillir les suppliques des pauvres, des orphelins « et de tous ceux qui souffrent ».

« Alexis, lui dit-il, tu es privé des titres que donnent la naissance et la fortune, mais tu es vertueux... Sans égard pour le rang ou la puissance, répare les injustices de ceux qui, ayant conquis les honneurs, oublieraient leurs devoirs. Garde-toi aussi de te laisser fléchir par les larmes trompeuses du pauvre, lorsque l'envie le poussera à calomnier le riche. Examine toutes les affaires avec soin pour m'en faire un rapport fidèle et ne conserve d'autre crainte que celle du Juge suprême. »

Après ce dernier discours, Ivan reçoit les félicitations de ses proches, à commencer par Anastasie qui voit un miracle dans la régénération morale de son mari. Lui-même estime que Dieu serait bien rancunier s'il lui tenait encore rigueur après de si bonnes paroles. Mais jusqu'à quel point est-il sincère dans son intention de pardonner aux boyards qui l'ont mal servi ? Certes, il s'interdit de condamner à mort les coupables. Il se contente de renvoyer un petit nombre de courtisans, de reléguer dans un monastère son confesseur Fedor Barmine qui a soulevé la populace et d'exiler Michel Glinski avec permission de choisir son lieu de résidence. Craignant pour sa vie, Michel Glinski tente de fuir en Lituanie avec son ami Tourountaï-Pronski. Ils en sont empêchés, une enquête est ouverte et seule la décision magnanime d'Ivan les sauve de l'échafaud. De nouveaux boyards entrent au conseil, dont Zakharine, oncle de la tsarine, Khabarov, ami de l'infortuné Ivan Bielski, Dimitri Paletski, dont la fille, Juliana, est jugée digne de devenir l'épouse du prince Iouri, le propre frère du monarque...

Malgré ces heureuses dispositions, Ivan garde farouchement la
mémoire des offenses qu'on lui a infligées dans le passé. Son caractère est ainsi fait qu'il est capable parfois d'une indulgence momen-
tanée, jamais d'un oubli définitif. Les ennemis qu'il a absous ne
bénéficient pas d'une sécurité à toute épreuve, mais d'un sursis
toujours révocable. Alors même qu'ils se pavanent dans les délices
de l'impunité, il les observe, du coin de l'œil, et les hait en silence.

Pour l'heure, son modèle est son illustre aïeul Ivan III qui donna
à la Russie ses premières lois écrites. A son tour, il veut être un
législateur inspiré. La *Rada* qui l'entoure comprend quelques
hommes versés dans la science du droit civil. Quant à Sylvestre, il a
rédigé, de sa propre main, de nombreux passages du fameux
« ménagier », le *Domostroï*, véritable savoir-vivre de l'époque.
Divisé en soixante-cinq chapitres, cet ouvrage propose des préceptes de bonne conduite religieuse et sociale à un bourgeois aisé, père
de famille et maître d'une nombreuse domesticité. On y apprend
pêle-mêle qu'un homme pieux retient toujours son haleine en
baisant les images saintes pour ne pas les mettre en contact avec
l'impureté viscérale, que la femme n'assiste aux offices qu'autant
que ses occupations ménagères le lui permettent et qu'elle se garde
de chanter et de rire en travaillant pour ne pas réveiller le démon
qui sommeille dans ses entrailles, que le père châtie rudement ses
enfants, mais sans colère. « Si tu aimes ton fils, donne-lui des
coups et souvent ; à la fin, il fera ta joie... Ne ris pas avec lui, ne
joue pas avec lui, car, si tu faiblis dans les petites choses, tu
souffriras dans les grandes... Brise-lui le cœur pendant qu'il
grandit, car, s'il s'endurcit, il ne t'obéira pas. » (Chapitre XVII.)

L'épouse aussi mérite d'être souvent corrigée pour rester
malléable. Mais il y faut de la délicatesse. Ainsi on ne frappera pas
la coupable à la tête ou « sous le cœur », et on évitera de se servir
d'un bâton ou d'un objet de fer. Le fouet est seul recommandé.
C'est en Russie, à l'époque, un véritable instrument de civilisation.
Encore faut-il savoir s'en servir. Le mari devra conduire la patiente

loin des regards indiscrets et là, lui ayant enlevé sa chemise pour ne pas la déchirer et lui ayant lié les mains, il la cinglera avec méthode, aussi longtemps qu'il le jugera nécessaire ; après quoi, il lui adressera des paroles affectueuses de façon à ne pas compromettre les relations conjugales dans l'avenir. En général, chaque jour, la femme doit prendre conseil de son mari, non seulement pour les questions du ménage mais encore pour les visites qu'elle se propose de faire, les invités qu'elle a l'intention de recevoir, et même sur les sujets de conversation avec ses hôtes. « Chez une femme qui a de l'ordre, la maison doit être propre et ordonnée, poursuit le *Domostroï*. Qu'on y pénètre comme dans le paradis... A l'entrée, il faut mettre du foin pour s'essuyer les pieds... Dans chaque chambre, le chrétien placera des icônes sur les murs, en les honorant par des veilleuses, des décorations et des cierges. Après les prières, il convient de cacher les icônes par des rideaux, afin de les protéger de la poussière. » La maison contiendra également des provisions pour toute l'année. L'économie présidera à la vie au foyer, même si les moyens sont grands. « Quand on fait cuire les pains, on lave aussi les vêtements, cela ne fait qu'un seul travail et on ne gaspille pas le bois. » Le maître de céans aura, parmi ses domestiques, des tailleurs, des bottiers, des charpentiers, afin que toutes les tâches s'accomplissent à peu de frais, sous son toit. Pour le cas où il manquerait de connaissances ménagères, le *Domostroï* lui fournit des recettes sur la manière de cuire les plats, de fabriquer des liqueurs, de blanchir le linge, de tuer et de saler les porcs. Il lui indique aussi la façon dont doit se comporter un domestique envoyé en commission chez autrui. En arrivant à la porte de la maison où il est censé se rendre, le serviteur modèle s'essuiera les pieds, se mouchera dans ses doigts, se raclera la gorge, crachera pour s'éclaircir la voix et dira : « Au nom du Père, du Fils et du Saint-Esprit. » Si on ne lui répond pas : « Amen », il répétera sa prière un ton plus haut et, enfin, frappera doucement au vantail. « Si on l'admet dans la pièce, poursuit le *Domostroï*, il

aura soin de ne pas se mettre le doigt dans le nez, de ne pas se
moucher, de ne pas cracher. Il se tiendra debout respectueuse-
ment, ne regardera pas de tous côtés, exécutera les ordres sans
toucher aucun objet. Il reviendra au plus vite pour rapporter la
réponse à son maître. »

Dans la dernière partie du livre, Sylvestre exhorte son fils
Anthime à pratiquer les vertus chrétiennes. Que le jeune homme,
devenu lui-même chef de famille, s'abstienne de s'enivrer quand il
est temps d'aller à vêpres, qu'il convoque souvent un prêtre pour
célébrer des offices sous son toit, qu'il distribue des aumônes sans
exagération, qu'il aime sincèrement son prochain, qu'il n'attaque
personne, qu'il tienne sa porte ouverte, qu'il obéisse au tsar et qu'il
craigne Dieu : « Quand tu voyages, partage ton repas avec les
passants... Offre-leur à boire... Si tu agis ainsi, on ne te trahira pas
au relais, on ne te tuera pas en chemin... Si tes gens d'aventure se
querellent avec quelqu'un, gronde tes gens. Si l'affaire a pris une
tournure grave, frappe ton serviteur, même s'il a raison ! »

Ces conseils, tombés d'une plume doctorale, révèlent chez leur
auteur (ou leurs auteurs [1]) un bizarre mélange de mysticisme et
d'opportunisme, de cynisme et de charité. Leur étroitesse d'esprit,
leur rigueur matérialiste sont encore accentuées par de constantes
références à la Bible. Manuel de bon ton et bréviaire, livre de
cuisine et testament évangélique, almanach d'horticulture et traité
de civilité, le sacré et le profane y sont inséparables, comme l'eau et
le vin dans une coupe. Selon ce catéchisme mi-païen mi-chrétien,
Dieu aime l'économie, la propreté, la richesse, le travail, la justice
sommaire et la soumission de l'esclave au maître, de la femme à
l'époux, du fils au père. Toute la société est fondée sur la cellule
familiale, dont le chef est le noyau solide et rayonnant. Tout part
de lui et tout revient à lui. Il est, dans son clan, l'équivalent du tsar
dans son empire.

---

1. Il n'est pas sûr que Sylvestre ait été le seul rédacteur du *Domostroï*.

Tel quel, le *Domostroï* sert et servira longtemps encore de dogme indiscutable dans la vie quotidienne de la Russie. Ivan, pour sa part, en est très satisfait. Mais ce bon ordre, que le *Domostroï* institue dans le domaine privé, il entend l'imposer également dans le domaine public. Aussi, avec l'aide de ses conseillers, se met-il en devoir de composer le *Tsarski Soudiebnik* (Code tsarien de 1550) en remplacement du *Kniajeski Soudiebnik* de son grand-père Ivan III, datant de 1497. Ce code ne bouleverse pas les dispositions antérieures, mais les harmonise et les met au goût du jour. Jusquelà, une loi en vigueur à Moscou pouvait être ignorée à Novgorod ou à Pskov qui avaient leurs coutumes. Ivan, le centralisateur, ne peut tolérer ce chaos. Malgré son extrême jeunesse — il vient d'avoir vingt ans —, il exige que, dans tous les territoires soumis à son autorité, les juges appliquent les mêmes dispositions légales. Il restaure les anciennes juridictions locales et appelle à siéger dans les tribunaux, à côté des fonctionnaires, des magistrats élus par les communes. Ces tribunaux comportent trois degrés, le dernier étant la Cour suprême, à Moscou. Les châtiments, en matière pénale, font appel au knout pour les petits délits. La récidive, la trahison, le sacrilège, le meurtre, le brigandage, l'incendie volontaire sont punis de mort. Il arrive que le juge cite des témoins pour asseoir sa sentence. Mais l'accusé a le droit de les refuser et de demander le duel. Toutefois, pour ce jugement de Dieu, l'accusateur comme l'accusé peuvent choisir des combattants qui les remplaceront. Les champions des deux parties n'auront pas le droit d'utiliser l'arc et la flèche. « Leurs armes offensives, est-il dit dans la loi, sont le javelot, la lance, la hache et le poignard. Leurs armes défensives sont la cuirasse, le bouclier et la cotte d'armes. Le témoignage d'un homme noble a plus de poids que celui de six personnes d'un bas étage. » Enfin, dans les grands procès, rien ne vaut la torture pour démasquer un coupable. Un tarif est fixé pour rétribuer le juge, le notaire, le scribe. Le code condamne la gabegie. Mais les pots-de-vin, véritable plaie de la société russe, subsistent à tous les niveaux de l'administration. Il est même impossible d'obtenir gain de cause sans graisser quelques pattes. L'usage veut qu'avant le procès les parties déposent une offrande devant les images saintes « pour les cierges ». Et, à Pâques, les magistrats de tout acabit reçoivent des « œufs rouges » accompagnés d'une bourse plus ou moins bien garnie. L'Allemand Heinrich von Staden, interprète du *prikaze* (département) des ambassadeurs, écrit dans ses *Mémoires :* « Dans chaque chancellerie ou dans chaque salle de tribunal, il y avait deux gardiens à la porte, qui n'ouvraient qu'à ceux qui donnaient de l'argent... Toute la justice était à la disposition de l'homme riche ; celui qui avait le plus d'argent avait raison ou était innocent... Si un homme avait pillé, assassiné, volé et s'était sauvé dans un cloître avec son argent. il y était aussi tranquille que dans le ciel. »

Peu importent ces imperfections : l'idée fixe d'Ivan est d'unifier son pays et d'enlever aux seigneurs locaux leurs attributions judiciaires, administratives, fiscales. Pour l'aider dans sa tâche, il cherche des collaborateurs, non plus parmi la noblesse turbulente, mais parmi les petites gens. Ce sont des hommes nouveaux, issus d'un milieu modeste, qui sont placés à tous les postes clefs de l'empire. Ils soutiennent, de loin en loin, la vaste toile d'araignée dont le centre est à Moscou. Peu à peu, le peuple se rend compte qu'il n'est plus gouverné par de fastueux boyards mais par le tsar lui-même, à travers ses agents d'exécution. Et il se demande s'il a gagné au change : on pouvait détester un seigneur, on ne peut détester le souverain. L'ambassadeur d'Angleterre, Fletscher, écrit : « Un grand peuple inerte, silencieux contemplait avec un mélange d'amour et de terreur ce père de la grande famille russe, cette loi vivante, ce représentant de Dieu sur la terre, dont les crimes eux-mêmes étaient acceptés comme un châtiment envoyé par Dieu à son peuple et dont il fallait subir la cruauté, car elle créait des martyrs et ouvrait les portes du ciel. »

Préoccupé par la moralité de son peuple, Ivan l'est aussi par celle de son Eglise. Pour exalter la gloire orthodoxe face à l'ouragan de la Réforme qui secoue l'Europe occidentale, il réunit deux conciles, en 1547 et en 1549. Ces deux conciles canonisent trente-neuf personnages russes remarquables, qui s'ajoutent aux vingt-deux saints déjà existants. Ragaillardi par ce renfort d'auréoles, le clergé peut se croire à l'abri de toute critique. Or, deux ans plus tard, le 23 février 1551, Ivan convoque un troisième concile ecclésiastique. Les prélats, conduits par le métropolite Macaire, sont reçus au Kremlin par le tsar et le conseil des boyards au grand complet. Ils se figurent qu'on les a fait venir pour bénir le nouveau code tsarien. Et, en effet, cette formalité est vite expédiée. Alors, se tournant vers le métropolite, les neuf évêques, les archimandrites et les abbés, Ivan leur rappelle, en termes pathétiques, les malheurs de son enfance et les désastres de son pays. C'est l'incendie de Moscou qui, dit-il, a fait de lui un autre homme : « Dans ce moment, mon âme fut saisie de terreur ; un tremblement soudain s'empara de moi, mon esprit s'adoucit et l'attendrissement pénétra dans mon cœur. Maintenant que j'ai autant d'horreur pour le vice que d'amour pour la vertu, c'est de votre zèle que je réclame des instructions. O vous, pasteurs chrétiens, guides sacrés des princes, dignes représentants de l'Eglise, ne m'épargnez pas dans mes erreurs ; reprochez-moi courageusement mes faiblesses, et faites tonner la parole de Dieu afin que mon âme conserve sa pureté. » Bien entendu, nul parmi les ecclésiastiques ne songe à lui reprocher quoi que ce soit. Croyant la cérémonie terminée, ils songent déjà à se retirer, quand Ivan les retient. Et, à leur grande surprise, il leur remet un document sur les réformes qu'il envisage pour assainir le fonctionnement de l'Eglise. C'est avec l'aide de Sylvestre et d'Adachev qu'il a composé ce questionnaire et ces propositions, dont l'ensemble forme le *Stoglav* ou *Recueil des cent chapitres,* sans doute par référence aux Cent et un griefs de la Diète de Worms. Point par point, le *Stoglav* traite des propriétés

appartenant aux monastères, de l'inconduite des moines et des
popes, du trafic scandaleux des reliques, et des erreurs des copistes
dans la reproduction des livres saints. Certains de ces reproches
sont d'une véhémence qui offusque l'assemblée : « Il y a des
moines et des popes qui se font tonsurer pour mener joyeuse vie et
se promènent dans les villages pour leur plaisir... » (Question 7.)
« Dans tous les monastères, les abbés et les moines s'enivrent, les
popes des églises ordinaires boivent à en perdre la raison. Au nom
de Dieu, délibérez mûrement sur ces scandales... » (Question 17.)
« Pourquoi l'interdiction faite aux popes et aux diacres veufs d'être
attachés à une église n'est-elle plus observée ?... » (Question 18.)
    Après un moment de stupeur, les prélats réagissent et promet-
tent qu'à l'avenir les mœurs des ecclésiastiques seront contrôlées et
les abus sévèrement punis. Mais d'autres graves questions sont
agitées et résolues par les docteurs de la foi. Le concile ordonne
que tout chrétien orthodoxe se signe avec trois doigts de sa main
droite réunis (le pouce, l'index et le médius), symbole de la
Trinité, et que ces doigts soient posés d'abord sur le front, puis sur
la poitrine, ensuite sur l'épaule droite, enfin sur l'épaule gauche.
Celui qui ne procède pas ainsi « déserte la Croix du Christ et se
livre au diable ». Il sera maudit à tout jamais. Maudits également
celui qui danse dans les cimetières le samedi de la Trinité, qui
sautille et se réjouit la nuit de la Saint-Jean, la veille de Noël et à
l'Epiphanie, celui qui s'écrie trois fois : « Alléluia ! » selon l'hérésie latine, alors qu'un bon orthodoxe doit le dire deux fois et
ajouter : « Gloire à toi, Seigneur ! », celui qui imite les gestes
indécents des bouffons, celui qui se livre à la sodomie. L'entrée des
églises est interdite aux invertis. « Ni les débauchés, ni les
adultères, ni les efféminés, ni ceux qui pratiquent la pédérastie, la
bestialité, l'onanisme, ni les concussionnaires, ni les larrons, ni les
sorciers, ni les ivrognes n'hériteront le royaume de Dieu, lit-on
dans le document. Ils sont exclus de l'Eglise jusqu'à guérison. » Le
Domostroï recommandait déjà la décence dans la gaieté ; le *Stoglav*

va plus loin : il condamne à l'enfer les joueurs de rebec, de *gousli*[1],
de tambourin, de trompette, les gens qui dansent, qui sautent et
qui battent des mains dans les réunions publiques, ceux qui se
plaisent dans la compagnie des ours savants, des chiens, des
oiseaux, ceux qui jouent aux dés, aux échecs, au trictrac, ceux
enfin qui osent se couper la barbe, les moustaches et portent des
vêtements étrangers. « Les règles sacrées interdisent aux chrétiens
orthodoxes de raser leur barbe et leurs moustaches, décide le
concile en réponse à une question posée par le tsar. C'est une
hérésie latine... Cet usage fut institué par l'empereur hérétique
Constantin Caballinos[2] ; tous savent qu'il fit couper la barbe à ses
serviteurs hérétiques. Vous donc qui, à leur exemple, pour
satisfaire vos fantaisies, contrevenez à la loi, vous serez haïs de
Dieu qui vous avait faits à son image. » Les peintres d'icônes sont
parfois enclins à boire et à voler. Ordre est donné à ces artistes
d'être à l'avenir « pleins d'humilité, de douceur, de piété » et de se
conformer aux règles pour la représentation « des puissances
célestes, des saints et des saintes ». Ils doivent se préparer à leur
travail par le jeûne et la prière, se soumettre aux anciennes
prescriptions graphiques, délayer leurs couleurs dans de l'eau
bénite et devenir ainsi, non pas des créateurs fiers de leurs œuvres,
mais les instruments modestes et anonymes de la volonté du Très-
Haut. D'autre part, les copistes commettant trop d'erreurs dans
leur transcription des textes saints, il est décidé d'arrêter la copie à
la main des ouvrages liturgiques et d'installer à Moscou une
imprimerie pour la reproduction de ces livres d'après les modèles
les plus corrects. Cependant, pour les gens simples, une erreur
consacrée par le temps a plus de valeur qu'une rectification
moderne, fût-elle justifiée. La première presse à imprimer,

1. Rebec : violon à trois cordes. *Gousli :* ancien instrument de musique russe à
cordes pincées.
2. Empereur byzantin (718-775) ; il reçut le surnom de Caballinos pour sa
tyrannie en matière religieuse.

désignée dans le peuple comme une machine du diable, sera aussitôt détruite au cours d'une émeute. Peu de prêtres, du reste, savent lire. Mais ils connaissent par cœur toutes les paroles des différents offices. Ivan, qui a une passion pour la lecture, souffre de l'ignorance qui l'entoure. Il obtient des membres du concile que l'instruction des prêtres soit obligatoire. Dans tout le pays, les popes seront soumis à la surveillance de dizeniers ecclésiastiques. Chaque ville aura son école desservie par des prêtres et des *diaks*[1]. On y enseignera l'écriture, la lecture, le calcul, le chant, la religion, les bonnes mœurs et l'horreur de la « sodomie infâme ».

Toutefois, lorsque Ivan émet l'idée que les moines, théoriquement morts au regard du monde, ne peuvent posséder de terres et que leurs domaines devraient revenir à la couronne, Macaire, et avec lui tout le clergé, repoussent cette suggestion impie. Le tsar se contentera d'une demi-mesure : à l'avenir, les évêques et les monastères ne pourront, est-il décidé, faire aucune acquisition sans l'assentiment du souverain[2]. Accessoirement, il sera interdit aux couvents de prêter de l'argent à des taux usuraires. Toutes ces dispositions sont destinées à arrêter l'enrichissement vertigineux de l'Eglise.

Parallèlement à cette mise au pas des prêtres et des moines, Ivan réorganise définitivement la noblesse du pays. Au-dessous des boyards grands officiers de la couronne et des boyards membres du conseil, la *Douma,* viennent ceux que l'on nomme les « hommes de service ». Les mille jeunes nobles les mieux nés et les plus capables sont mobilisés. Inscrits dans le « Livre des mille[3] », ils fournissent les cadres du « régiment du tsar » et sont parfois chargés de

1. Le *diak* est un homme instruit, fonctionnaire, secrétaire. Ne pas confondre avec *diakone*, le diacre.
2. En fait, cette décision ne sera jamais observée. Le trafic continuera sans entraves.
3. En réalité, ils sont 1068.

...umes de boyards du
...siècle. Moscou, musée
...stoire et de Reconstruction.
...o A.P.N.

...tenant-colonel du corps des
...tz, corps d'armée
...anent créé par Ivan le
...ble. Paris, Bibliothèque
...nale, Estampes. Photo
...ction Viollet.

...evêque russe en habit
...aire. Paris, Bibliothèque
...nale, Estampes.
...o B.N.

...utenant Colonel du Corps des Strelits.

archevêque
en habit ordinaire
au choeur

Prise de Kazan par Ivan le Terrible en 1552.
D'après une miniature du XVIᵉ siècle. Photo
collection Viollet

Construction de l'église de l'Intercession de la Vier
(cathédrale de Basile-le-Bienheureux). Miniature
Grand Recueil des Chroniques. Moscou, musée
national historique. Photo A.P.N.

Bannière d'Ivan le Terrible au siège de Kazan. Photo A.P.N.

missions administratives ou diplomatiques. Des terres leur sont attribuées pour leur donner la possibilité d'accomplir leur service. Chaque printemps, à la « mobilisation », les hommes de service sont tenus de se rendre aux endroits convenus, à cheval, en armes, accompagnés d'un nombre de paysans déterminé par la surface de la terre labourable. (Un paysan par cent demi-déciatine [1].) Cette obligation les suit irrévocablement tout au long de leur vie. Par exception, certains, au lieu de rallier l'armée, sont désignés pour remplir de hautes charges à Moscou. Mais, dans l'ensemble, le sort des hommes de service est fixé dès leur naissance.

De même, les commerçants des villes et les ouvriers sont tous catalogués et inscrits dans des corporations. En outre, ils sont divisés en catégories d'après le chiffre de leurs impôts. Les plus riches sont appelés à Moscou, où ils forment une classe supérieure, les *gosti* (les hôtes). En échange de quelques privilèges, ils doivent s'occuper du ravitaillement et des finances de la ville sous leur responsabilité pécuniaire personnelle.

Au bas de l'échelle sociale, se trouvent les paysans. La majeure partie d'entre eux travaillent six jours sur sept pour le propriétaire du sol, paient des taxes très lourdes et n'ont pas le droit de se déplacer, ni de changer de maîtres. D'autres sont considérés comme des fermiers libres et peuvent théoriquement, à la fin de leur bail, quitter le seigneur après avoir exécuté toutes les clauses du contrat. Mais, en pratique, la plupart sont incapables de rembourser les dettes énormes qu'ils ont contractées pour les besoins de leur exploitation. Ils demeurent donc attachés à la glèbe, sinon de droit, du moins de fait. Le servage, bien que non proclamé, s'étend insidieusement sur toute la Russie. Désespérés, de nombreux paysans s'enfuient dans les forêts. Les terres incultes se multiplient. La peur du lendemain s'appesantit sur les villages. Ivan n'en a cure. Son plan est d'une logique éblouissante. Pour

1. Mesure agraire, la déciatine représente 1,092 ha

s'assurer le concours des nobles, il les a liés définitivement à leur emploi. Pour leur permettre d'exercer cet emploi sans arrière-pensée, il leur a donné des domaines. Pour cultiver ces domaines, il a contraint les paysans qui les habitent à travailler au profit des nobles. Ainsi se forme une Russie asservie de haut en bas, où chacun, selon son rang et ses capacités, concourt à la grandeur et à la prospérité du pays. Le sommet de cette pyramide d'esclaves, c'est le tsar[1]. L'argent dont il a besoin, il le tire de l'impôt et des taxes. Selon l'ambassadeur Fletscher, dans le système de la pression fiscale, Ivan IV demande à son peuple exténué quatre fois plus que Henri VIII d'Angleterre au sien. Ces sommes, collectées par les percepteurs, sont versées dans le Grand Trésor. Cependant, le tsar dispose également de son patrimoine personnel : trente-six villes, avec les villages dépendants, lui fournissent non seulement une redevance en argent, mais aussi du bétail, du blé, du poisson, du miel, du fourrage dont il fait commerce. Le plus clair de la dépense supportée par le Grand Trésor a trait, évidemment, à l'entretien de l'armée. On a beau augmenter les impôts d'année en année, les caisses sont souvent vides. Le même Fletscher cite divers moyens utilisés par Ivan pour « amener les biens du peuple dans le trésor impérial » : « Laisser les percepteurs s'enrichir, puis leur faire rendre gorge... Exiger d'une ville la livraison de produits introuvables et la frapper d'une amende considérable parce qu'elle n'a pas exécuté l'ordre. » Ivan et ses hommes de service ne s'embarrassent pas d'une équité absurde. Pourtant, le tsar tient à l'apparence de la légalité. Il gouverne avec l'aide de la Douma des boyards. Dans les cas graves, il convoque même le *Zemski Sobor*. Mais ni la Douma ni le *Zemski Sobor* n'empiètent sur les prérogatives du monarque. Ces assemblées n'ont qu'une voix

---

1. Pierre le Grand perfectionnera cette hiérarchisation de la Russie en instituant le « Tableau des rangs », avec ses catégories, ses classes, ses équivalences entre les différents *tchines*.

consultative et se bornent, la plupart du temps, à enregistrer les désirs du tsar.

Ainsi, dès les premières années de son règne, Ivan affirme un esprit d'ordre et une volonté de domination qui confondent son entourage. Comment ce jeune homme privé d'affection et de direction dans son enfance, instruit au hasard par des scribes du palais, poussé vers le mysticisme par Macaire, a-t-il pu, dès son accession au trône, prendre une si haute conscience de son rôle de souverain ? Même ceux qui critiquent en secret sa violence, son despotisme, sa cruauté sont forcés de convenir qu'ils ont devant eux un conducteur de peuples. S'ils tremblent pour eux-mêmes, ils ne tremblent plus pour la Russie.

CHAPITRE V

KAZAN

Tout en réorganisant le pays à l'intérieur, Ivan ne perd pas de vue ses frontières. Pour l'heure, il a trois sujets d'inquiétude : les Suédois, les Polonais et les Tatars. Les Tatars surtout l'irritent par leurs nombreuses incursions sur le territoire russe. Afin de leur résister, il fait construire une ligne de fortins au sud de la Moscovie et met sur pied des troupes régulières munies d'armes à feu. Bientôt, il peut compter sur six régiments de fantassins, les *strélitz*[1], tireurs d'arquebuse, recrutés parmi les hommes libres et s'engageant pour la vie. Armés et équipés à l'européenne, ils reçoivent une solde, un uniforme, de la poudre et de la farine. Ils sont appuyés par quatre-vingt mille cavaliers et un corps permanent d'artillerie. Mais le gros des forces est constitué par les hommes de service et par les recrues levées en dehors de la classe militaire. Cette troupe fournie par les villes et les campagnes, la *possokha,* n'est ni aguerrie ni disciplinée. Aussi l'emploie-t-on principalement aux travaux de terrassement. Quant aux gens de

---

1. *Strélets* ou, selon l'usage français, *strélitz.* Le pluriel, en russe, est *stréltsy.* Du verbe *stréliat,* tirer.

service, boyards, enfants de boyards, hommes de cour, ils sont répartis entre cinq régiments. On enrôle quelques mercenaires étrangers pour relever la valeur de l'ensemble. Le haut commandement n'est plus confié à des officiers de noble origine, mais à des chefs qualifiés qui se sont distingués au combat. Ainsi, pour la première fois en Russie, dans le métier militaire, le mérite éclipse la naissance.

En dehors des *strélitz* et des troupes de la *possokha,* la reine des batailles, c'est la cavalerie. L'armement des hommes à cheval, très varié, comprend le sabre recourbé à la façon turque, l'arc, la hache, la lance et parfois un pistolet. Peu de cuirasses, mais quelques casques. Pas d'éperons, mais un fouet. Les chevaux, petits et robustes, ne sont pas ferrés. Leur endurance est extraordinaire. Celle de leurs maîtres aussi. Les Moscovites campent dans la neige, allument un petit feu, se restaurent d'une poignée de farine délayée dans de l'eau bouillante et s'endorment, enroulés dans leurs manteaux. Leur bravoure est confirmée par tous les témoins étrangers. A l'attaque, ils commencent par lancer des flèches, puis ils chargent, le sabre à la main, en masse, sans ordre, au son des tambours et des trompettes, et en criant à plein gosier pour effrayer l'ennemi.

Avec des hommes de cette trempe, Ivan ne doute pas de refouler définitivement les Tatars. Il se met en campagne, en décembre 1547, rejoint la Volga, et décide d'utiliser le fleuve profondément gelé comme une route pour atteindre Kazan, d'où partent les principales razzias en territoire russe. Mais, au moment où l'armée est déjà engagée sur la glace, un craquement se fait entendre, l'eau jaillit le long des rives et de larges crevasses s'ouvrent dans la carapace blanche, engloutissant hommes, chevaux, canons. Devant un tel désastre, Ivan conclut que Dieu ne lui a pas encore pardonné ses péchés et retourne à Moscou pour préparer, dans le jeûne et les prières, une deuxième campagne. En attendant, le prince Dimitri Bielski est chargé, avec un détachement modeste, non plus de conquérir Kazan, mais de barrer la route aux Tatars qui seraient tentés d'attaquer les villages russes pour s'y fournir en captifs des deux sexes.

Le 24 novembre 1549, le tsar repart, accompagné de son frère Iouri, pour l'armée. Le 14 février 1550, il est sous les murs de Kazan. En hâte, on dresse des gabions face aux remparts de bois de la ville tatare. On tire le canon ; les catapultes projettent des pierres ; les béliers défoncent les portes. Pour la première fois, Ivan, le sabre au poing, dirige la manœuvre sur le terrain. Mais sans s'exposer. Selon la tradition moscovite, un souverain ne combat pas, il exhorte. Soixante mille Russes s'engouffrent par une brèche, envahissent la ville et massacrent sans discernement tous les habitants qui leur tombent sous la main. Pourtant, ils ne peuvent s'emparer de la forteresse centrale. Et, le lendemain, un brusque dégel, accompagné d'une pluie violente, empêche les opérations de se dérouler normalement. La poudre est mouillée, les canons ne partent pas, la glace se rompt sur les rivières, les chemins se transforment en bourbiers, le ravitaillement ne parvient plus aux troupes qui se plaignent de la faim et Ivan craint que l'inondation ne lui coupe bientôt la retraite. La rage au cœur, il ordonne un repli immédiat. Il est persuadé que les Tatars le poursuivront et qu'il devra livrer des combats d'arrière-garde. Mais les habitants de Kazan se contentent de ramasser le matériel de guerre qu'il a laissé derrière lui. Soulagé de s'en tirer à si bon compte, il décide d'élever une ville forte à proximité de Kazan, en territoire ennemi, et de s'en servir comme d'une base de départ pour une prochaine action de représailles. Cette ville, au confluent de la Volga et de la Sviiaga, reçoit le nom de Sviiajsk. Très vite, elle deviendra un centre d'attraction pour les tribus montagnardes du voisinage, Tchérémisses, Tchouvaches, Mordviens, et un défi intolérable pour les Tatars de Kazan. Par le succès de cette implantation russe dans la zone d'influence du khân, Ivan cherche à masquer l'échec militaire de son expédition. Au vrai, ni les boyards ni le peuple ne sont dupes. Les plus hostiles parlent du mauvais sort qui s'attache à toutes les entreprises du tsar ; les plus indulgents expliquent ce nouveau revers par l'extrême jeunesse du souverain ; mais tous sont d'accord pour condamner la conduite de Dimitri Bielski, accusé même de trahison. Or, le général n'a pas trahi, simplement il s'est montré incapable. Convaincu à la fois de la fidélité et de l'impéritie de ce chef de guerre, Ivan pourrait le foudroyer. Il lui laisse la vie sauve. Fort opportunément, Dimitri Bielski meurt de maladie peu de temps après le retour de l'armée à Moscou.

A Sviiajsk, cependant, la peste et l'indiscipline affaiblissent la garnison. La chronique rapporte que « les hommes se rasent la barbe et débauchent les jeunes gens ». Pour relever le moral des troupes, les boyards préconisent d'envoyer de Moscou dans la forteresse un flacon d'eau consacrée et une instruction édifiante. Ils ne veulent pas entendre parler d'une nouvelle expédition armée contre Kazan. Les précédentes ont coûté trop cher. De mois en mois, dans les régions frontalières, se multiplient les escarmouches, les incursions, les négociations sans aucun résultat. Contrairement aux hommes de service qui conseillent de laisser pourrir la situation, le haut clergé, Macaire en tête, encourage Ivan à reprendre la lutte contre « les infidèles qui versent le sang des chrétiens, souillent et ruinent les églises ». Le tsar lui-même a hâte de se venger des Tatars qui l'ont ridiculisé. Non seulement son prestige personnel, mais toute sa politique extérieure est en jeu. Il faut vaincre cet ennemi héréditaire qui ronge le flanc de la Moscovie ou accepter ses entreprises, toujours plus audacieuses, comme les effets d'une maladie mortelle. La guerre sainte est inévitable. Le 16 juin 1552, Ivan confie à son frère Iouri la direction des affaires intérieures pendant la durée de son séjour au front, implore le métropolite de bénir son action et console Anastasie qui se désespère. Elle est enceinte et tombe en sanglotant contre la poitrine de son époux. Sans se troubler, il lui recom-

mande d'avoir soin des pauvres, de garder les clefs des prisons et
de libérer ceux des captifs qu'elle jugera les plus méritants. Puis,
l'ayant embrassée, il passe entre deux haies de boyards et se dirige
vers son cheval.

L'armée russe, forte, dit-on, de cent mille hommes — cavaliers,
strélitz, artilleurs —, quitte Moscou précédée de bannières saintes.
A sa tête, chevauche le tsar, flanqué d'Adachev et du prince André
Kourbski. Cinq jours plus tard, il apprend, par un messager, que
Devlet-Guireï, khân de Crimée, marche sur Toula. Aussitôt, il
change d'itinéraire et, au lieu de continuer sa route vers Kazan, à
l'est, se précipite vers le sud. Quand il arrive sur les lieux, les
Tatars, repoussés par la garnison de la ville, ont déjà levé le siège.
Le prince André Kourbski les poursuit et les taille en pièces. Des
armes, des équipages et de nombreux chameaux tombent aux
mains des Russes. Des prisonniers révèlent que les Tatars avaient
l'intention, après avoir investi Toula, de s'avancer vers la capitale
pendant que le tsar serait retenu à Kazan. Ivan fait expédier à
Moscou tout le butin recueilli. La populace crache sur les captifs
au visage basané, aux cheveux noirs, qui osent croire en Allah, et
s'extasie à la vue des chameaux.

Enhardi par ce premier succès, Ivan accélère le mouvement de
ses troupes vers le but final de l'expédition, Kazan. A chaque
halte, il invoque quelque nouveau saint protecteur de la Russie.
Dans la cathédrale de Kolomna, il s'incline devant l'icône de la
Mère de Dieu que Dimitri Donskoï avait portée dans sa bataille
victorieuse contre le sultan Mamaï. A Vladimir, il apprend par un
messager que l'épidémie qui ravageait Sviiajsk est terminée et
qu'après de nombreux désordres la discipline est rétablie dans la
garnison. N'est-ce pas la preuve que Dieu, longtemps réticent,
s'est laissé enfin attendrir par la piété et la bonne volonté du tsar ?
Les nouvelles qui parviennent de Moscou sont également excellen-
tes : Anastasie se porte bien, le peuple prie pour la conservation de
son souverain et Macaire écrit à Ivan : « Que votre âme soit pure et

chaste. Soyez humble dans la bonne fortune et courageux dans les
malheurs. Les vertus d'un monarque sauvent son empire. »

Durant cette longue expédition, le tsar est tantôt à cheval, tantôt
à pied. Il supporte la fatigue avec une gaieté qui émerveille son
entourage. On campe au bord des rivières, dans les forêts, on se
nourrit des produits de la chasse et de la pêche. Impressionnés par
ce déploiement de forces, les chefs de quelques tribus rebelles
viennent se soumettre au souverain russe et lui assurent que la rive
droite de la Volga lui est entièrement acquise. Ils lui offrent de
l'aider dans la conquête de Kazan. Le 11 août, les *voïévodes* [1] de la
garnison de Sviiajsk s'avancent à la rencontre d'Ivan. Les capitaines et les hommes de troupe sont conviés à un grand repas de fête
sous des tentes ouvertes. Les habitants des villages voisins
fournissent aux convives du pain et de l'hydromel. Comme on est
en période de carême, le menu est frugal. La rusticité de la table
est compensée par la splendeur du paysage. Sous un ciel d'un bleu
vif, sans un nuage, s'étalent d'un côté des prairies de velours vert,
légèrement vallonnées, avec, au loin, la masse sombre de la forêt,
de l'autre, la Volga large, majestueuse et lente, parsemée d'îles.

Mais Ivan ne veut pas s'attarder. Vite, on ramasse la vaisselle, on
éteint les bûchers, on plie les tentes et on se remet en route. Le
13 août, l'armée parvient en vue de Sviiajsk, la ville naissante,
fondée par la volonté du tsar. Il y entre à cheval, reçoit la
bénédiction du clergé, assiste à une messe à la cathédrale, inspecte
les fortifications, l'arsenal, les maisons toutes neuves, les magasins
déjà nombreux et se déclare satisfait. Attirés par la clientèle
inespérée que représente cette grande concentration d'hommes,
des colporteurs arrivent en bateau, venant de Nijni-Novgorod, de
Moscou, de Iaroslavl pour offrir leur marchandise dans des
bazars en plein vent. Sur l'ordre des autorités, la plus belle
demeure de l'endroit a été réservée au monarque. Il refuse d'y

---

1. Chefs militaires.

mettre les pieds, déclare : « Je suis maintenant en campagne », et
repart à cheval pour regagner sa tente, dressée dans une prairie,
aux portes de la ville. De là, ayant pris conseil, il adresse à Iadiger-
Mohamed, gouverneur de Kazan, un message écrit en tatar,
invitant les habitants à se rendre et leur promettant la clémence de
la Russie. En vérité, il n'a qu'un faible espoir d'être entendu : le
caractère sacré de cette guerre de la Croix contre le Croissant
interdit toute compromission entre les adversaires. Aussi, sans
attendre la réponse, se remet-il en marche. Cette réponse, il la
reçoit le 20 août. Elle est négative et insultante. Kazan crache sur
Ivan, sur la Russie et sur la chrétienté. « Tout est prêt ici, affirme
Iadiger-Mohamed. Nous vous attendons pour commencer la
fête. » Dans la nuit, un notable musulman s'échappe de la ville et
vient confirmer à Ivan que les défenseurs, au nombre de trente
mille, sont des guerriers fanatiques et qu'ils sont abondamment
pourvus de vivres et de munitions. La tâche ne sera pas facile. Ivan
le sait. Mais il sait aussi, par conviction du cœur, que l'aide de
Dieu lui est acquise. C'est avec le sentiment d'être le champion de
la chrétienté qu'il s'avance vers la ville. Il la découvre, le 23 août,
au soleil levant, avec ses mosquées, ses tours élevées, ses doubles
remparts de bois de chêne, bourrés intérieurement de gravier et de
terre glaise. Alors, au son des trompettes et des tambours, il fait
déployer l'étendard de la foi, représentant la figure de Jésus-
Christ. Une messe est célébrée à l'ombre des drapeaux. Des
prêtres, habillés de vêtements liturgiques, bénissent les combattants qui ont mis un genou en terre. Le vent disperse les fumées de
l'encens et porte au loin la voix rude des chœurs. Fixant son regard
sur la bannière sacrée, Ivan se signe et s'écrie : « Seigneur, c'est en
ton nom que nous marchons contre les infidèles ! » Puis, tourné
vers ses soldats, il les convie au combat, exaltant l'héroïsme de
ceux qui tomberont pour la défense de la religion, promettant de
secourir les veuves et les orphelins et jurant de sacrifier sa propre
vie, s'il le faut, pour le triomphe de la cause orthodoxe.

Aussitôt après, on débarque les canons et la poudre, on ajuste les
madriers pour l'érection des tours de siège et l'armée se rassemble,
d'un flot lent et puissant, sous les murs de la ville. Or, celle-ci
paraît abandonnée. Pas le moindre bruit. Personne sur les
remparts. S'agit-il d'un piège ? Avec prudence, les *strélitz* pénètrent dans les rues désertes, silencieuses. Sans doute la population
s'est-elle réfugiée dans la forteresse centrale, le Kremlin. Et
soudain, en effet, les portes de cette forteresse s'ouvrent avec
fracas. Les Tatars qui en jaillissent ne sont pas des hommes, mais
des diables grimaçants et hurlants. Les uns à cheval, les autres à
pied, ils forment une seule masse où brillent les dents, les yeux et
les lames des cimeterres. C'est l'enfer qui vomit ses légions sur la
chrétienté. Epouvantés, les arquebusiers russes reculent en désordre, tombent et recommandent leur âme à Dieu. A grand-peine,
leurs officiers les reprennent en main hors de la ville. Aux combats
à l'arme blanche, succèdent des tirs d'artillerie et des échanges de
volées de flèches. Enfin, les Tatars se replient dans leur forteresse,
les portes se referment, le calme revient et Ivan feint de croire que
ce premier assaut a tourné à son avantage.

La nuit s'écoule tranquillement, mais, le lendemain, une
violente tempête s'abat sur la région. Plusieurs tentes, dont celle
du tsar, sont arrachées par le cyclone ; les églises de campagne se
disloquent pendant que les prêtres affolés rassemblent icônes,
bannières et reliques ; les vagues du fleuve, brusquement gonflées,
submergent les rives, brisent les bateaux, inondent les dépôts de
vivres et de munitions. En un clin d'œil, le ravitaillement de
l'armée est réduit à néant. Au milieu du désespoir général, Ivan ne
perd pas confiance. Alors que ses généraux songent déjà à se
replier, il convoque les marchands et leur ordonne de réapprovi-
sionner la troupe par bateaux et par caravanes.

Les jours suivants se passent en escarmouches. Les Tatars font
pleuvoir des grêles de balles, de flèches, de boulets sur les Russes
qui s'efforcent d'escalader les remparts. Et les Russes, en se

retirant, entraînent derrière eux les Tatars qui les poursuivent et qu'ils combattent ensuite en terrain découvert. Dès qu'ils ont fait quelques prisonniers, ils les attachent à des poteaux, face aux murailles de la ville, pour que leurs gémissements incitent les Kazanais à se rendre. Un héraut crie aux assiégés : « Ivan vous promet la vie, la liberté et le pardon du passé si vous vous soumettez à lui ! » Du haut d'une tour, le porte-parole de l'ennemi répond d'une voix tonnante : « Il vaut mieux qu'ils reçoivent la mort de nos mains pures, plutôt que de périr par celles des misérables chrétiens ! » Et les Tatars tirent des flèches sur leurs frères transformés en cibles vivantes.

A la fin d'août, le tsar charge un ingénieur allemand de creuser des galeries sous les remparts, afin de faire sauter la principale source d'eau potable qui alimente la ville. Les pionniers travaillent dix jours sous terre. Ils entendent, au-dessus de leur tête, le va-et-vient des passants. Ayant localisé l'emplacement de la fontaine, ils roulent des tonneaux de poudre dans son voisinage. Le 5 septembre, Ivan grimpe sur un monticule entouré de gabions et ordonne d'allumer la mèche. Une énorme explosion ébranle la cité, une partie de la muraille s'écroule, tandis que des poutres, des pierres, des cadavres mutilés sont projetés à une grande hauteur. Les Russes se précipitent par la brèche. Mais, après un moment de stupeur, les Tatars se ressaisissent et, encouragés par les ululements des femmes, repoussent, une fois de plus, les assaillants.

Cette résistance acharnée déconcerte les soldats russes. On dit, dans leurs rangs, que, chaque nuit, juste avant l'aube, des sorcières mongoles grimpent sur les remparts, retroussent leurs jupes et font des gestes obscènes, insultant l'ennemi chrétien et lui jetant des sorts. Ce sont elles qui, par leurs grimaces, appellent le mauvais temps, néfaste aux Moscovites. Il pleut sans discontinuer. Les soldats pataugent, mouillés, aveuglés, dans un cloaque. Impossible de s'abriter sous les tentes transpercées par les gouttes. Aux grands maux, les grands remèdes. Ivan fait venir de Moscou une croix

miraculeuse dont on bénit les eaux tombant du ciel. Puis, une
procession religieuse parcourt le camp et les prêtres procèdent à
des aspersions répétées. Aussitôt, la pluie s'arrête, le soleil reparaît
et l'armée reprend courage : « Allah recule ! » s'écrie-t-on parmi
les assaillants.

On construit, à deux verstes du camp, une énorme tour de bois,
de six toises de haut, montée sur roues, et on la roule, de nuit,
jusque sous les murailles de la ville, près de la « porte Royale ».
Cette tour est garnie de soixante canons, dont dix de gros calibre,
desservis par de nombreux artilleurs. De cette position élevée, ils
découvrent tout un quartier de la cité. Aux premières lueurs du
jour, le bombardement commence. Les habitants, affolés, cherchent refuge dans les caves et les tranchées. Les assiégés ripostent
par un feu de mousqueterie qui tue une grande quantité de
canonniers russes. Cette affaire sanglante ne conclut rien.

Pendant ce temps, on continue à creuser des mines sous la ville,
on fait exploser quelques tonneaux de poudre, on s'étripe dans les
faubourgs. Les généraux pressent Ivan d'ordonner l'assaut final. Il
exige que, d'abord, toute l'armée se confesse et communie. Soldats
du Christ, ces hommes doivent aller à la mort avec une âme pure.

Enfin, tout est prêt, les popes ont fait leur office, l'aube se lève
dans un ciel sans nuage. Les archers, la main au carquois, les
artilleurs, la mèche allumée, attendent le signal du carnage.
Chacun sait qu'une grande explosion doit ouvrir le chemin aux
combattants. Mais, pour l'instant, le silence n'est troublé que par
les chants sacrés des religieux qui, à deux pas de là, célèbrent la
messe. Comme pour montrer qu'il compte plus sur Dieu que sur
lui-même pour obtenir la victoire, le tsar, en cette minute, n'est
pas auprès de ses hommes, mais à l'église principale du camp. Au
moment où le diacre, lisant l'Evangile, profère les paroles : « Il ne
doit plus exister qu'un seul troupeau et un seul pasteur », une
formidable détonation fait trembler le sol sous les pieds du
monarque. La plus grosse mine vient de sauter. Tout réjoui, le tsar

sort du sanctuaire et contemple, au loin, la retombée des débris, de
la terre et de la fumée. Ayant secoué la poussière de ses vêtements,
il retourne à ses dévotions. Peu après, alors qu'il est en prière,
retentit une deuxième explosion, à laquelle répond, comme un
tonnerre, la voix de cent mille combattants hurlant ensemble :
« Dieu est avec nous ! »

Les Russes s'élancent à l'attaque. Du haut des remparts, les
Kazanais jettent sur eux des poutres, des pierres, de l'eau
bouillante. Malgré des pertes énormes, les assaillants escaladent les
murs avec des échelles, se cramponnent aux créneaux, se hissent
sur les épaules de leurs compagnons pour franchir les brèches et
affrontent, le sabre à la main, les défenseurs qui, rapidement,
perdent pied et reculent. Le cliquetis des lames entrechoquées, les
vociférations, les gémissements ne parviennent pas jusqu'à la
retraite du tsar, agenouillé devant les icônes. A plusieurs reprises,
des généraux accourent pour le supplier d'interrompre ses oraisons
et de paraître au milieu de ses troupes cruellement éprouvées.
Poltronnerie ou piété, il refuse de sortir avant la fin de la liturgie.
Cependant, à Kazan, le massacre continue. On se bat jusque sur le
toit des maisons. Les Russes enragés n'épargnent ni les femmes ni
les enfants. Quand ils ne les égorgent pas, ils les ligotent et les
rassemblent pour être vendus comme esclaves. En arrivant sur la
place du bazar, ils sont émerveillés par les richesses qui y sont
exposées — objets en or et en argent, fourrures, pièces de soie —
et, oubliant leur fureur guerrière, s'adonnent au pillage. Les
Kazanais profitent de ce désordre pour contre-attaquer. Mais les
Russes se ressaisissent à temps. La bataille reprend, acharnée,
incertaine. De nouveau, les boyards supplient Ivan de se montrer.
Il hésite encore, puis, à bout d'atermoiements, baise l'image
miraculeuse de saint Serge, boit de l'eau bénite, avale un morceau
d'hostie, reçoit la bonne parole de son chapelain et monte à cheval.
Lorsqu'il apparaît dans la plaine, le drapeau russe flotte déjà sur
les ruines de Kazan. Les assaillants, plus nombreux, ont eu raison

de leurs adversaires. Donc le tsar a bien fait de prier au lieu
d'exposer sa vie. Il entre dans la ville en caracolant parmi des
montagnes de corps et des flaques de sang. Entre-temps, Iadiger-
Mohamed s'est retiré, avec le reste des troupes, dans son palais.
Les portes enfoncées, on découvre une assemblée de femmes
richement parées qui tombent en pleurant aux pieds des Russes.
Mais Iadiger-Mohamed a fui. Il est rejoint dans une tour demeurée
intacte. C'est la fin, il se rend, s'agenouille devant son vainqueur et
demande grâce. Magnanime, Ivan lui accorde le pardon et dit :
« Infortuné, tu ne connaissais donc pas la puissance de la Russie ! »
Puis, ayant félicité ses généraux, il réunit l'armée au camp et se
livre à son plaisir favori, le discours public. Face à ces soldats aux
uniformes tachés de sang, aux faces noircies de fumée et de
poudre, il s'écrie d'un air inspiré : « Vaillants guerriers, boyards,
voïévodes, officiers, vous tous ici, en ce jour solennel, avez souffert
pour la grandeur de Dieu, pour la religion, pour la patrie et pour
votre tsar, vous venez d'acquérir une renommée immortelle.
Jamais un peuple n'a développé autant de bravoure et n'a remporté
une aussi brillante victoire... Vous vous êtes montrés les dignes
descendants de ces héros qui, sous les ordres du grand-prince
Dimitri, exterminèrent l'infidèle Mamaï... Et vous qui reposez au
champ d'honneur, nobles enfants de la Russie, vous êtes déjà dans
les célestes demeures, au milieu des martyrs chrétiens et tout
resplendissants de gloire. »
   Ainsi, le 2 octobre 1552, Kazan devient russe et le tsar de vingt-
deux ans tire un juste orgueil de cette première conquête.
Pourtant, pas une fois il n'a brandi un sabre ni épaulé une
arquebuse au cours de ces journées héroïques, pas une fois il n'a
visité les positions avancées de ses soldats, exposés aux flèches
ennemies. Son rôle a consisté à prier, protégé par une importante
escorte, et à paraître, de temps à autre, superbement vêtu, dans le
camp. Il n'en est pas moins, pour tous les combattants, le symbole
de la puissance russe, du courage russe, de la foi russe. Iadiger-

Mohamed, l'ayant reconnu comme souverain, promet de se faire chrétien en arrivant à Moscou et, à son incitation, de nombreux Tatars se convertissent. Les femmes des harems et les veuves des Kazanais tombés au combat sont conviées à un grand festin. Elles aussi ne tardent pas à abjurer la croyance musulmane. Devenues les compagnes des vainqueurs, elles leur donneront, pense Ivan, des fils superbes qui allieront dans leur sang les vertus guerrières des deux races.

En attendant, il faut aider la ville à renaître. Ivan fait asperger les ruines avec de l'eau bénite pour les purifier et pose la première pierre de la cathédrale de la Visitation. Puis, parcourant les rues, entouré du clergé, il désigne les endroits où devront s'élever d'autres églises. Son rêve est que toute la population tatare de Kazan soit remplacée par des Russes. Mais, malgré les privilèges accordés aux marchands de Moscou et de Nijni-Novgorod qui souhaiteraient s'établir dans la région, bien peu de volontaires se présentent. Or, Kazan, cité fondée par les Bulgares, descendants des Huns, puis dominée par les Mongols, est, depuis des temps reculés, un centre commercial important, réputé pour ses foires et son trafic avec la Chine, la Perse, Samarkand. On ne peut laisser dépérir ce lieu de rencontre idéal. Pour continuer des échanges rentables avec l'étranger, Ivan se voit contraint de faire appel à tous les mahométans du pays sans plus exiger leur conversion. Il leur suffira de prêter serment au tsar et de payer des impôts entre les mains du collecteur désigné. Remis de leur terreur, les Tatars reviennent, des boutiques rouvrent leurs portes, et une agglomération hybride, mi-russe mi-mongole, mi-orthodoxe mi-musulmane, entreprend de relever les décombres et de vivre en bonne intelligence malgré les querelles d'hier. Sourd aux remontrances de ses généraux qui voudraient le garder parmi eux, Ivan décide de regagner Moscou. Il laisse à Kazan une garnison de cinq mille hommes et nomme Alexandre Chouïski gouverneur de la ville, avec, comme adjoint, le prince Pierre Sérébrianni. Leur tâche sera

de continuer à soumettre la contrée, où des bandes rebelles
s'agitent encore. Lui a mieux à faire qu'à superviser ces actions de
police. Impatient de revoir sa femme et de se présenter à Moscou
dans toute sa gloire, il s'embarque sur la Volga dès le 14 octobre.

Une réception grandiose l'attend à Nijni-Novgorod. Les accla-
mations de la foule y sont si bruyantes qu'elles couvrent la voix du
clergé. Le peuple se réjouit d'autant plus que les incursions des
Tatars ont constitué jusqu'à ce jour un grave danger pour la
fameuse foire de la ville. On peut espérer aussi que la destruction
des bazars de Kazan attirera un surcroît de clientèle à Nijni-
Novgorod. Dieu a supprimé un concurrent commercial redoutable. Qu'il en soit loué ! Ivan prononce encore un discours vibrant
et continue, à cheval, sa route vers Moscou. Près de Vladimir, il
rencontre un boyard, envoyé par Anastasie pour lui annoncer
qu'elle a mis au monde un fils, Dimitri. Visité par une joie
surnaturelle, Ivan pleure, saute à bas de sa monture et, ne sachant
comment remercier le messager, lui offre son cheval et son
manteau. Certes, sa femme lui a déjà donné deux filles, dont l'une,
Anne, est morte à vingt mois et dont l'autre, Marie, vit encore,
mais les naissances d'enfants du sexe féminin sont de simples
incidents dans la vie d'un prince, alors que la naissance d'un
héritier mâle conduit le père, d'un seul bond, jusqu'aux premières
marches du trône de Dieu.

C'est ce sentiment d'un accord retrouvé avec le ciel qui,
bizarrement, retient Ivan de se précipiter au chevet de l'accouchée.
Au lieu de brûler les étapes pour la revoir au plus tôt, il s'arrête à
Vladimir afin d'y prier longuement. Nouvelle halte à Souzdal et
nouvelles oraisons. Enfin, à quelques verstes de la capitale,
renonçant à galoper d'une traite jusqu'au Kremlin, il descend au
monastère de la Sainte-Trinité, fait ses dévotions sur la tombe de
saint Serge et communie avec les religieux.

Le 29 octobre, au matin, il pénètre enfin dans Moscou, où il
reçoit un accueil triomphal. Le peuple est si nombreux sur son

passage que les soldats ont de la peine à le contenir avec leurs hallebardes. Rompant la haie des gardes, des hommes balbutiants, des femmes en larmes baisent les étriers du souverain : « Que Dieu accorde longue vie à notre pieux tsar, vainqueur des barbares et sauveur des chrétiens ! » Une fois de plus, Ivan s'offre la satisfaction de faire entendre sa voix par-dessus la foule. Il s'adresse au métropolite Macaire et au clergé : « Vous avez élevé au ciel des vœux que Dieu a exaucés... Soutenus par l'influence visible de vos prières, nous nous sommes avancés contre Kazan et nous sommes parvenus au but désiré... Cette ville populeuse est tombée devant nous : la justice céleste a fait périr dans un seul moment un nombre infini d'infidèles, leur chef a été fait prisonnier et les étendards du Croissant, remplacés aujourd'hui par la sainte Croix, ont disparu pour jamais de ses murailles. Et nous, pleins de santé et de joie, nous sommes revenus ici devant l'image de la Sainte Vierge, au sein de notre chère patrie... Continuez à intercéder avec zèle auprès du trône de Dieu et à me soutenir de vos sages conseils pour me rendre capable de consolider la foi, la justice et de faire régner les bonnes mœurs à l'intérieur de l'empire, et pour que les nouveaux sujets de la Russie, abjurant leurs erreurs, reconnaissent le vrai Dieu et glorifient avec nous la Sainte-Trinité. »

Le vieux Macaire répond d'une voix cassée : « Quel changement s'est opéré dans le sort de la patrie ! Les perfides Kazanais répandaient la terreur dans toute la Russie ; ils s'abreuvaient du sang des chrétiens, les entraînaient dans l'esclavage, souillaient et détruisaient les temples du Seigneur... Mais le ciel a fait luire sur toi les rayons de sa grâce, comme autrefois sur Constantin le Grand, saint Vladimir, Dimitri Donskoï, Alexandre Nevski... Tu as placé ton nom à côté de ces noms illustres et ta gloire est égale à la leur... Kazan, cette ville souveraine, semblable à un repaire de serpents qui nous menaçaient sans cesse de leurs dards venimeux, est tombée à tes pieds... Livre-toi à la joie, tsar chéri du ciel et de la patrie ! Le Seigneur t'a non seulement accordé la victoire, mais il

t'a fait naître aussi un fils, objet de tant de vœux !... Quant à nous,
ô tsar, en témoignage de notre gratitude pour tes pénibles travaux
et tes glorieux exploits, nous nous prosternons devant toi ! »

A ces mots, le métropolite, les membres du clergé, les dignitaires, le peuple tombent face contre terre devant le monarque. Ivan
goûte l'ivresse de voir cette mer de têtes onduler à ses pieds, dans
la diversité des chevelures. Puis, il troque sa lourde armure contre
le manteau du souverain, passe à son cou un collier orné d'une
croix et coiffe le chapeau du Monomaque. Le clergé, porteur
d'icônes, de croix, de bannières, d'encensoirs et de lanternes,
entoure le tsar et l'accompagne jusqu'au Kremlin. C'est seulement
après s'être incliné devant les saintes reliques et les tombeaux des
ancêtres qu'Ivan rentre au palais pour rencontrer la tsarine encore
alitée. A sa vue, elle oublie sa faiblesse, se jette au-devant de lui et
embrasse, riant et pleurant, les genoux de son maître. Il la relève,
la baise au front et se fait apporter son fils.

Le 8 novembre 1552, un gigantesque banquet réunit au palais
les prélats et les boyards. A cette occasion, Ivan gratifie chaque
convive d'un présent proportionné à son rang et à son courage :
fourrures de zibeline, étoffes de brocart, coupes en or, vêtements,
chevaux, bourses pleines, tapis, armes, domaines. Les festins
durent trois jours. On boit ferme, on rit à gorge déployée, on se
vante de ses exploits, on écoute les chanteurs du tsar célébrer la
victoire russe au son des *gousli.* Toute la Russie est dans la joie.
Pour signaler la prise de Kazan par un monument durable, Ivan
ordonne de construire, sur la grande place du Kremlin, une église
de l'Intercession-de-la-Sainte-Vierge, qui prendra ensuite le nom
de cathédrale de Basile-le-Bienheureux [1]. Macaire l'encourage.
Ensemble, ils élaborent les premiers plans de l'édifice. Selon eux,
il ne doit ressembler à rien d'autre, être un acte de folie mystique,

---

1. Cette cathédrale s'élève sur l'emplacement d'un cimetière où fut enterré
Basile le Bienheureux qu'Ivan tenait en grande vénération.

une explosion d'allégresse, un délire de formes et de couleurs. Qui sera le maître d'œuvre ? On songe à des Italiens. Ils ont déjà fait leurs preuves, à Moscou. Mais non, il faut que l'architecte de ce symbole de la Russie triomphante soit un Russe. Le choix se porte finalement sur Barma Iakovlev, surnommé Postnik. A lui incombera la tâche de bâtir cet étrange monument où se reflètent toutes les contradictions tsariennes. Peu à peu, sortira de terre une basilique extravagante et sublime, aux huit coupoles inégales, dominées par une haute pyramide dont la pointe porte un oignon doré. Les bulbes polychromes côtelés, écaillés ou taillés en facettes s'incrustent durement dans le ciel. On dirait une corbeille de fruits fantastiques préparée pour le repas d'un ogre. Les travaux dureront six ans[1]. Quant à la dépense, comme de juste, elle sera supportée par les habitants de Kazan, à titre d'indemnité de guerre.

---

1. Selon une légende que rien n'a jamais confirmé, l'architecte de Basile-le-Bienheureux eut les yeux crevés sur l'ordre d'Ivan, afin qu'il ne pût construire ailleurs une cathédrale aussi belle.

CHAPITRE VI

LA MALADIE ET SES CONSÉQUENCES

Dès qu'Anastasie relève de ses couches, le tsar se rend avec elle au monastère de la Sainte-Trinité. Là, Nicandre, l'archevêque de Rostov, baptise le tsarévitch Dimitri auprès de la châsse de saint Serge. Après quoi, le tsar fait procéder au baptême de deux princes de Kazan, l'enfant Outemitch-Guireï et l'ancien gouverneur de la ville, Iadiger-Mohamed. En souvenir de sa propre jeunesse d'orphelin, Ivan décide que le petit Outemitch-Guireï, ayant reçu le prénom chrétien d'Alexandre, vivra au palais et bénéficiera d'une éducation de haut rang. Pour le baptême par immersion de Iadiger-Mohamed, le tsar ne trouve rien de mieux que de fixer la cérémonie religieuse au 26 février 1553, au cœur de l'hiver. On brise la glace de la rivière Moskva afin d'y plonger, malgré le froid, le nouveau converti enveloppé d'un drap de lin. Au préalable, ayant célébré l'office en plein vent, le métropolite demande à Iadiger-Mohamed si ce n'est pas pour obéir à une pression extérieure qu'il a résolu de changer de religion : « Non, répond le Tatar d'une voix assurée, je ne suis entraîné que par mon amour pour Jésus-Christ et ma haine contre Mahomet. » Ayant dit, il s'avance vers la brèche, entre dans l'eau glacée et en ressort

aussitôt, grelottant et heureux. Devenu chrétien, il s'appellera
désormais Siméon. Le tsar lui réservera une vaste maison dans le
Kremlin, lui permettra d'avoir une cour personnelle et l'encoura-
gera à épouser Marie Koutouzov, fille d'un dignitaire russe.

La joie qu'Ivan éprouve de ces trois baptêmes remarquables est
vite altérée par l'annonce d'une épidémie de peste ulcéreuse dans la
ville de Pskov. En quelques mois, on dénombre vingt-cinq mille
morts. Par crainte du fléau, on expulse du territoire de Novgorod-
la-Grande tous les marchands originaires de Pskov et on brûle leurs
biens. Peine perdue, la contagion se propage, les Novgorodiens
périssent par milliers. Les survivants, épouvantés, n'osent plus
enterrer les cadavres. L'archevêque Sérapion, qui se dévoue pour
apporter les secours de la religion aux agonisants, succombe lui
aussi. Il est remplacé dans ces pieuses fonctions par le moine
Pimène. Ivan et le métropolite prient longtemps avec Pimène avant
qu'il ne prenne la route. Le saint homme emporte dans ses bagages
une quantité considérable d'eau bénite destinée à la purification de
Novgorod. Et, en effet, peu après l'aspersion, le mal recule. Un
autre mal, aussi redoutable, lui succède. Sur le territoire nouvellement conquis de Kazan, les tribus sauvages d'origine mongole —
Tchérémisses, Mordviens, Tchouvaches, Votiaks, Bachkirs — se
révoltent contre les collecteurs d'impôts. Ils massacrent les fonctionnaires et les marchands russes, et élèvent une redoute, à
soixante-dix verstes de Kazan. Le *voïévode* Boris Saltykov marche
contre eux en plein hiver, mais ses fantassins et ses cavaliers
enfoncent lourdement dans la neige. Cependant, les Tatars, ayant
fixé des planches à leurs pieds, glissent à leur rencontre comme sur
un sol ferme. Ils entourent le détachement des *strélitz* et l'extermi-
nent. Rares sont les Russes qui parviennent à s'échapper. Fait
prisonnier, Boris Saltykov a la gorge tranchée au milieu d'une
allégresse démente. A Kazan, on craint que la ville ne retombe aux
mains des infidèles. Inquiet, Ivan regrette de n'avoir pas écouté les
boyards qui lui conseillaient de rester sur place avec son armée tant

que la région n'aurait pas été entièrement asservie. Le découragement est si grand à la cour que certains membres du conseil osent proposer au tsar d'abandonner aux musulmans cette ville lointaine et apparemment intenable. Ivan, indigné, refuse de les entendre, mais, soudain, ses forces le trahissent. Au mois de mars 1553, quelques jours après avoir reçu les tristes nouvelles de la province de Kazan, il tombe gravement malade. Ce n'est pas la peste, car le fléau a épargné Moscou, mais une fièvre inflammatoire, d'origine inconnue, que les médecins déclarent incurable[1]. Ivan se croit perdu et se prépare à la mort par la méditation et la prière.

En apprenant que son tsar est à l'agonie, le peuple est frappé de consternation. Pour les petites gens, Ivan, par sa piété si manifeste, est devenu une sorte de saint. Un saint exigeant, effrayant, qui ordonne, combat, châtie, mais dont le front est pur de toute tache. Si Dieu le rappelle à lui, dès l'âge de vingt-trois ans, c'est qu'il le considère comme trop parfait pour la Russie pécheresse. « Nos torts, dit-on à Moscou, doivent être bien nombreux puisque Dieu nous enlève un tel souverain! » Nuit et jour, une foule éplorée attend devant le palais des nouvelles du malade. Dans toutes les églises, on prie pour sa guérison. Parmi les boyards, en revanche, ce n'est pas le désespoir qui prévaut, mais la perplexité. La plupart d'entre eux nourrissent une sourde rancune contre le tsar qui, les ayant écartés, a pris ses conseillers parmi des hommes de basse naissance. La question de la succession les préoccupe. Mikhaïlov, le secrétaire du tsar, s'approche du lit où repose le monarque et ose lui suggérer de rédiger un testament. Ivan acquiesce et dicte séance tenante ses dernières volontés. Après sa mort, c'est son fils Dimitri, âgé de quelques mois, qui doit ceindre la couronne. Immédiatement, Mikhaïlov va lire le testament aux boyards réunis dans la salle voisine. Une vive discussion s'engage entre ceux qui acceptent de prêter serment au tsarévitch et ceux qui s'y refusent.

---

1. Sans doute s'agissait-il d'une pneumonie.

Chacun avance des raisons péremptoires. Le ton monte. Entendant les éclats de voix à travers la porte, Ivan fait appeler les
dignitaires qui arrivent tout échauffés. « Qui donc voulez-vous
choisir pour tsar puisque vous refusez d'accepter mon fils ? dit-il
d'une voix éteinte. Avez-vous oublié votre serment de me servir,
moi et mes enfants ? Je suis trop faible pour parler longtemps.
Dimitri encore au berceau n'en est pas moins votre souverain
légitime. Si vous êtes sourds à la voix de votre conscience, vous en
répondrez devant Dieu. » Alors, Fedor Adachev, père du favori
d'Ivan, déclare au tsar qu'il ne consentira jamais à se soumettre aux
frères de la tsarine, les Zakharine-Iouriev, qui, sans doute,
gouverneront longtemps le pays au nom de l'enfant. « Voilà,
s'écrie-t-il, le véritable objet de nos inquiétudes ! A combien de
maux, de tourments n'avons-nous pas été exposés lors du gouvernement des boyards avant que tu ne sois parvenu à l'âge de raison ?
Il faut éviter pour l'avenir de pareilles calamités. » L'extrême
abattement d'Ivan l'empêche de répondre. Du fond d'une torpeur
nauséeuse, il regarde ces boyards enflammés par l'ambition qui se
disputent son héritage comme des voleurs après un mauvais coup.
Le tumulte est si grand qu'il les prie, dans un gémissement, de
repasser la porte.

Deux partis, diamétralement opposés, se dessinent. L'un, animé
par le secrétaire Mikhaïlov, est favorable à l'enfant dans ses langes,
avec une régence confiée à la famille de la tsarine. L'autre ne veut
placer la couronne ni sur la tête du bébé ni sur celle de Iouri, frère
d'Ivan, car, disgracié par la nature, il n'a aucun jugement, mais sur
celle de Vladimir Andréïevitch, prince de Staritsa, cousin germain
du tsar, homme d'esprit, habile dans la guerre comme dans la
politique.

Le lendemain, dominant son infinie lassitude, Ivan adjure de
nouveau les opposants de se plier à sa volonté. « Pour la dernière
fois, murmure-t-il, j'exige votre serment. Baisez la croix. Ne
permettez pas aux traîtres de s'approcher du tsarévitch. Sauvez-le

de leur fureur... » En dépit de cette injonction solennelle, les querelles continuent autour du lit de l'agonisant. Rares sont ceux qui prêtent serment et baisent la croix. Sylvestre et Alexis Adachev, malgré leur attachement à la personne du monarque, gardent une prudente neutralité. Préoccupés de leur avenir à la cour, ils misent sur Vladimir Andréïevitch en supposant qu'une fois installé sur le trône il les récompensera pour avoir soutenu sa cause. Ivan devine la volte-face de ses proches conseillers et en souffre. Maintenant, il est clair pour lui qu'après sa mort ses décisions ne seront pas respectées. Les deux clans s'entre-déchireront, comme jadis, dans son enfance. La Russie sera, une fois de plus, vouée à la sanglante rivalité des boyards. Dans un suprême élan d'espoir, il fait vœu d'accomplir, avec sa femme et son fils, un long et pénible pèlerinage au monastère de Saint-Cyrille, près de Kirillov, dans le nord du pays, si Dieu lui conserve la vie. Les yeux clos, il garde une telle immobilité dans la prière que son entourage le croit entré dans le coma. En vérité, après un paroxysme, la fièvre s'apaise. Ivan éprouve un soulagement presque immédiat et comprend qu'il est sauvé. Les médecins parlent d'une « crise favorable » qui a hâté le rétablissement en secouant les humeurs. Quant aux boyards, ils suivent avec anxiété les rapides progrès de la convalescence. Les plus compromis se demandent quelle vengeance le tsar, miraculeusement ressuscité, leur infligera pour les punir de leur trahison. Seront-ils décapités, ou emprisonnés, ou ruinés, ou simplement exilés ?

Ivan, qui les haïssait dans son jeune temps, a quelque peu oublié son animosité, ces dernières années. Et voici qu'il se retrouve devant les mêmes ennemis qu'autrefois : les boyards, toujours eux, plus arrogants et plus retors que jamais. Pourtant, quand il a imploré Dieu sur son lit d'agonie, il a promis, en cas de guérison, de pardonner, en vrai chrétien, à ceux qui auraient spéculé sur sa mort. Rétabli, il se contente donc de jouir du spectacle de leur peur et de leur bassesse. Lorsque le principal prétendant au trône,

Vladimir Andréïevitch, s'incline devant lui, le regard humble, la moue obséquieuse, pour le féliciter de son regain de santé, il lui caresse la tête et lui adresse quelques mots aimables. Enhardis par tant de clémence, les autres boyards assurent, eux aussi, le monarque de la joie qu'ils ressentent à lui voir si bonne mine. Il les écoute, les remercie et ne décèle que mensonge sur toutes les lèvres et dans tous les regards. Même l'honnête Sylvestre, le dévoué Alexis Adachev ont un faux air de bonheur en l'approchant. Il a perdu confiance en eux. Leur défection le laisse seul, désabusé, aigri, glacé. D'ailleurs, Anastasie, qui naguère encourageait l'amitié de son mari pour ces deux hommes remarquables, lui conseille aujourd'hui de ne plus les admettre dans sa confidence. N'ont-ils pas pactisé, plus ou moins ouvertement, avec ceux qui voulaient la sacrifier, avec son fils, à l'ambition de Vladimir Andréïevitch ? Le tsar n'en continue pas moins à solliciter les avis d'Alexis Adachev et de Sylvestre. Mais le ton de leurs conversations n'est plus le même. Une certaine froideur préside à leurs réunions. Ivan ne s'abandonne pas, il se surveille et il surveille les autres. Parfois, un éclair cruel passe dans ses yeux. Evidemment, il a juré à Dieu d'épargner les coupables. Mais, au bout d'un délai raisonnable, les serments peuvent être transgressés sans que le ciel en prenne ombrage. En tout cas, il y a un vœu qu'Ivan tient à honorer dès qu'il aura la force de mettre un pied devant l'autre : c'est celui de se rendre en pèlerinage dans le Nord, avec sa famille. Les conseillers de la *Rada* lui représentent qu'il n'est pas encore suffisamment rétabli, que les fatigues de la route peuvent être dangereuses pour son fils en bas âge et qu'il ferait mieux de rester dans la capitale afin de régler la préoccupante situation de Kazan où les révoltes se multiplient. Sylvestre et Alexis Adachev insistent tout particulièrement pour qu'il renonce au voyage. Sans doute craignent-ils que les nombreux prélats exilés dans les monastères ne se plaignent au souverain de ses plus proches collaborateurs ? Tout ce qu'ils peuvent obtenir d'Ivan, c'est qu'avant de partir pour

Kirillov il se rende au monastère de la Sainte-Trinité pour demander à ce sujet l'opinion d'un pieux ermite, Maxime le Grec. Ce moine très savant, né en Albanie, élevé dans un couvent du mont Athos, a été appelé en Russie par le grand-duc Vassili III, père d'Ivan, puis banni pour avoir blâmé le remariage de son souverain avec Hélène Glinski. Emprisonné pendant vingt et un ans, le vieillard a été libéré par Ivan lui-même et transféré au monastère de la Sainte-Trinité. Il y est devenu le symbole de l'ascétisme, de la sagesse et de la sainteté.

En pénétrant dans la cellule de Maxime le Grec, Ivan ignore que des émissaires de Sylvestre et d'Alexis Adachev ont supplié le saint homme de le faire renoncer à son projet. Après quelques paroles de bienvenue, le vieillard dit à son visiteur : « Te convient-il d'entreprendre un pénible voyage, avec ta jeune épouse et ton fils, pour errer au loin, de monastère en monastère ? Les vœux condamnés par la raison peuvent-ils être agréables à Dieu ? Il est inutile de chercher dans les déserts Celui qui est partout ! » Et il affirme au tsar que la meilleure façon pour lui de remercier le Tout-Puissant serait d'entreprendre une nouvelle campagne contre les Tatars. Ivan demeure inébranlable. Il veut aller à Kirillov, non seulement parce qu'il l'a promis à Dieu, mais aussi parce que sa mère a accompli le même pèlerinage alors qu'elle était enceinte de lui. Dans la confusion de ses pensées, il a besoin de ce retour à la source de vie. Alors, pour l'effrayer, Alexis Adachev lui révèle une prédiction selon laquelle, s'il persiste dans ses intentions absurdes, il ne ramènera pas vivant le tsarévitch Dimitri. Cette menace irrite le monarque. Il la croit inspirée par les soucis personnels d'Alexis Adachev et de Sylvestre. Ont-ils l'intention de le tenir longtemps encore en lisière ? Dieu ne peut désapprouver le désir du tsar de rendre hommage aux reliques des martyrs de la foi.

Après la célébration des fêtes de Pâques, il attend le dégel et part avec son frère Iouri, sa femme et son fils sous la garde d'une nombreuse escorte. Le voyage se fait principalement en bateau.

Dans un monastère éloigné, le tsar rencontre un vieux moine
vindicatif, du nom de Vassiane, ancien évêque de Kolomna. Banni
par les boyards au temps de la minorité d'Ivan, il a conservé une
haine farouche envers la noblesse. Avec déférence, le souverain
l'interroge sur la meilleure façon de gouverner le pays. L'œil de
Vassiane étincelle d'une ruse méchante, et, se penchant vers le
tsar, il lui dit à l'oreille : « Si tu veux devenir un autocrate, ne
garde aucun conseiller qui soit plus sage que toi, car tu es meilleur
qu'eux tous. Alors seulement tu seras le maître et tu tiendras tout
dans tes mains. En revanche, si tu es entouré d'hommes plus sages
que toi, tu devras nécessairement leur obéir. » Ces mots correspon-
dent si bien à la pensée intime d'Ivan qu'il saisit la main du moine,
la baise dévotieusement et murmure : « Mon père ne m'aurait pas
mieux conseillé. » Il n'oubliera jamais cette exhortation à la
puissance et à la solitude.

Le lendemain, il poursuit son voyage vers le nord, par la
Doubna, la Volga, la Cheksna. Des foules éblouies accourent sur
son passage. Il visite tous les monastères qu'il rencontre sur sa
route. Quand il arrive à Kirillov, l'enfant, ayant pris froid au cours
de ces étapes exténuantes, meurt subitement. Anastasie elle-même
est malade. Ivan, stupéfait de chagrin, ordonne le retour immédiat.

Ainsi, la terrible prédiction s'est réalisée. Le ciel, que le tsar
voulait remercier pour lui avoir conservé la vie, a pris, en échange,
la vie de son fils. Est-ce juste ? Est-ce acceptable ? Non, non, il y a
là-dessous quelque louche manœuvre. Ne pouvant admettre que
Dieu l'ait frappé alors qu'il demandait sa bénédiction, Ivan pense à
un acte de sorcellerie. On a jeté un sort au malheureux tsarévitch.
Et les responsables ne peuvent être que ceux qui déconseillaient le
voyage : Alexis Adachev et Sylvestre. Faute de preuves, il hésite à
les châtier comme ils le méritent. Mais sa colère se nourrit de son
désespoir.

Rentré à Moscou avec le cerceuil de son fils, Ivan se ressaisit.

Dimitri est enterré, au mois de juin 1553, dans la cathédrale de Saint-Michel-Archange, aux pieds de son grand-père, le grand-duc Vassili III. Neuf mois plus tard, le 28 mars 1554, Anastasie accouche d'un autre fils, Ivan. Le deuil est effacé. L'espoir renaît à la cour et dans le peuple. Ivan se dit qu'après une incompréhensible fâcherie Dieu a jugé bon de se réconcilier avec lui. Dans ces conditions, il ne peut faire moins que de paraître, lui aussi, généreux et patient avec son entourage. Cachant son ressentiment, il écoute de nouveau avec bienveillance les conseils d'Alexis Adachev et de Sylvestre, se montre affable avec son cousin, l'apprenti usurpateur Vladimir Andréïevitch, et n'exerce aucune représaille contre les boyards qui se sont insurgés contre lui durant sa maladie.

Sa préoccupation constante demeure la pacification de la région de Kazan. Pour réduire les Tatars rebelles, il met sur pied une armée considérable et en confie le commandement à Mikoulinski, à Pierre Kourbski, à Pierre Morozov et à Chérémétiev, tous hommes énergiques et habiles. Lui-même, cette fois, ne participe pas à l'expédition. Les troupes entrent en action pendant l'hiver 1553-1554, par un froid rigoureux. Agissant promptement, les Russes attaquent sans pitié les tribus insoumises, détruisent quelques redoutes mahométanes, tuent des milliers d'hommes, capturent un grand nombre de femmes et d'enfants, et obtiennent que tous les habitants de la région reconnaissent la souveraineté du tsar et acceptent de payer l'impôt. Dès 1555, on érige en évêché cette contrée nouvellement chrétienne. Les conversions se multiplient. Ivan envoie des médailles d'or à tous ses commandants. Il a conscience d'avoir, pour la première fois depuis des siècles, inversé le rapport des forces entre l'Orient et Moscou. Naguère, c'étaient les Tatars qui humiliaient la Russie par leurs invasions et leurs dévastations répétées. Aujourd'hui, c'est la Russie qui pèse de tout son poids sur les frontières du monde musulman et menace directement la Crimée.

Mais, tandis que le tsar regarde complaisamment du côté de ses conquêtes de l'Est et du Sud, un événement incroyable lui rappelle l'existence d'une Europe occidentale placée au-delà des bornes de son horizon politique. Un messager, venu du monastère Saint-Nicolas, sur la mer Blanche, lui annonce qu'un navire étranger, de grandes dimensions, a jeté l'ancre, le 24 août 1553, dans l'embouchure de la Dvina [1], que des hommes parlant une langue inconnue sont descendus à terre, qu'ils paraissent animés de bonnes intentions, mais qu'on ne sait quoi faire d'eux. Renseignements pris, il s'agit d'un vaisseau anglais, l'*Edward Bonaventura,* commandé par le capitaine Richard Chancelor. Ce bateau est le seul survivant de l'expédition de sir Hugh Willoughby destinée à découvrir un passage vers l'Inde par le nord-est. Les deux autres unités ont été détruites par la tempête et leurs équipages sont morts gelés. Richard Chancelor se dit porteur d'un message de son roi Edouard VI pour le tsar. Ivan ordonne que des chevaux et des traîneaux soient fournis, à ses frais, aux voyageurs. La mission arrive à Moscou en décembre 1553, après plusieurs semaines d'un trajet harassant, à travers des déserts de neige. Désireux de frapper cet étranger par la magnificence de sa cour, Ivan reçoit Richard Chancelor en audience solennelle. Vêtu d'une longue robe rehaussée d'or et de pourpre, la tête coiffée d'un chapeau conique orné de zibeline, il siège, hiératique, sur un trône doré, tandis qu'autour de lui se presse une assemblée muette de vénération. Richard Chancelor lui remet la lettre de son souverain, écrite en anglais et en latin. Un interprète en traduit les principaux passages : « Edouard VI à vous tous, tsars, princes, seigneurs, juges de tous les pays, de toutes les contrées où luit le soleil, nous vous souhaitons, ainsi qu'à vos Etats, paix, tranquillité et gloire. Le Tout-Puissant a doté l'homme d'un cœur sensible pour qu'il fasse du bien à ses semblables, surtout aux voyageurs qui, venant de

---

1. C'est là que s'élèvera, trente ans plus tard, la ville d'Arkhangelsk.

ou, la place Rouge, cathédrale de Basile-le-Bienheureux, primitivement cathédrale de l'Intercession de la
e (1554-1560). Photo San-Viollet.

IOANNES BASILIDES
Grooten hertogh van Moſcovien .fol. 273.

Ivan IV le Terrible, gravure hollandaise.
Paris, Bibliothèque nationale,
Estampes. Photo B.N.

Ivan le Terrible. Portrait russe, xvie
siècle. Copenhague, Nationalmuseet.
Photo du musée.

terres lointaines, prouvent par leurs aventures périlleuses combien ils désirent établir des liens d'amour et de fraternité avec les autres hommes... Tous les hommes ont droit à l'hospitalité. Mais les marchands doivent en jouir plus particulièrement, car ils traversent les mers et les déserts afin d'enrichir les pays les plus lointains et leur patrie par un échange avantageux de leurs produits respectifs... Veuillez donc, tsars, princes et souverains, avoir égard à nos prières et accorder à ces voyageurs libre passage dans vos Etats... Prêtez-leur aide et assistance... Agissez envers eux comme vous voudriez que nous agissions envers vos sujets ! »

Sensible à ce langage, Ivan offre aux Anglais un festin de cent couverts, servi dans de la vaisselle d'or, par cent cinquante valets qui changent trois fois de livrée pendant le repas. On restera à table pendant cinq heures. Au menu, des cervelles d'élan aux épices, des coqs au gingembre, des poissons farcis... Egayés par le vin, les convives russes s'expliquent par gestes avec les navigateurs anglais. On se sourit, on trinque, la bouche grasse et l'œil humide. Richard Chancelor visite avec curiosité le palais. Le décor lui paraît tout à la fois somptueux et rustique. Un mobilier sommaire, des bancs, des coffres cloutés, des tables de bois nu, des poêles de faïence montant jusqu'au plafond et, à côté, une profusion de tapis, de brocarts, de velours, de fourrures... Pas un tableau, pas un miroir, mais partout des icônes. Par moments, on se croirait dans un caravansérail et, par moments, dans une église. L'air sent l'encens, la cire d'abeille, l'huile chaude des veilleuses. De son côté, Ivan observe avec étonnement ces Anglais qui lui semblent tombés de la lune tant leur accoutrement et leurs manières sont étranges.

En février 1554, il donne à Richard Chancelor une réponse en russe et en allemand pour « son frère et son cousin Edouard ». Il l'assure que les négociants anglais seront, en Russie, « protégés, libres et traités comme des amis ». Cette lettre, ce n'est pas Edouard VI qui la lira, mais Marie Tudor, la nouvelle reine d'Angleterre et d'Irlande.

Après le départ de Richard Chancelor, Ivan reste obsédé par le mirage anglais. Cette contrée irréelle, d'où partent marchands et marins, lui paraît être décidément le bout du monde. En prenant contact avec ses représentants, il a eu l'impression d'abolir l'espace. Pourtant, il n'a pas le droit de rêver. La réalité russe est là, avec ses exigences que Sylvestre et Alexis Adachev lui rappellent chaque jour. Il faut, pour achever l'opération contre Kazan, pousser vers le sud et soumettre la région d'Astrakhan, dont le prince est animé d'une haine sacrée contre la Russie. Le khân des Tatars de Crimée n'ayant pas encore réorganisé ses troupes après sa défaite, en 1552, devant les Russes, le moment semble bien choisi. Le prince Iouri Chemiakine prend le commandement d'une armée de Cosaques, de *strélitz,* de Votiaks et de jeunes nobles. Les soldats embarquent sur la Volga et descendent le fleuve en chantant. Les rives sont désertes. Pas l'ombre d'un ennemi. Les flèches restent dans les carquois et les braves regrettent leur inaction. Enfin, voici Astrakhan. Mais la garnison tatare a pris la fuite. On la poursuit, on l'extermine. Dans la ville abandonnée, se trouvent les cinq femmes du prince. Elles sont expédiées à Moscou. Le Tatar Derbich est nommé gouverneur de la cité. Les habitants prêtent serment au tsar et promettent de lui envoyer un lourd tribut annuel en argent, auquel s'ajoutera la livraison de trois mille esturgeons. Par cette conquête facile, la Russie obient un débouché sur la mer Caspienne. Désormais, elle contrôle tout le cours de la Volga, depuis sa source jusqu'à son delta. La soumission des tribus nomades assure la consolidation de ses frontières orientales. La Perse et l'Asie centrale s'ouvrent à son commerce et craignent son armée.

Le tsar reçoit la nouvelle de ce succès le 25 août 1554, jour anniversaire de ses vingt-quatre ans. A l'idée qu'Astrakhan, capitale d'un khânat tatar, fondée deux siècles plus tôt par Tamerlan, est tombée entre ses mains, il exulte. Un *Te Deum* est célébré séance tenante. On baptise les captifs les plus distingués.

Et Ivan adopte une nouvelle formule dans la rédaction de ses édits et de ses lettres : « En cette vingt et unième année de notre règne sur la Russie, la troisième après Kazan, la première après Astrakhan. » A présent, sa gloire lui paraît si assurée qu'il ne craint plus personne dans son entourage. Après avoir marqué sa méfiance envers son cousin, le prince Vladimir Andréïevitch, il lui rend son amitié et l'institue, par un nouveau testament, régent, gouverneur du pays au cas où il viendrait à mourir. Vladimir Andréïevitch, ému aux larmes par tant de bienveillance, lui jure d'être fidèle au tsarévitch et à la tsarine. Par cette décision, il tourne le dos à ses anciens partisans, les boyards, et même à sa mère, l'intrigante princesse Euphrosine. Lâchés par lui, certains comploteurs d'autrefois songent à fuir en Lituanie. Les princes Siméon et Nicolas Rostovski sont arrêtés à la frontière. Siméon est condamné à mort. Cependant, sur l'intervention de Sylvestre, du métropolite Macaire et d'Alexis Adachev, il sauve sa tête et obtient d'être simplement exilé. Le reste de la famille, dont les membres sont jugés irresponsables « pour cause d'idiotie », est laissé en liberté surveillée. Mais l'opprobre s'attache au nom de ces transfuges malheureux.

L'année suivante, en 1555, l'Anglais Richard Chancelor revient en Russie avec deux vaisseaux affrétés par la *Compagnie des marchands anglais pour la découverte de nouveaux marchés,* appelée couramment *Compagnie anglaise* ou *Compagnie russe.* Les agents de la Compagnie sont munis de pouvoirs pour conclure un traité de commerce avec le tsar. Ivan les reçoit à sa table, les remercie pour la lettre fort aimable de sa « très chère sœur Marie » (Marie Tudor) et signe une charte autorisant les sujets anglais à trafiquer librement dans toutes les villes de Russie sans être molestés et sans payer aucun droit. Les produits importés seront principalement des armes, du drap et du sucre. Le 21 juillet 1556, Richard Chancelor repart pour l'Angleterre à la tête de cinq navires richement chargés. Un ambassadeur du tsar l'accompagne, Joseph

Grigorievitch Népéïa. Mais une violente tempête assaille la flottille et disperse les bateaux qui se brisent contre des récifs. Robert Chancelor périt, noyé, en vue des côtes de l'Ecosse. Seul l'*Edward Bonaventura* parvient à Londres, avec, à son bord, Népéïa plus mort que vif. L'accueil chaleureux de la reine et de son mari, Philippe II d'Espagne, console l'ambassadeur de la perte de ses bagages. Il visite Londres avec émerveillement, prend place sur une estrade auprès de la reine lors de la fête solennelle de l'ordre de la Jarretière, reçoit de la Compagnie une chaîne en or d'une valeur de cent livres sterling et accepte en cadeau pour son maître des tissus chatoyants, des armes de prix, un lion et une lionne. Mais surtout, obéissant au vœu du tsar, il embauche, afin de les emmener à Moscou, des artisans, des mineurs et des médecins. En effet, malgré une fierté nationale démesurée, Ivan reconnaît que les Russes, peuple rude et lent, ont besoin d'accueillir parmi eux quelques étrangers pour leur voler des bribes de leur savoir.

Tout ce monde embarque sur un navire de la Compagnie, commandé par Antoine Jenkinson. Cette fois, le voyage se passe sans incidents. Népéïa rapporte au tsar les marques d'estime exceptionnelles dont il a été l'objet, lui confirme la réciprocité des avantages commerciaux accordés aux Anglais, l'assure que ces gens-là, bien que ne parlant pas le russe, sont les amis les plus précieux de la Russie, et lui remet des lettres de Marie Tudor et de Philippe II dans lesquelles il est désigné sous le titre d'« auguste empereur ». Flatté dans son orgueil, Ivan entrevoit déjà une alliance possible entre son propre pays, vaste, puissant et barbare, et cette île lointaine, patrie des navigateurs, des savants et des marchands aventureux.

CHAPITRE VII

LA LIVONIE

Si les souverains d'Angleterre honorent Ivan du titre d' « auguste empereur », il n'en va pas de même pour Sigismond-Auguste, grand-duc de Lituanie et roi électif de Pologne. Afin de justifier son refus, il proclame avec superbe qu'il « n'aime point les nouveautés » et qu'à sa connaissance seuls le maître du Saint Empire romain germanique et le sultan ont droit à cette appellation prestigieuse. D'autre part, il considère que la Pologne, pays catholique, humaniste, prospère et civilisé, n'a pas à s'incliner devant la Russie orthodoxe et primitive. Dédaignant les prétentions d'Ivan, il accrédite ses ambassadeurs auprès de « Sa Majesté le grand-duc de Moscou », mais non auprès de « Sa Majesté le tsar de Russie ». Piqué, Ivan adresse ses missives au « grand-duc de Lituanie », en omettant volontairement d'appeler Sigismond-Auguste « roi de Pologne ».

Cet échange d'impolitesses aigrit les rapports entre les deux cours. En 1553, quand les nouveaux ambassadeurs de Sigismond-Auguste arrivent à Moscou, le tsar repousse leurs lettres de créance, ne les invite pas à sa table et déclare qu'il ne voit pas la nécessité de signer, comme on le lui propose, un traité de paix

éternelle avec un pays qui méconnaît la grandeur de la Russie et de
son monarque. A l'appui de ses exigences, il invoque la lettre des
souverains d'Angleterre qui lui reconnaissent, eux, le titre d'empereur, et sa fulgurante conquête d'Astrakhan. Sigismond-Auguste
lui répond en le félicitant de sa victoire sur les infidèles, mais
s'entête à l'appeler grand-duc de Moscou. En même temps, il lui
envoie encore un ambassadeur, un noble, Tichkovitch, pour
l'inciter à conclure une paix juste et permanente entre les deux
Etats. Ivan ne reçoit même pas le gentilhomme. En fait, le
principal grief du tsar n'est pas d'ordre protocolaire. Il partage
avec tout le peuple russe une antipathie ancestrale pour les
Polonais. Comme ses aïeux, il rêve de délivrer Kiev de la
domination polonaise. Mais il hésite à se lancer dans une nouvelle
guerre, alors que les Tatars s'agitent encore à l'est et au sud du
pays.

C'est seulement après avoir appris que les troupes de Devlet-
Guireï, le khân des Tatars de Crimée, ont été refoulées qu'il
revient à son vieux projet d'acquérir des ports libres de la glace sur
la Baltique [1]. Il ressent cette nécessité d'une façon presque
physique, comme une gêne respiratoire. C'est sa propre poitrine
qui est comprimée par l'impossibilité de repousser les frontières de
la Russie jusqu'à la mer. A ses yeux, la Pologne, la Lituanie, la
Suède, la Livonie [2] sont autant d'obstacles à une juste expansion
des Russes vers les eaux navigables. La Livonie, avec ses riches
cités de Riga, de Reval, de Dorpat, constitue une proie alléchante.
La population, composée de Finnois, de Lettons et d'Allemands,
est gouvernée par un ordre de chevalerie, les chevaliers Porte-
Glaive, avec, à leur tête, un grand maître. Mais ces chevaliers,
convertis à la Réforme, vivent dans le luxe, la fainéantise et la

---

1. Ce projet deviendra l'idée fixe de Pierre le Grand et commandera toute sa
politique extérieure.

2. La Livonie était un territoire composé de l'actuelle Prusse orientale, d'une
partie de la Lettonie et de l'Estonie.

dépravation. Autrefois redoutables, ils ne sont plus qu'une troupe de seigneurs efféminés et gloutons. Or, leur pays est la clef de la Baltique. Ces arguments, développés par Ivan devant la *Rada,* sont violemment combattus par Sylvestre et par Alexis Adachev, tous deux partisans de la poursuite des opérations contre les Tatars de Crimée. Emporté par sa conviction, Sylvestre menace même le tsar des foudres divines s'il renonce à la lutte contre les infidèles pour s'attaquer à la Livonie. Furieux contre ses conseillers, Ivan les renvoie brutalement. Rien ne le fera démordre de son idée. En 1554, il exige de l'évêque de Dorpat le versement de cinquante mille écus, représentant une prétendue redevance de la ville au tsar, impayée depuis 1503. Au bout de trois ans, des délégués de l'ordre des Porte-Glaive se présentent à Moscou pour solliciter un délai, car il n'a pas été possible de réunir à temps la somme exigée. Le tsar leur déclare tout net : « Si vous vous refusez à l'exécution de vos promesses, nous trouverons le moyen de prendre nous-mêmes ce qui nous appartient. » Et il les chasse de sa vue. Ils reviennent peu après, avec de bonnes paroles mais toujours pas d'argent. Alors Ivan les invite à dîner et ne fait placer devant eux que des plats vides. Ils se lèvent de table à jeun et s'en retournent, tête basse, à Dorpat.

Le 22 janvier 1558, une armée russe de quarante mille hommes pénètre en Livonie. Commandée par Chig-Aleï, ancien khân de Kazan passé au service de la Russie, et formée essentiellement de Tatars, de gens de Novgorod et de Pskov, cette troupe ravage un pays sans défense, brûle, massacre, pille, viole les sépultures, abuse des femmes et, les attachant ensuite à des arbres, les crible de flèches. Le 12 mai, Narva est prise d'assaut. La plupart des habitants sont égorgés, maison par maison, au milieu des tourbillons de flammes et de fumée. Les survivants prêtent serment de fidélité au tsar. Un archiprêtre orthodoxe est dépêché sur les lieux pour purifier la ville par des processions, des aspersions et des prières. On chuchote que l'incendie de la cité a été provoqué par des Allemands ivres qui, entrant chez un marchand russe, ont jeté au feu son icône de la Sainte Vierge. L'effigie sacrée n'a pas brûlé, mais a donné naissance à un brasier gigantesque. Les assaillants en ont profité pour surprendre les défenseurs et les mettre en pièces. Dès que l'icône a été retrouvée — intacte —, l'incendie s'est éteint de lui-même. Ordre est donné immédiatement de construire une église où l'image miraculeuse sera exposée à l'adoration des fidèles. Enfin, Narva, « purgée des religions latine et luthérienne », reçoit le privilège de commercer librement avec la Russie. Deux mois plus tard, le 18 juillet, c'est Dorpat qui capitule devant les régiments des princes Pierre Chouïski, Pierre Sérébrianni et André Kourbski. Pierre Chouïski entre dans la ville en triomphateur et ordonne à ses soldats d'épargner la population. Tant de mansuétude lui gagne le cœur des Livoniens. « Les femmes même, écrit le chroniqueur, revenues de leur frayeur, ne craignent plus de se montrer. » Ce traitement de faveur, accordé à Dorpat, incite une vingtaine de villes secondaires à offrir leur soumission aux Russes. Le vieux Furstenberg, grand maître des Porte-Glaive, se désiste de sa charge. Le jeune Gothard Kettler, son successeur, s'efforce en vain de ranimer le patriotisme de ses concitoyens. Ils n'ont plus confiance dans les forces de l'Ordre et ne songent qu'au meilleur moyen de traiter avec l'ennemi. C'est à grand-peine que Kettler peut lever quelques milliers d'hommes. En désespoir de cause, il implore le secours de ses voisins. Mais l'empereur Charles Quint, qui aurait pu l'aider, vient d'abdiquer pour se retirer du monde. Et Ferdinand Ier de Habsbourg, qui lui succède, redoute trop la puissance des Turcs pour s'intéresser à la malheureuse Livonie. Les autres souverains, eux aussi, répugnent à une action directe. La Pologne, la Suède, le Danemark se contentent de saisir les navires qui utilisent le port de Narva. A Kettler, qui suggère un armistice, Ivan répond avec une ironie glaciale : « Je t'attends à Moscou, et c'est du nombre et de l'humilité de tes génuflexions que dépendra ta grâce. » Le grand maître de l'Ordre ne peut accepter un tel avilissement. La lutte continue, flamboyante, meurtrière, jusqu'aux abords de Riga.

En septembre 1559, Kettler, homme agréable et persuasif, obtient enfin la protection de la Pologne. Sigismond-Auguste s'engage à défendre l'ordre des Porte-Glaive, moyennant le paiement, après la victoire, d'un tribut de sept cent mille florins. Ayant signé la convention, il demande péremptoirement à Ivan d'évacuer la Livonie, pays désormais sous sa protection. « La Livonie est une province anciennement tributaire de la Russie et non pas de votre souverain, répond Ivan aux plénipotentiaires qui lui remettent la lettre. Je la punis maintenant pour son peu de fidélité, ses coupables intrigues, ses crimes et la dévastation de nos temples. » Néanmoins, il promet une trêve de quelques mois.

En vérité, ce délai lui est nécessaire, car les Tatars de Crimée, sous les ordres de Devlet-Guireï, ont repris leurs incursions. Pour le tsar, ils représentent une menace plus grave que les Polonais et les Livoniens. Ces derniers ne se hasarderont jamais à assiéger Moscou, tandis que Devlet-Guireï, lui, vise la capitale. Heureusement, au cours de l'été 1559, le prince Vichnevetski remporte une série de victoires éclatantes sur la horde qui, une fois de plus, se replie.

Cependant Kettler, croyant que les Polonais s'apprêtent à marcher contre les Russes, met le siège devant Dorpat et d'autres forteresses. Cette rupture déloyale de l'armistice ramène le gros des troupes russes en Livonie. En vain, Ferdinand Ier rappelle à Ivan que ce pays dépend de l'empire et que nul n'a le droit de le fouler aux pieds. Il a le tort, dans sa dépêche, de ne pas mentionner le titre de « tsar ». Ivan renvoie le messager avec une réponse négative. Les clabauderies européennes le laissent froid. Il conduit sa politique sans se soucier des traités, des traditions, des amitiés contradictoires. André Kourbski et Daniel Adachev[1] poursuivent

---

1. Daniel Adachev, frère d'Alexis Adachev, le conseiller d'Ivan.

les chevaliers Porte-Glaive de château en château, les écrasant à
Ermes, s'emparant de la forteresse de Fellin et capturant le vieux
Furstenberg. Impressionné par ce ratissage au peigne de fer,
Sigismond-Auguste ne tente rien pour secourir une nation qu'il a
juré de protéger. Une fois de plus, Ivan constate que la violence est
payante. Dieu est du côté de l'audacieuse Russie. Toutes ses
entreprises sont bénies.

Comme si les triomphes militaires ne suffisaient pas à son
bonheur, Ivan peut s'enorgueillir maintenant d'un deuxième fils
vivant, Fedor, né le 31 mai 1557. Les fêtes du baptême sont d'une
somptuosité digne de l'événement. Mais ces sixièmes couches ont
considérablement affaibli la tsarine[1]. Toujours aussi douce,
aimante et effacée, elle ne trouve de réconfort que dans la prière.
En novembre 1559, elle se rend avec Ivan au monastère de
Mojaïsk. Là, mal logée dans une cellule froide, elle est saisie d'une
brusque indisposition. Immédiatement, Sylvestre, qui l'a accom-
pagnée dans ce pèlerinage, parle d'un signe de mécontentement du
Très-Haut. On n'a pas de médecin, pas de remèdes sous la main.
Ivan s'affole et ordonne d'organiser le retour en hâte. La malheureuse n'a-t-elle pas été empoisonnée ? On la ramène, en traîneau, à
Moscou. Elle se rétablit, mais, en juillet 1560, le même malaise la
reprend. Son état s'aggrave rapidement. Alors qu'elle se trouve
dans son lit, un incendie éclate dans un quartier proche du
Kremlin. Les flammes, poussées par un vent furieux, lèchent les
murs du palais. De sa chambre, Anastasie entend le mugissement
du feu, le craquement des poutrelles embrasées. Elle se croit
revenue à l'année de son mariage. Une crise de nerfs la jette hors de
sa couche. Ni les médecins ni les prêtres ne peuvent la calmer. Ivan
la fait transporter sur une civière jusqu'à sa résidence du village de

---

1. Enfants d'Anastasie : Anne (1548-1550) ; Marie (1551-morte à une date
inconnue) ; Dimitri (1552-1553) ; Ivan (1554-1582) ; Eudoxie ; Fedor (1557-
1598).

Kolomenskoïé, à dix verstes de Moscou. Puis, il revient dans la cité et organise la lutte contre l'incendie. Des étincelles lui volent au visage. Il hurle des ordres, face au brasier crépitant. Ses boyards, autour de lui, manient la hache, grimpent sur les toits, se passent des seaux d'eau. Quand le sinistre est maîtrisé, Ivan retourne auprès d'Anastasie et la trouve grelottante de fièvre. Dans son délire, elle s'imagine que les flammes la cernent de toutes parts, elle et ses enfants. Aucune potion, aucune poudre ne peut la soulager. Le murmure des prêtres l'entoure. Ivan, à genoux, jette le poids de son empire dans les balances du destin. Que Dieu l'écoute ! En cette minute, lui, le tsar de Russie, est prêt à tous les sacrifices. Il renoncerait presque à la Livonie pour obtenir la guérison de sa femme ! Elle meurt le 7 août 1560, à cinq heures du matin.

Le désespoir d'Ivan confine à la démence. Le peuple de Moscou pleure une tsarine charitable. Au passage du cortège funèbre, les lamentations couvrent le chant des prêtres. Les pauvres refusent les aumônes qu'on leur distribue selon l'usage, ne voulant aucune espèce de consolation en ce jour de deuil national. Le souverain marche, tête nue, derrière le cercueil. Son frère Iouri et son cousin Vladimir Andréïevitch le soutiennent. Il chancelle, il gémit, il se frappe la poitrine avec ses deux poings. Le métropolite Macaire, au bord des larmes, l'adjure de se soumettre aux décrets du ciel. Ivan ne l'écoute pas. Renfermé en lui-même, il essaie de comprendre les raisons de ce châtiment immérité. Anastasie, « la petite génisse » du tsar, est enterrée au couvent des religieuses de l'Ascension, dans l'enceinte du Kremlin.

CHAPITRE VIII

LE CHAGRIN ET LA VIOLENCE

Pendant treize ans, grâce aux conseils de sa femme, de Sylvestre et d'Alexis Adachev, Ivan a gouverné le pays avec une sagesse relative. Les observateurs étrangers eux-mêmes lui ont reconnu une haute valeur en tant que souverain. « Ivan, écrit l'un d'eux, a éclipsé ses ancêtres par sa puissance et par ses vertus... Il est d'une affabilité, d'une prévenance admirables envers ses nobles et ses sujets... Je pense qu'aucun prince de la chrétienté n'est plus craint et plus aimé de son peuple que lui... S'il dit à un de ses boyards *allez*, le boyard *court*... Peu sensible au divertissement de la chasse, aux charmes de la musique, deux pensées l'absorbent uniquement : servir Dieu et écraser ses ennemis [1]. »

Ces heureuses dispositions ont certes été altérées durant la maladie du tsar, lorsqu'il a constaté que ses plus proches confidents, Alexis Adachev et Sylvestre, au lieu de le soutenir dans la querelle de la succession, ralliaient le groupe des opposants. Mais, une fois rétabli, il ne les a pas poursuivis de sa colère. Au vrai, il lui en coûtait beaucoup de jouer le rôle d'un monarque fort et juste,

---

1. Hakluit's. Cité par Karamzine : *Histoire de l'Empire de Russie.*

alors qu'au fond de lui bouillonnait la rancune. A la mort
d'Anastasie, un verrou a sauté dans son cœur, libérant tous les bas
instincts de son enfance. Soudain, il s'est découvert seul. Son ange
gardien s'est envolé. Le contact avec Dieu a été rompu. Ou, plus
exactement, en le frappant sans raison, Dieu l'a dispensé d'obéir à
ses saints préceptes. Ivan croit en Dieu plus que jamais. Toutefois,
il ne cherche plus une logique dans leurs rapports. Il n'y a plus
entre eux le système commode du donnant donnant. Le bonheur
n'est plus la rétribution de la vertu. Le Très-Haut est fantasque.
Un jour il laisse tout passer, le lendemain il foudroie pour une
peccadille. Imprévisible et désordonné, il a, en vérité, le même
caractère qu'Ivan. Dieu, c'est encore Ivan, un super-Ivan. Ils sont
faits pour s'entendre en dehors des lois morales qui régissent le
commun des mortels. Parce que le tsar a perdu sa femme, tout lui
est permis. Dieu l'ayant offensé, il a le droit d'offenser Dieu.
D'ailleurs, il est secrètement persuadé que Dieu ne peut lui tenir
rigueur de rien. Sans doute même ses débordements sont-ils
aimables au Très-Haut qui apprécie les natures violentes et déteste
les tièdes, les timorés, les calculateurs.

Ayant enterré sa femme, Ivan, fou de rage, s'adonne à l'ivrognerie et se console avec une maîtresse. Cela ne l'empêche pas de
pleurer en public sur la fin d'Anastasie. A la cour, tout le monde
affecte le désespoir. Mais la plupart des boyards ne regrettent pas
la tsarine. Ils lui reprochent d'avoir incité le tsar à se détacher de sa
noblesse pour se rapprocher de son peuple. En outre, les parents
de la disparue, le clan des Zakharine, passent pour des parvenus
dangereux au regard des princes de haute naissance. Alexis
Adachev et Sylvestre sont, eux aussi, des parasites politiques à
éliminer. Pour ces deux-là, la tâche sera facile, puisque Ivan leur
en veut de leur attitude ondoyante lors de sa maladie. Certains
osent chuchoter à l'oreille du tsar que ses deux conseillers ont peut-
être empoisonné Anastasie, qui, les derniers temps, leur battait
froid. D'autres, moins audacieux mais tout aussi malveillants, se

contentent d'affirmer qu'Alexis Adachev et Sylvestre ont certainement employé la sorcellerie pour se rendre indispensables pendant
si longtemps à Sa Majesté. Sentant venir l'orage, Alexis Adachev
part comme *voïévode* pour l'armée de Livonie et Sylvestre se retire
dans la solitude d'un couvent. Mais cet éloignement ne les sauve
pas. Ivan ordonne que Sylvestre soit tiré de sa douce retraite et
exilé à jamais dans un monastère plus rigoureux, dans l'île
Solovetski, sur la mer Blanche. Il y mourra dans l'ombre et la
prière. Son sentiment sur cet homme pieux et dévoué, Ivan le livre
dans une lettre à Kourbski : « Pour le salut de mon âme, j'avais
attaché à ma personne le prêtre Sylvestre, dans l'espoir que, par
son caractère et son mérite, il pourrait me guider vers le bien. Mais
cet homme rusé et hypocrite, dont la douce éloquence est parvenue
à me séduire, n'a pensé qu'aux grandeurs de ce monde. Il s'est
associé à Adachev pour gouverner l'Etat au nom d'un souverain
qu'ils méprisaient. Ils ont réveillé l'esprit d'insubordination chez
les boyards... Je fus l'esclave sur le trône... Pourrai-je jamais
décrire tout ce que j'ai souffert dans ces jours de honte et
d'humiliation ?... Ils inventaient de puérils sujets d'épouvante
pour jeter la terreur dans mon âme... Ils s'opposaient à ma volonté
de visiter les monastères et de châtier les Allemands (de Livonie)...
Lorsque j'étais sur mon lit de mort, n'ont-ils pas voulu, traîtres à
leur conscience et à leurs serments, choisir un autre tsar, à
l'exclusion de mon fils ?... Ils ont détesté, calomnié la tsarine
Anastasie et se sont toujours montrés les amis du prince Vladimir
Andréïevitch... »

Ainsi, selon son habitude, Ivan se pretend-il trahi et bafoué par
des ingrats. L'habile et affectueux Alexis Adachev n'est plus pour
lui qu'un « chien » galeux, hargneux, sournois et qu'il convient de
punir. Sans égard pour les services que lui a rendus ce grand
administrateur, il ordonne de le juger. Mais, pour plus de sûreté,
l'accusé ne sera pas autorisé à présenter sa défense. « Venimeux
comme un basilic », il pourrait ensorceler ses juges. Le vénérable

métropolite Macaire a beau intercéder en faveur du malheureux,
les boyards réunis en tribunal estiment que « le repos du tsar et
celui de la patrie exigent la décision immédiate sur cette importante affaire ». Après délibération, Alexis Adachev est emprisonné
à Dorpat. Deux mois plus tard, il meurt dans sa cellule, emporté
par la fièvre, disent certains, empoisonné, disent les autres.

Sur le moment, le tsar est satisfait. Il a balayé devant sa porte.
Mais, bientôt, il ne peut se contenter de ce châtiment limité. Les
traîtres ont laissé derrière eux des complices, ou du moins des
parents, des sympathisants. Débarrassé d'Alexis Adachev, Ivan
fait arrêter et exécuter le frère de son conseiller, le valeureux
Daniel Adachev, héros de plusieurs campagnes, et son fils âgé de
douze ans. Les trois Satine, dont la sœur avait épousé Alexis
Adachev, son parent Chychkine, avec sa femme et ses enfants,
subissent le même sort. Une amie polonaise d'Alexis Adachev, la
vieille Marie, qui vivait dans la discrétion et la piété, est assassinée,
par ordre de Sa Majesté, avec ses cinq fils. Le prince Ovtchina-
Obolenski ayant osé traiter le jeune Fedor Basmanov, favori du
souverain, « de sodomite », celui-ci porte plainte et Ivan, tremblant de colère, poignarde de sa main le calomniateur. A présent,
le tsar néglige les jeûnes et se moque des dévots. Une nuit, ivre
d'hydromel, il danse au palais avec quelques compagnons mas-
qués. Avisant dans la foule le prince Repnine qui, seul, a le front
découvert, il veut de force lui appliquer un masque sur la figure
Indigné, Repnine jette à terre l'objet de déguisement, le foule aux
pieds et s'écrie : « Convient-il à un monarque de faire le bouffon ?
Quant à moi, boyard et membre du conseil, je rougirais d'agir
comme un insensé ! » Ivan le chasse de la salle. Mais c'est une trop
faible disgrâce. Quelques jours plus tard, sur le parvis de l'église
où il se rend pour accomplir ses dévotions, Repnine tombe,
transpercé par des hommes de main.

Dans cette atmosphère d'angoisse, les boyards les plus innocents
se demandent s'ils n'ont rien à se reprocher. De toutes parts, des

délateurs accourent au palais et s'empressent de flatter la suspicion d'Ivan. Il les écoute tous. Aucune dénonciation ne lui paraît négligeable. Plus une calomnie est énorme, plus elle excite sa curiosité. A peine informé, il ordonne des enquêtes, il expédie ses espions. On n'ose plus s'épancher entre amis, on surveille son langage en famille, on se tait, la peur au ventre, dans les réunions publiques. Pour complaire au monarque, les juges n'exigent plus aucune preuve authentique. La condamnation ou l'acquittement ne dépendent plus des faits, mais du caprice d'Ivan. C'est ainsi que, sans motif valable, sans forme de procès, le prince Iouri Kachine, membre du conseil, est exécuté avec son frère. Le prince Kourliatiev, ami d'Alexis Adachev, contraint d'abord de prendre l'habit monastique, est, bientôt après, condamné à mort avec toute sa famille. Le prince Vorotynski, vainqueur des Kazanais, est exilé avec sa femme, son fils et sa fille. L'illustre Ivan Chérémétiev, terreur des Tatars de Crimée, est jeté dans un cachot, chargé de chaînes et mis à la torture en présence d'Ivan qui lui demande froidement : « Où sont tes trésors ? Tu passais pour riche ! » Quant au frère du supplicié, Nikita Chérémétiev, lui aussi grand *voïévode*, plusieurs fois blessé à la guerre, Ivan le fait étrangler.

Les prisons, les monastères regorgent de victimes. Plus Ivan frappe fort, plus il a envie de frapper. Le sang répandu, loin d'étancher sa soif, le pousse à de nouveaux excès. Tuer son prochain devient pour lui un plaisir nécessaire, la vue de la souffrance une drogue dont il ne peut plus se passer. Enfant, il fracassait des chiots en les précipitant du haut des remparts dans la cour. A trente ans, il perfectionne ce jeu en l'appliquant à des hommes. Comme toujours, il justifie sa cruauté par le mal que lui a fait son entourage. « Si ce chien d'Alexis Adachev, tiré du fumier, ne m'avait pas séparé de ma petite génisse (Anastasie), Saturne n'aurait pas eu tant de victimes ! » s'écrie-t-il. Le principe est clair : au moindre doute, il faut cogner vigoureusement, sans perdre de temps à vérifier les soupçons. Mieux vaut égorger dix

innocents que laisser en vie un coupable. Et on ne doit pas se
contenter de sacrifier le principal suspect. Il importe, en bonne
politique, d'entailler largement les chairs autour du point infecté.
Punir la famille, les proches, tous ceux qui ont pu subir l'influence
néfaste du chef de clan. Faire couler le sang à flots pour assainir le
corps de l'Etat.

Pour remplacer les boyards coupables de lui avoir déplu, Ivan
choisit des hommes de petite noblesse, à l'esprit étroit et à l'échine
souple, qui ne le contredisent jamais et l'encouragent à la
débauche. Certains, tels Alexis Basmanov et son fils Fedor,
Maliouta-Skouratov, Vassili Griaznoï, deviennent à la fois ses
compagnons de beuverie et ses conseillers politiques. « Eh quoi !
disent-ils à Ivan, pleureras-tu éternellement ton épouse ? Tu en
trouveras une autre aussi belle. Songe que l'excès de chagrin peut
nuire à ta précieuse santé. Dieu et ton peuple exigent que, dans un
malheur terrestre, tu cherches aussi des consolations terrestres. »
Ces paroles flattent le goût que le tsar a toujours eu pour les
femmes. A peine la sienne a-t-elle été enterrée qu'il rêve de se
consoler avec une chair fraîche. Ce n'est pas qu'il ait oublié la
douce Anastasie, mais il ne peut se résoudre à l'abstinence. Faire
l'amour et donner la mort sont pour lui les deux plus hautes
expressions de la virilité. D'ailleurs, Dieu est d'accord. A tout
hasard, Ivan a distribué aux églises et aux pauvres quelques
milliers de roubles en mémoire d'Anastasie. Le vieux métropolite
Macaire, qui tient à peine debout, proclame dans sa longue barbe
que le tsar doit en effet ouvrir son lit à une nouvelle tsarine. Il eût
fait beau voir qu'il contredît les intentions matrimoniales de Sa
Majesté. Qui choisir ? Une étrangère ne déplairait pas à Ivan.
Pourquoi pas l'une des sœurs du roi de Pologne ? Evidemment, ce
pays est théoriquement en guerre contre la Russie, puisque
Sigismond-Auguste s'est déclaré protecteur de la Livonie et a
sommé les Russes d'évacuer les territoires occupés. Mais les deux
armées ne se sont pas encore affrontées. S'il a tant soit peu de

jugement, Sigismond-Auguste oubliera sa haine contre celui qu'il se refuse à appeler « tsar » et, pour conclure une paix durable, lui livrera une jeune fille selon son cœur, belle et docile. Immédiatement, Ivan suspend le deuil à la cour et envoie en Pologne des ambassadeurs chargés d'évaluer *de visu* les charmes physiques et moraux de la meilleure candidate. Arrivés à Vilna, ils rencontrent la sœur aînée du roi, nommée Anne, et la cadette, nommée Catherine. Leur choix, pour des raisons « de figure, d'embonpoint et de santé », se porte sur Catherine. Bien que stupéfait par l'outrecuidance de ce projet, Sigismond-Auguste n'y oppose pas un refus catégorique. Mais il affirme qu'il ne pourra consentir au mariage sans avoir obtenu l'approbation de l'empereur Ferdinand Ier, son protecteur, que sa sœur devra, le cas échéant, demeurer dans le giron de l'Eglise catholique romaine et que, de toute façon, il préférerait marier l'aînée, Anne, avant la cadette, Catherine. En outre, pour accorder son autorisation, il exige quelques rectifications de frontières. Le maréchal Simkovic est envoyé à Moscou pour les porter à la connaissance d'Ivan. Elles sont exorbitantes : s'il veut épouser une sœur de Sigismond-Auguste, le tsar doit abandonner les villes de Novgorod, de Pskov et de Smolensk, ainsi que le territoire de Seversk.

Ivan, offusqué, renonce à devenir le beau-frère de l'intraitable Sigismond-Auguste, renvoie Simkovic et soupire devant le portrait de Catherine que ses émissaires lui ont rapporté de Pologne. Puisqu'il ne peut obtenir la main de cette séduisante jeune fille, il fera la guerre à son pays. Comme préliminaire, il écrit au roi pour lui annoncer qu'il a ordonné de creuser un trou dans la terre afin d'y enfouir sa tête après l'avoir tranchée.

Son entourage s'efforce d'apaiser sa déception en lui représentant que les Polonaises font certes de bonnes épouses mais qu'elles ne sont pas les seules à savoir charmer un homme au lit. Puisqu'il est tenté par l'exotisme, pourquoi ne pas choisir une princesse circassienne ? Il en est une que l'on dit d'une rare beauté : la fille

du prince tcherkesse Temriouk. On la fait venir à Moscou. Elle
paraît au palais, en costume national, lève son voile et Ivan, ébloui,
décide sur-le-champ de l'épouser. Le métropolite Macaire la
baptise et lui donne le prénom de Marie. Les noces sont célébrées
le 21 août 1561, quatre jours avant le trente et unième anniversaire
d'Ivan. Dès le lendemain de cette union, il regrette son choix.
Illettrée, vindicative, barbare, cette sauvageonne ne peut oublier sa
tribu. Son éducation asiatique ne la prépare pas à être la belle-mère
des enfants du tsar. Assurément, la Polonaise Catherine aurait été
un meilleur parti.

Or, Sigismond-Auguste a plus que jamais l'intention d'occuper
la Livonie moribonde. Les habitants de Reval se sont livrés au roi
de Suède Eric XIV, qui a succédé à Gustave Vasa. Et, par acte du
21 novembre 1561, Kettler, grand maître de l'ordre des Porte-
Glaive, a cédé la Livonie au roi de Pologne, devenant le vassal de
Sigismond-Auguste. Celui-ci s'empresse de conclure une alliance
matrimoniale avec la Suède. Sa sœur Catherine, qu'il a naguère
refusée au tsar, est donnée en mariage à l'héritier du trône de
Suède, Jean, duc de Finlande.

Ce nouvel affront détermine Ivan à précipiter l'ouverture des
hostilités. Ayant exilé ou mis à mort quelques-uns de ses meilleurs
généraux, il les remplace par des princes circassiens et tatars. A
leur tête, il installe son cousin Vladimir Andréïevitch et André
Kourbski, jusqu'à présent épargnés. Une formidable armée de
deux cent quatre-vingt mille hommes, dont la moitié sont des
Orientaux, déferle sur la Lituanie. Le tsar chevauche parmi cette
troupe hétéroclite qui, malgré les bannières saintes, ressemble à
une horde. Il se fait précéder d'un cercueil vide, destiné, dit-il, à
Sigismond-Auguste. Sur l'ordre de ce dernier, son parent Radziwill se porte en avant avec quarante mille soldats mobilisés à Minsk
et vingt canons. La disproportion entre les forces en présence est
telle que, dès le premier contact avec les Russes, les Lituaniens
prennent la fuite. Le 15 février 1563, la grande ville commerciale

de Polotsk, à peine défendue, tombe aux mains d'Ivan. Il écrit au
métropolite Macaire : « C'est aujourd'hui que se réalise la prophétie du saint métropolite Pierre, qui a dit que Moscou élèverait son
bras au-dessus des épaules de ses ennemis. » Et il lui envoie une
croix enrichie de diamants. Le butin d'ailleurs est immense. Des
quantités d'or et d'argent, confisquées aux plus riches citoyens,
prennent le chemin de Moscou. Comme de nombreux juifs
habitent Polotsk, on les baptise par force. Ceux qui résistent sont
noyés dans la Dvina. « Les juifs, dit Ivan, détournent mes sujets
du christianisme et, de plus, se livrent à des attentats avec des
herbes empoisonnées. » Les soldats tatars mettent à mort également quelques moines catholiques. Les églises latines sont puri-
fiées ou simplement rasées. Un *Te Deum* est chanté dans la
cathédrale Sainte-Sophie, au cœur de la cité soumise. Et Ivan
ajoute à ses nombreux titres celui de grand-prince de Polotsk.
Ironique, il propose la paix au roi de Pologne, à condition que
celui-ci lui livre toute la Livonie et, en prime, sa sœur Catherine.
Peu importe, précise-t-il, qu'elle soit l'épouse du duc de Finlande
et que lui-même se soit remarié : il la gardera comme otage en
ayant le plus profond respect pour sa personne.

Sigismond-Auguste ne répond pas, mais, tandis que l'armée
russe continue de ravager le pays, menaçant même Vilna, il envoie
un messager à Devlet-Guireï, khân de Crimée, pour lui conseiller
de profiter de l'occasion et de se jeter avec ses Tatars sur Moscou,
laissé sans défense. Le khân s'amuse de cette proposition d'un roi
chrétien à un mahométan, mais, réflexion faite, renonce à l'aventure. Fort heureusement pour Sigismond-Auguste, Ivan, fatigué
par la campagne, n'entend pas poursuivre son avantage et prend la
résolution de retourner à Moscou en laissant des garnisons dans les
villes conquises. Une trêve de six mois est signée entre les
belligérants. Sur le chemin du retour, le tsar rencontre un
messager radieux : la tsarine circassienne vient d'accoucher d'un
fils, Vassili.

A Moscou, le clergé accueille Ivan, avec les croix et les
bannières, devant l'église Saint-Boris-et-Saint-Glèbe, le peuple
l'acclame, mais il a l'impression que l'enthousiasme de ses sujets
n'est pas aussi sincère, aussi chaleureux qu'après la prise de
Kazan, quelque dix ans plus tôt. Au milieu des fêtes de la victoire,
il envoie une lettre à la mère du prince Vladimir Andréïevitch,
l'ambitieuse princesse Euphrosine, pour la féliciter des succès
remportés en Lituanie par son fils bien-aimé. Puis, se ravisant, il
oblige la vieille femme à prendre le voile, la bannit à Biélozersk et
la fait noyer dans le lac. N'a-t-elle pas souhaité autrefois un
changement de dynastie ? Personne ne proteste. On parle de mort
naturelle. D'autres morts marquent, pour le tsar, cette année 1563.
Au début du mois de mai, il perd son dernier fils, Vassili, âgé de
quelques semaines. Puis, c'est son frère cadet, Iouri, qui succombe
à la maladie. Ce simple d'esprit n'a jamais entravé la carrière
d'Ivan. Il a été un loyal ami d'Anastasie. Sa femme, Juliana, est
une personne effacée et pieuse, dont les mérites rappellent ceux de
la défunte tsarine. Ivan, très affecté, organise des funérailles
grandioses pour son frère et installe superbement sa belle-sœur
dans un couvent. A quelque temps de là, jugeant qu'elle mène une
vie trop recluse et ne lui marque pas assez de reconnaissance pour
ses bienfaits, il la fera assassiner dans un accès de fureur. Autre
victime de son ressentiment : le prince Vladimir Andréïevitch en
personne. Les brillants états de service de ce chef de guerre et de ce
conseiller ne peuvent faire oublier à Ivan la conspiration de mars
1553, alors que, proche de la mort, il entendait autour de son lit les
disputes des boyards pour sa succession. Après un long répit, la
bile lui revient, il accuse le prince de fausseté, l'exile dans son
domaine de Staritsa et l'entoure d'espions. Les rapports qu'il
reçoit d'eux devraient le rassurer. Mais il tient à se rendre compte
par lui-même de l'état d'âme du proscrit. De temps à autre, il lui
rend visite dans ses terres. Et là, par une étrange inconséquence,

retrouvant son affection d'autrefois, il festoie et plaisante avec l'homme qu'il a banni sans remords.

A la fin de l'année 1563, un dernier décès attriste le souverain : celui du vénérable et illustre métropolite Macaire. Trop vieux pour s'opposer aux volontés du tsar et même pour lui reprocher le désordre et la cruauté de sa conduite, il se contentait, depuis longtemps, de prier pour l'avenir de la Russie. Peut-être a-t-il ressenti, aux côtés d'Ivan, l'impression d'une force surnaturelle sous l'aspect humain ? Peut-être s'est-il demandé si cet oint du Seigneur n'était pas, en réalité, l'envoyé du diable ? Il répétait d'une voix chevrotante : « Je ne connais que les affaires de l'Eglise. Ne me parlez point des affaires de l'Etat ! » A sa mort, Ivan éprouve un grand vide. Le dernier lien qui le rattachait au passé vient de se rompre. Quand il se retourne, il ne voit plus de témoins de son enfance.

Tous les évêques de Russie se rendent à Moscou pour procéder à l'élection d'un nouveau pasteur de l'Eglise. C'est Athanase, abbé du monastère Tchoudov et confesseur du tsar, qui est choisi. Le service divin achevé, les prélats dépouillent le nouveau métropolite de ses habits sacerdotaux, lui imposent sur la poitrine l'image d'or de la porte du sanctuaire, le revêtent d'une soutane et le coiffent d'une mitre blanche. Athanase reçoit les félicitations du tsar, lui donne sa bénédiction et prie le Tout-Puissant d'accorder à Ivan la santé et la victoire. Dans son discours, il n'ose pas parler de vertu.

Le tsar lui en sait gré. Il ne peut plus tolérer qu'un prêtre le querelle sur ses mœurs. Sa nouvelle épouse, la Circassienne Marie, farouche et cruelle par nature, applaudit à tous ses excès. Elle-même, dit-on, est sensuelle, vicieuse, menteuse, méchante et quelque peu sorcière. Les bienfaits de l'eau du baptême n'ont pas pénétré jusqu'à son âme. Ivan ne l'aime pas, il pense toujours à Anastasie et ses regrets augmentent sa fureur. Depuis quelque temps, il ne se sépare pas d'un long bâton de bois, terminé par une pointe d'acier. La poignée de ce lourd épieu est sculptée. Il la

caresse avec amour du bout des doigts en considérant fixe-
ment son interlocuteur. Quand la colère le prend, il frappe les gens
avec cette pique. Souvent, il se contente de les blesser et regarde
couler le sang avec un plaisir tranquille. Parfois, il les tue. Il est
violent « au point d'écumer comme un cheval », assure son
contemporain Daniel Printz von Bruchau. Après chacun de ses
crimes, il court se confesser. Il s'accuse même publiquement
devant les boyards, se traite de « chien puant », de « damné »,
d' « assassin ». Mais, dans sa bouche, ces paroles de repentir sont
plus effrayantes que des menaces. Ses proches savent qu'il s'agit
chez lui d'un simple exercice d'hygiène morale et qu'en s'humi-
liant il se prépare à recommencer. Il est pareil à ces gros mangeurs
qui, sortant d'un repas indigeste, se fourrent deux doigts dans le
gosier, vomissent pour se libérer le ventre et reviennent à la table
avec un appétit renouvelé. S'il se replie dans la mortification, c'est
afin de mieux bondir ensuite. Malheur à quiconque l'a entendu
s'abaisser devant lui ! A dater de cette époque, certains, dans le
peuple, lui donnent déjà le surnom de « Terrible [1] ».

---

1. En russe, le mot *groznyi*, qui désigne Ivan IV, ne signifie pas exactement
« terrible », mais plutôt « redoutable », avec une nuance de puissance et de
majesté. Cependant, c'est sous le surnom de « Terrible » que ce tsar est connu du
public d'expression française. Et, en vérité, l'épithète s'applique assez bien au
personnage.

CHAPITRE IX

L'AFFAIRE KOURBSKI

Les débordements insensés du tsar incitent quelques boyards, qui craignent pour leur vie, à regarder du côté de l'étranger. Ainsi le très pieux prince Dimitri Vichnevetski refuse de s'exposer aux caprices d'un tyran et se réfugie en Pologne. Sigismond-Auguste le reçoit avec bonté, mais exige qu'il serve dans l'armée lituanienne contre les Russes, ses anciens frères d'armes. Homme d'honneur, Vichnevetski refuse. Il est livré au sultan de Turquie qui lui fait trancher la tête. D'autres boyards, moins scrupuleux, trouvent dans l'exil la sécurité et le profit. Un grand nombre de Russes trahissent Ivan pour rejoindre la cour de Sigismond-Auguste. Le plus fameux d'entre eux est André Kourbski. Descendant de la famille souveraine de Vladimir le Monomaque, prince de Smolensk et de Iaroslavl, il s'est distingué dans les batailles à Toula, à Kazan, dans les déserts des Bachkirs, en Livonie. Mais, en 1562, à la suite d'une manœuvre imprudente, son armée, forte de quarante mille hommes, est écrasée à Nevel, près de Vitebsk, par quinze mille Polonais. Cette défaite humiliante lui attire les reproches d'Ivan. Disgracié, André Kourbski se persuade qu'il est en danger de mort. Or, s'il accepte de périr au combat, il ne peut supporter

l'idée du supplice. Ayant embrassé sa femme et son fils, âgé de
neuf ans, il profite de la nuit pour quitter sa maison, sort de
Dorpat sans être vu et chevauche jusqu'à Volmar, ville occupée par
les Polonais. Accueilli à bras ouverts par Sigismond-Auguste, il
reçoit en cadeau des villages, des terres, de l'argent et accepte, sans
remords, le commandement des troupes polonaises qui combat-
tront les Russes. Ce changement de camp est assez fréquent à
l'époque, car la notion de patriotisme n'a pas encore acquis, entre
les peuples, son caractère sacré. Néanmoins, la félonie d'André
Kourbski révolte Ivan comme un crachat sur la face du Christ.
Pour comble d'audace, le transfuge, une fois en sûreté, écrit au tsar
afin de justifier sa conduite. Dévot, cultivé, haineux, il trempe sa
plume dans le vinaigre. Son écuyer, Chybanov, est chargé de
porter la lettre au tsar, à Moscou. En recevant le messager, Ivan
appuie la pointe en fer de sa pique sur le pied du malheureux et le
cloue au sol. Puis, pesant des deux mains sur la poignée de l'épieu,
il scrute d'un œil fixe le visage du serviteur dont le sang coule sur
les dalles mais qui, les dents serrées, ne laisse pas échapper une
plainte. Un clerc lit la lettre d'une voix mal assurée :

« Monarque autrefois illustre, jadis béni du Seigneur, mais,
pour la punition de nos péchés, consumé aujourd'hui d'une fureur
infernale, corrompu jusqu'au fond de la conscience ; tyran dont les
plus infidèles souverains de la terre n'offrent point de modèles,
écoute-moi !... Pourquoi, au milieu d'affreux supplices, as-tu
déchiré les hommes forts d'Israël, ces illustres guerriers que le ciel
t'avait donnés ? Pourquoi as-tu versé leur sang précieux et sacré
dans les temples du Très-Haut ? N'étaient-ils pas enflammés de
zèle pour leur souverain, pour leur patrie ? Habile à forger des
calomnies, tu donnes aux fidèles le nom de traîtres, aux chrétiens
celui d'enchanteurs ; à tes yeux, les vertus sont des vices, la
lumière n'est que ténèbres ; et en quoi ces dignes protecteurs de la
Russie t'avaient-ils offensé ? Ne sont-ils pas les héros qui ont
détruit le royaume des Tatars ? N'ont-ils pas couvert de gloire et

ton règne et ton nom en faisant tomber devant toi les forteresses allemandes ? Quelle est la récompense de ces infortunés ? La mort ! Eh quoi ! te croirais-tu donc immortel ? N'y a-t-il pas un Dieu et un tribunal suprême pour les rois ? Dans le désordre de mon cœur, je ne puis dire tout le mal que tu m'as fait. Je ne dirai qu'une chose : tu m'as contraint à abandonner la sainte Russie. Mon sang répandu pour toi crie vengeance au Tout-Puissant, qui lit au fond des cœurs. J'ai cherché à découvrir en quoi je puis m'être rendu coupable, soit dans mes actions, soit dans mes pensées les plus secrètes ; j'ai scrupuleusement interrogé ma conscience et j'ignore mon crime envers toi. Jamais, sous ma conduite, tes bataillons n'ont tourné le dos à l'ennemi. Ma gloire a rejailli sur toi. Mes services ne se bornent pas à un ou deux ans passés dans les fatigues, consacrés aux exploits guerriers ; pendant un grand nombre d'années, j'ai souffert le besoin, la maladie, loin de ma mère, de mon épouse, de ma patrie. Compte mes combats et mes blessures. Je ne veux pas en tirer vanité, mais Dieu sait tout. C'est à lui que je me confie, plein d'espoir dans l'intercession des saints et de mon ancêtre, le prince Fedor de Iaroslavl... Adieu ! Nous voilà séparés à jamais et tu ne me reverras plus qu'au jour du jugement dernier ; mais les pleurs des victimes innocentes préparent le supplice du tyran. Crains les morts eux-mêmes ! Ceux que tu as massacrés sont auprès du trône du Très-Haut et demandent vengeance. Tes armées ne te sauveront pas. De vils flatteurs, ces indignes boyards, compagnons maintenant de tes festins et de tes débauches, corrupteurs de ton âme, t'apportent leurs enfants pour satisfaire tes appétits de luxure ; mais ils ne te rendront pas immortel. Que cette lettre, arrosée de mes larmes, soit déposée dans ma tombe, afin que je paraisse avec elle au jugement de Dieu. Amen.

« Ecrit dans la ville de Volmar, domaine du roi Sigismond-Auguste, mon souverain, dont, par la grâce de Dieu, j'espère les bontés et attends les consolations. »

Ayant écouté la lecture de la lettre avec un visage de pierre, Ivan ordonne d'emmener le messager et de le soumettre à la torture pour obtenir de lui d'autres renseignements. Sous les tenailles du bourreau, Chybanov ne révèle aucun nom de complice et continue de louer son maître. Le tsar admire la fermeté d'âme du supplicié, mais le fait mettre à mort, ainsi que quelques domestiques d'André Kourbski, soupçonnés d'avoir aidé son départ. Quant à la mère, à la femme et au fils du transfuge, ils sont jetés en prison. Ils y périront quelques années plus tard [1].

La colère d'Ivan, longtemps contenue, éclate dans la réponse qu'il fait à la missive de son ancien général. Amateur de discours enflammés, il mêle dans son réquisitoire les injures, les railleries, les accusations, les serments et les fausses citations bibliques. Sa haine et sa science, sa piété et sa cruauté débordent sur le papier en un fleuve de mots. On retrouve sous sa plume les noms de Moïse, de Léon l'Arménien, de Jean Chrysostome et d'Isaïe. De toute évidence, cette épître, comme celle d'André Kourbski, n'est pas réservée à son seul destinataire. Une large publicité lui est promise à la cour et dans le peuple. C'est une lettre ouverte, un témoignage pour les juges de la postérité. Par-dessus les frontières, un duel littéraire s'engage entre le tsar autocrate et le prince félon.

« Pourquoi, malheureux, veux-tu perdre ton âme comme un traître, en sauvant par la fuite un corps périssable ? écrit Ivan. Si tu es vraiment juste et vertueux, pourquoi n'as-tu pas voulu mourir sur l'ordre de ton maître et mériter ainsi la couronne du martyr ?... La conduite de ton serviteur Chybanov doit te faire rougir... Fidèle à son serment, il n'a point trahi son maître aux portes du tombeau. Et toi, pour un seul mot qu'exhala mon courroux, tu attires la malédiction due aux traîtres, non seulement sur toi, mais encore sur l'âme de tes ancêtres, qui ont juré jadis à mon illustre

---

1. André Kourbski, lui, ne mourra qu'en 1583, laissant en Pologne le souvenir d'un homme cruel, brutal et ingrat.

aïeul de nous servir avec fidélité, non seulement par eux-mêmes mais aussi par leurs descendants. Le venin de l'aspic est dans la bouche du parjure... Tu te plains des persécutions que je t'ai infligées, mais tu ne serais pas maintenant auprès de notre ennemi si je n'avais été trop clément envers vous tous, ingrats que vous êtes. »

Plus loin, pour convaincre André Kourbski de son ignominie, Ivan lui rappelle toutes les occasions où le brillant général s'est montré au-dessous de sa réputation : lorsque le khân a été battu devant Toula, le prince festoyait au lieu de poursuivre l'ennemi en déroute ; lorsque, sous les murs de Kazan, la tempête a dispersé les vaisseaux et englouti les munitions, il n'a pensé qu'à fuir, « comme un lâche » ; lorsque les troupes russes ont pris Astrakhan, il n'était pas parmi les combattants ; lorsqu'il s'est agi de conquérir Pskov, il s'est prétendu malade. « Sans votre insubordination, à Adachev et à toi, écrit Ivan, la Livonie serait en notre pouvoir. Vous avez vaincu malgré vous, agissant comme des esclaves, obéissant à la contrainte. »

Puis, le tsar en arrive à la justification de ses propres crimes contre l'humanité. Selon lui, un souverain n'a de comptes à rendre à personne. Son impunité est d'essence divine :

« Ce que tu dis de mes cruautés prétendues est un impudent mensonge. Je ne fais pas périr les puissants d'Israël ; je n'arrose point de leur sang les peuples du Seigneur... Je sévis contre les traîtres seuls. Mais dans quel lieu les épargne-t-on ?... J'ai infligé beaucoup de châtiments et ce pénible devoir a déchiré mon cœur. Cependant, tout le monde sait que le nombre des trahisons est plus considérable encore... *Jusqu'à présent, les souverains de Russie ont été libres et indépendants. Ils ont récompensé ou puni leurs sujets selon leur bon plaisir et sans en rendre compte à qui que ce soit. Jamais cet ordre de choses ne changera.* Je ne suis plus un enfant : j'ai besoin de la grâce de Dieu, de la protection de la Vierge Marie et de tous les saints, mais *je ne demande point de leçons aux hommes.* Grâce au

Très-Haut, la Russie est prospère ; mes boyards vivent en paix et en amitié ; seuls tes amis, tes conseillers complotent dans les ténèbres. Tu me menaces du jugement du Christ dans l'autre monde. Crois-tu donc que la puissance divine ne régit pas également ce monde-ci ? Voilà une hérésie manichéenne ! D'après toi, Dieu règne dans les Cieux, Satan dans les enfers et les hommes sur la terre. Erreur ! Mensonge ! La puissance du Seigneur s'étend partout, dans cette vie et dans l'autre. Tu m'annonces que je ne verrai plus ta face éthiopienne ! O ciel ! Quelle infortune pour moi !... Tu entoures le trône du Très-Haut de ceux que j'ai fait périr. Nouvelle hérésie ! Personne, a dit l'apôtre, ne peut voir Dieu... Pour comble de trahison, tu prétends que Volmàr, ville de Livonie, est un domaine du roi Sigismond, et tu attends l'effet des bontés de ce prince, après avoir abandonné ton légitime souverain, le maître que Dieu t'avait donné... Ton grand roi est l'esclave des esclaves. Est-il donc étonnant qu'il soit loué par des esclaves ? Mais je me tais, car Salomon défend de perdre ses paroles en s'adressant à des sots, et tu en es un. »

André Kourbski répond avec mépris que le tsar se rabaisse par les mensonges et les injures dont sa lettre est truffée : « Tu devrais avoir honte d'écrire comme une vieille femme, d'envoyer une épître aussi mal rédigée dans un pays qui ne manque pas de gens connaissant la grammaire, la rhétorique, la dialectique et la philosophie... Je suis innocent et je gémis dans l'exil... Attendons, le temps de la vérité n'est pas éloigné. »

Nouvelle lettre du tsar à Kourbski, qu'il traite de « lâche déserteur » : « Je connais mes iniquités, mais la miséricorde divine est infinie ; c'est elle qui me sauvera... Je ne me vante pas de ma gloire. Cette gloire n'est pas à moi, mais à Dieu seul... De quoi donc suis-je coupable envers vous, amis d'Adachev et de Sylvestre ? N'est-ce pas vous-mêmes qui, en me privant d'une épouse chérie, êtes devenus les véritables causes de mes faiblesses humaines ? Il vous sied bien de parler de la cruauté de votre

souverain, vous qui avez voulu lui enlever le trône avec la vie !...
Ce prince Vladimir Andréïevitch[1], objet de votre affection,
possédait-il quelque droit à la couronne par son origine ou ses
qualités personnelles ?... Admire la Providence divine ! Rentre en
toi-même, réfléchis à tes actions. Ce n'est pas l'orgueil qui me
porte à t'écrire, c'est la charité chrétienne, afin que ce souvenir
serve à te corriger et que tu sauves ton âme. »

Cette correspondance extravagante s'échelonnera de 1564 à 1579
avec de longues interruptions. D'une lettre à l'autre, les deux
épistoliers développeront les mêmes arguments et les mêmes
reproches. André Kourbski, illustre représentant des boyards,
considère cette caste aristocratique comme choisie par Dieu pour
conseiller le tsar. Hors de cette oligarchie qui entoure le trône, il ne
peut y avoir de salut pour la Russie. En exterminant les amis
d'Alexis Adachev et de Sylvestre qui lui ont toujours donné de
sages avis, Ivan a outrepassé les droits du souverain et affirmé un
despotisme criminel dont le pays ne se relèvera pas. Ivan, de son
côté, affirme le caractère divin de sa mission, refuse d'admettre le
rôle essentiel des boyards de la *Rada* et ne se reconnaît responsable
que devant Dieu. « Tous les souverains russes sont des autocrates
et personne ne peut leur faire d'observations, décrète-t-il. Le
monarque peut exercer sa volonté envers les esclaves que Dieu lui a
donnés... Si vous n'obéissez pas au souverain quand il commet une
injustice, vous ne vous rendez pas seulement coupables de
forfaiture, mais vous damnez votre âme, car Dieu lui-même vous
ordonne d'obéir aveuglément à votre prince. » En somme, le tsar,
élu de Dieu, a un pouvoir illimité contre lequel la révolte ou même
la critique est impie. Ses décisions les plus déraisonnables, les plus
cruelles, les plus iniques doivent être respectées par ses sujets
comme émanant, à travers lui, de Dieu qui l'a placé sur le trône.
S'insurger contre le souverain, ce n'est pas commettre un crime

---

1. Le cousin germain du tsar.

politique mais un péché mortel contre le Très-Haut. Ecrivant au
« roi élu » et non « héréditaire » de Pologne, le tsar signe sa lettre :
« Nous, l'humble Ivan, tsar et grand-prince de toutes les Russies
par la grâce de Dieu, et non par la volonté turbulente des
hommes. »

Entre-temps, André Kourbski est devenu le conseiller intime de
Sigismond-Auguste. Sa haine du tsar est si forte qu'il pousse son
nouveau protecteur à resserrer son alliance avec les Tatars. Il lui
coûte peu de penser que les infidèles, ainsi encouragés, envahiront
peut-être son pays natal et profaneront les églises dans lesquelles il
a prié naguère. Un seul espoir le guide : que la défaite russe incite
quelque boyard à assassiner Ivan, ce qui permettrait aux transfuges
de retourner, la tête haute, dans leur patrie débarrassée du tyran.

Enfin, le khân de Crimée, Devlet-Guireï, entre en campagne et
met le siège devant Riazan. La cité, héroïquement défendue,
résiste aux assauts, et les boyards Alexis et Fedor Basmanov,
accourus avec des troupes fraîches, précipitent la déroute des
Tatars. Cependant, à peine écarté au sud, le danger se précise à
l'ouest. Une armée polono-lituanienne, commandée par Radziwill
et André Kourbski, s'efforce de reprendre Polotsk, ville récemment conquise par les Russes. Cette tentative, comme la précédente, se solde par un échec.

La double victoire de ses *voïévodes* devrait réjouir Ivan. Et,
certes, il envoie des médailles d'or à ses valeureux capitaines. Mais,
depuis la trahison de Kourbski, un malaise le ronge, qui s'accentue
de mois en mois. Malgré l'exécution ou l'exil des principaux amis
d'Alexis Adachev et de Sylvestre, il a l'impression d'être l'enjeu
d'une noire conspiration. Il scrute avec anxiété le visage de ses
boyards. S'ils parlent d'abondance, c'est qu'ils lui mentent. S'ils se
taisent, c'est qu'ils nourrissent à son égard un projet perfide. Il
espère de nouvelles dénonciations et se plaint d'en recevoir trop
peu. Le métropolite Athanase n'a ni l'énergie ni l'autorité voulues
pour l'admonester et le réconforter. Les favoris en place, Alexis

Terrible, d'après une gravure de l'époque (1554). Paris, Bibliothèque nationale, Estampes.
Roger-Viollet.

Ivan le Terrible, gravure allemande du XVIe siècle. Paris, Bibliothèque Nationale, Estampes. Photo B.N.

Basmanov, Michel Saltykov, Athanase Viazemski, Ivan Chybo-
tovi, ne songent qu'à encourager sa méfiance, sa cruauté et sa
luxure. Soudain, à l'entrée de l'hiver 1564, Ivan décide de quitter
sa capitale pour aller à l'aventure, sans destination fixe, laissant à
Dieu le soin de tracer son itinéraire. Le 3 décembre, un grand
nombre de traîneaux sont assemblés sur la place du Kremlin
enneigée. Des employés du palais y entassent des coffres pleins
d'or et d'argent, des icônes, des croix, des vases précieux, de la
vaisselle, des vêtements, des fourrures. Ce n'est pas un simple
départ, c'est un déménagement. Dans la cathédrale de l'Assomption, en présence des boyards stupéfaits, le métropolite Athanase
bénit le tsar pour un voyage dont tous ignorent le but. Ivan, la
tsarine et ses deux fils, âgés de sept et dix ans, montent dans le
traîneau de tête. Les secrétaires de la cour, quelques hauts
fonctionnaires, plusieurs favoris et des serviteurs s'installent, à
leur tour, dans les véhicules et s'emmitouflent. Le peuple accouru
s'interroge : « Où va le tsar ? Pourquoi nous abandonne-t-il ? Et
pour combien de temps ? » Enfin, l'interminable colonne
s'ébranle, laissant derrière elle une foule saisie de crainte. Le dégel
force Ivan à s'arrêter pendant deux semaines dans le village de
Kolomenskoïé. Puis, dès que l'état des routes le permet, il se rend
au monastère de la Sainte-Trinité. Le soir de Noël, il arrive, avec
sa suite et ses bagages, à Alexandrovskaïa Sloboda, au nord de
Vladimir.

Pendant trente jours, les boyards de la Douma restés à Moscou
ne reçoivent aucune nouvelle de leur souverain parti sans laisser
d'adresse. Enfin, le 3 janvier 1565, l'officier Constantin Polivanov
apporte au métropolite Athanase deux lettres d'Ivan. Dans la
première, le tsar énumère les désordres, les trahisons, les crimes de
la noblesse de service, des hauts fonctionnaires et des généraux
qui, tous, ont pillé le trésor, maltraité les paysans et refusé de
défendre le sol de la patrie contre les ennemis tatars, polonais ou
allemands. « Et lorsque, poursuit-il, guidé par l'équité, je témoi-

gne mon ressentiment à ces serviteurs indignes, le métropolite et le
clergé prennent la défense des coupables, pour nous déplaire et
nous importuner. En conséquence, le cœur plein de douleur, ne
voulant plus supporter vos perfidies, nous avons renoncé à
gouverner le pays et sommes parti pour nous installer là où Dieu
nous le dira. »

La seconde lettre est adressée aux « marchands étrangers et
russes et à tout le peuple chrétien de Moscou ». Le tsar y affirme
que, s'il « met sa colère » sur les boyards, les ecclésiastiques et les
hauts fonctionnaires, il éprouve une paternelle bienveillance
envers les petites gens de son empire. Les secrétaires de Sa Majesté
lisent cette missive sur la place publique, devant une foule
consternée. Plus de tsar ! Est-ce possible ? La tyrannie ne vaut-elle
pas mieux que le désordre ? Des cris montent de la multitude :
« Le tsar nous a abandonnés ! Nous sommes perdus ! Comment les
brebis pourraient-elles rester sans pasteur ? » Très vite, cette
désolation se change en fureur. Si le tsar est descendu de son trône,
la faute en est aux seigneurs qui l'ont trahi. Les boutiques ferment,
les maisons se vident, un flot de manifestants se porte spontanément vers le Kremlin, hurlant de désespoir et réclamant le
châtiment des coupables. Epouvanté par les échos de l'émeute, le
métropolite Athanase tient une conférence avec le clergé et les
boyards. « L'Etat ne peut rester sans maître, décident les membres
de ce conseil de la dernière chance. Nous porterons notre tête au
tsar. Nous nous prosternerons devant lui, la face contre terre.
Nous le toucherons par nos larmes. »

Une délégation composée de princes, d'évêques, d'officiers, de
marchands, et présidée par l'archevêque Pimène de Novgorod,
part, séance tenante, pour Alexandrovskaïa Sloboda. La longue
procession, fouettée par le vent, se traîne sur la piste neigeuse dans
un extraordinaire concours de vêtements sacerdotaux, de robes de
brocart, de pelisses, de bannières, d'encensoirs et de croix. Ce ne
sont plus des députés allant rendre visite à leur chef, mais des

pèlerins en marche vers une icône miraculeuse. Ils arrivent à destination deux jours plus tard, le 5 janvier 1565. Le tsar les reçoit d'un air courroucé et lointain. Après l'avoir béni, les larmes aux yeux, l'archevêque Pimène lui dit : « N'oublie pas que tu es non seulement le gardien de l'Etat, mais aussi celui de l'Eglise, le premier monarque de l'orthodoxie. Si tu t'en vas, qui conservera la vérité et la pureté de notre religion ? Qui sauvera des millions d'âmes de la damnation ? »

Ainsi, de l'aveu même du clergé, le pouvoir du tsar ne s'étend pas seulement sur la chair périssable de ses sujets, mais aussi sur leur âme éternelle. Il règne sur terre et dans le ciel. L'Eglise démissionne devant sa puissance. Tous, prélats et boyards, se sont agenouillés en face de lui, qui reste seul debout, l'épieu ferré à la main. Il jouit à plein cœur de sa victoire. Le coup du départ brusqué a pleinement réussi. Effrayés à l'idée de perdre leur maître, les grands de l'empire rampent à ses pieds. Une fois de plus, il a joué le tout pour le tout devant des poltrons. S'ils l'avaient pris au mot, il ne serait plus, en cette minute, qu'un souverain découronné. Or, en s'abaissant devant lui, ils le renforcent, ils l'élèvent. D'une voix vibrante, il harangue ces ambassadeurs du repentir, avec son éloquence et son abondance coutumières. Il leur reproche leur esprit de révolte, leur cupidité, leur lâcheté et prétend même — grief inédit — qu'ils ont voulu le faire périr, lui, son épouse et son fils aîné. Bien que tous soient frappés par l'énormité de cette accusation, personne, parmi les boyards présents, n'ose protester. Mieux vaut subir un blâme injustifié plutôt que de déplaire au monarque en niant les faits. Tandis qu'il parle avec véhémence, l'œil étincelant, chacun sent s'appesantir sur lui la menace d'une tyrannie accrue. Enfin, Ivan dévoile ses intentions véritables : « Par égard pour le métropolite Athanase, par considération pour vous, vénérables archevêques et évêques, je veux bien consentir à reprendre mon sceptre sous certaines conditions. » Ces conditions sont simples : désormais le tsar sera entièrement libre de châtier les traîtres par la disgrâce, par la mort, par la confiscation des biens, sans avoir à supporter les critiques du clergé. Evidemment, une telle décision enlève à l'Eglise le droit ancestral d'intercéder en faveur des innocents et même des coupables dignes de clémence. Mais les délégués sont tellement heureux d'avoir fléchi la prétendue répugnance du tsar à remonter sur le trône qu'ils le remercient avec des sanglots dans la voix. Satisfait de leur humilité, il invite certains d'entre eux à célébrer avec lui, à Alexandrovskaïa Sloboda, la fête de l'Epiphanie. Malgré l'impatience de son peuple, il n'est pas pressé de regagner Moscou. Plus il se fera désirer, plus il pourra se montrer exigeant.

CHAPITRE X

LES OPRITCHNIKS

Le 2 février 1565, Ivan fait sa rentrée dans Moscou enseveli sous la neige. Accouru depuis l'aube, un peuple immense s'agenouille sur son passage et remercie le ciel, en pleurant, de lui rendre son souverain. Mais ceux qui, humblement, lèvent les yeux sur lui sont frappés par son air de tristesse hagarde. De l'avis de tous les témoins, cet homme de trente-quatre ans ressemble à un vieillard. La peau de son visage est livide, fripée, sa prunelle morne, son cheveu rare, sa bouche mince et crispée, son front barré de rides profondes. Comme il a coutume de s'arracher la barbe dans ses crises de colère et de désespoir, il ne lui reste plus que quelques poils au menton. Le dos voûté, la poitrine creuse, il promène sur l'assistance un regard insensé. Voit-il seulement ceux qui l'acclament ? Entend-il les cloches des églises qui sonnent au-dessus de lui, à la volée ? Il a une telle habitude d'être loué, encensé, adoré qu'aucune manifestation d'enthousiasme ne peut plus le réjouir.

En arrivant au palais, il déclare à l'assemblée des boyards qu'il ne veut plus habiter dans l'enceinte du Kremlin, parmi les ossements de ses ancêtres, et qu'il faut lui construire d'urgence une vaste maison fortifiée, au milieu de la ville. Après avoir énuméré,

une fois de plus, ses griefs contre la noblesse, il exige que l'Eglise
lui confirme son approbation préalable et absolue pour toutes les
mesures qu'il jugera bon de prendre contre les mauvais serviteurs
de son règne. Son voyage ayant été entrepris par leur faute, il
recevra une somme de cent mille roubles à titre de frais de
déplacement et de séjour à Alexandrovskaïa Sloboda. En outre, le
pays sera divisé en deux parties : l'*opritchnina*[1], constituant le
domaine privé du tsar qu'il administrera à son idée et sur lequel il
aura un pouvoir total, et la *ziemchtchina*[2], comprenant le reste du
territoire, lequel, bien que placé lui aussi sous le pouvoir du
souverain, conservera sa Douma des boyards et ses fonctionnaires
anciens. Dans l'*opritchnina*, propriété personnelle d'Ivan, sorte
d'Etat dans l'Etat, entreront, par décision unilatérale de Sa
Majesté, quelques quartiers de Moscou, vingt-sept villes, dix-huit
districts et les principales voies de communication. Cette gigantesque opération d'expropriation se fera sous le contrôle d'une
nouvelle milice choisie par le monarque et dévouée à ses ordres, les
opritchniks. Lors de l'exposé du plan, les boyards comprennent que
le tsar, en confisquant leurs villages, leurs paysans, leurs biens,
entend les réduire définitivement à l'impuissance. Mais ils ne
peuvent plus se révolter contre celui qu'ils ont supplié de revenir et
auquel le peuple accorde une fanatique confiance. Sous peine
d'être jetés en prison pour insubordination, ils doivent abandonner
leurs domaines héréditaires qui deviendront fiefs de la Couronne.
La jouissance viagère et conditionnelle de ces domaines — mais
non leur propriété — sera donnée comme récompense à des
opritchniks. Quant aux anciens possesseurs, ils recevront en

1. L'*opritchnina*, mot lancé par le tsar, viendrait d'*opritch* (séparé) et aurait
désigné, à l'origine, selon Milioukov, « une organisation militaire spéciale,
séparée de l'organisation générale russe et entretenue par les revenus d'un
territoire détaché ».
2. *Ziemchtchina*, de *ziemlia* (terre), désigne le pays, l'ensemble des communes.

échange quelques terres pauvres et lointaines faisant partie de la *ziemchtchina*. Ainsi commence un vaste mouvement de triage et d'exil, ruinant tous les anciens nids de princes à apanages et refoulant leurs représentants aux confins de l'Etat. Douze mille familles aristocratiques sont déplacées et perdent du même coup leur fortune et leur influence. Arrachés au sol qui fut le leur depuis des siècles, coupés de leurs racines, privés de leur clientèle, ces nouveaux transplantés par décision administrative deviennent des hommes sans passé, sans appui, sans défense. La formation de l'*opritchnina* en 1565 n'est, en somme, que la brutale extension du programme de mise au pas de la noblesse, élaboré par Ivan et ses conseillers dès 1550. Par cette redistribution des chances dans toute la Russie, il espère avoir à jamais consolidé son trône. A la place des boyards arrogants, fiers de leur naissance, il installe une nouvelle noblesse constituée par des serviteurs salariés. Une caste privilégiée va naître, les *opritchniks*, étroitement liés au tsar et assurés de l'impunité pour tous les crimes qu'ils commettront en son nom. Parmi les *opritchniks*, le droit de préséance a disparu, seul compte le dévouement à la cause centrale. Les quelques princes de haute origine qui font partie de cette garde prétorienne sont noyés dans la masse des hommes nouveaux, issus de familles modestes et redevables à Ivan seul de leur ascension. Les autres, les spoliés, quittent leurs maisons, en plein hiver, et s'acheminent en lentes caravanes vers les lieux de résidence qui leur ont été assignés. Certains meurent de froid en route. Mais Ivan se soucie peu des larmes et des soupirs dont s'accompagne ce remue-ménage nécessaire. Dans un premier temps, il a choisi mille *opritchniks* parmi les jeunes gens de petite noblesse pour constituer sa garde personnelle et démasquer les traîtres. Bientôt, ils seront six mille. Maliouta-Skouratov, Viazemski, Basmanov, favoris du tsar, veillent à ce que tous les membres de cette milice soient des gaillards réputés pour la grossièreté et la cruauté de leurs mœurs. Les « légionnaires élus » prêtent serment à Ivan : « Je jure d'être fidèle au tsar et à

son empire, au jeune tsarévitch et à la tsarine, et de révéler tout
ce que je sais ou puis savoir de toute entreprise dirigée contre eux
par les uns ou les autres. Je jure de renier ma lignée et d'oublier
père et mère. Je jure également de ne pas manger ni boire avec les
gens de la *ziemchtchina* et de n'avoir jamais de relations avec eux.
En foi de quoi, je baise la croix. »

Les *opritchniks* vivent entre eux, dans les maisons qui leur sont
affectées, et reçoivent une rente substantielle. Pauvres hier, ils
sont, du jour au lendemain, des seigneurs investis d'un pouvoir
immense. Vêtus de noir, ils portent à leur selle une tête de chien et
un balai, symboles de leur mission qui est de mordre et de chasser
les ennemis de leur maître. Leur fonction les place au-dessus de la
loi. Une insulte proférée contre eux est un crime de lèse-majesté
passible de la peine de mort. La *ziemchtchina* est leur terrain de
manœuvre. Là, ils peuvent infliger des amendes, torturer les
hommes, violer les femmes, crever les yeux des enfants, piller les
maisons, brûler les forêts et les récoltes sans que personne y trouve
à redire. Leur violence est encouragée par le tsar qui, après chacun
de leurs hauts faits, les récompense en leur allouant les biens
arrachés aux traîtres. « Plus ils étaient exécrés du peuple, plus le
souverain leur témoignait de confiance », écrivent Taube et
Kruse[1]. Et, en effet, Ivan est rassuré par la haine que ses
opritchniks soulèvent dans le pays. S'ils sont aussi craints et aussi
détestés, c'est qu'ils lui sont fidèles. Il s'est, en quelque sorte,
incarné en eux. Ce sont six mille petits Ivan qui rançonnent et
saignent le peuple à sa place. Ce qu'il rêve dans son palais, ils
l'exécutent avec leurs mains, à Moscou et en province.

Le 4 février, le jour même où il institue l'*opritchnina*, les
exécutions commencent. Les supplices ont lieu sur la grande place
du Kremlin, tout près de l'église de l'Intercession-de-la-Vierge
(cathédrale de Basile-le-Bienheureux), qui vient d'être achevée et

---

1. *Mémoires* de Taube et Kruse, Allemands de Livonie.

dont les dômes tarabiscotés et colorés scintillent gaiement. L'illustre prince Alexandre Chouïski, héros de la prise de Kazan, est, avec son fils Pierre, âgé de dix-sept ans, parmi les premières victimes. Tous deux sont accusés d'avoir conspiré avec André Kourbski contre les jours du monarque, de la tsarine et de leurs enfants. On doit d'abord trancher le cou du fils, mais le père demande comme une grâce de mourir le premier. Le bourreau ne fait pas de difficulté et Alexandre Chouïski place sa tête sur le billot. La hache s'abat. Le fils ramasse la tête de son père, l'embrasse tendrement et, à son tour, s'agenouille pour recevoir le coup. Six autres boyards sont décapités le même jour. Un septième, le prince Dimitri Tchevirev, est empalé. Il agonise pendant vingt-quatre heures et, le fondement percé, la face tordue de douleur, chante des cantiques à la gloire de Dieu. D'autres boyards échappent à la hache et sont simplement enfermés dans des monastères ou exilés au loin. Pour certains, Ivan exige une caution de vingt-cinq mille roubles, afin d'être sûr qu'ils ne quitteront pas le pays. Enfin, désirant prouver qu'il sait aussi bien pardonner que punir, il fait revenir à Moscou les boyards Michel Vorotynski, exilé à Biélozersk, et Iakovlev, proche parent d'Anastasie.

Cette mesure de clémence est célébrée par le clergé comme une faveur tombée du ciel. Cependant, plus Ivan opprime le pays, plus il se sent détesté et, plus il se sent détesté, plus il s'acharne à découvrir ceux qui veulent attenter à sa vie. Une anxiété maladive l'empêche de dormir. Le son d'une horloge, la nuit, le frappe de terreur comme un présage funeste. La vue d'une étoile filante dans le ciel le jette à genoux et tremblant devant les icônes. Le nouveau château fortifié qu'il s'est fait construire à Moscou ne lui paraît plus un refuge sûr contre ses ennemis. Prenant sa capitale en aversion, il s'installe à Alexandrovskaïa Sloboda, dans un palais entouré de fossés et de remparts. La décoration intérieure de cette sinistre bâtisse évoque les quatre états d'âme du souverain.

Certaines salles sont superbement ornées, d'autres sont bourrées
de livres précieux et de parchemins, d'autres encore, basses et
voûtées, sont d'une nudité monacale, d'autres enfin, au sous-sol,
se divisent en une succession de cachots où pourrissent des
prisonniers. Ainsi, la splendeur, l'étude, la prière et la torture sont
également présentes dans la demeure préférée du tsar. Dans
chacun de ces compartiments, il se sent à l'aise. Les officiers de sa
cour occupent des résidences séparées. Des rues entières du bourg
sont réservées aux *opritchniks*. La petite agglomération, perdue au
milieu de sombres forêts, grouille d'hommes en armes; on
construit en hâte des maisons, des églises; des marchands
accourent, attirés par la riche clientèle des seigneurs. Dans l'église
de la Mère-de-Dieu, Ivan fait apporter des reliques et orner l'autel
avec de l'or, de l'argent et des pierres précieuses. Par son ordre,
une croix est gravée sur chaque brique du temple.

Mais cette manifestation de piété ne suffit pas à lui donner
bonne conscience. Brusquement, il décide de transformer son
palais en un monastère et ses *opritchniks* en moines. Il octroie le
nom de « frères » à trois cents d'entre eux, choisis parmi les plus
dépravés. Lui-même se décerne le titre d'abbé, le prince Athanase
Viazemski devenant trésorier et Maliouta-Skouratov sacristain.
Chaque frère revêt une soutane noire sur son habit brodé d'or et
orné de martre. Ce qui pourrait n'être qu'une mascarade prend,
dans l'esprit d'Ivan, la valeur d'un hommage à Dieu. Il croit
sincèrement avoir créé un nouvel ordre monastique, en rédige les
règles et veille à leur observance. A trois heures du matin, il se
rend, avec ses enfants, au clocher pour sonner les mâtines.
Aussitôt, tous les frères se précipitent à l'église du palais. Celui qui
manque à ce devoir est puni de huit jours de prison. Pendant le
service, qui dure bien trois ou quatre heures, le tsar chante, prie
et se prosterne, le front frappant les dalles. Il porte maintenant une
longue robe noire, serrée à la taille par une cordelière, un manteau

de bure et une croix de bois sur la poitrine. De temps à autre, il remplace son épieu par une crosse.

A huit heures, on se réunit encore pour entendre la messe et, à dix heures, on se met à table, autour d'un repas copieux auquel le tsar ne touche pas. Debout en présence de ses frères, il leur lit à haute voix un texte religieux. Puis, il se restaure à l'écart, tout seul, en écoutant les rapports de ses favoris. Après un petit somme, il aime à visiter les prisons pour assister au supplice de quelques détenus. Les divers instruments, du knout au pal, des aiguilles aux tenailles, des charbons ardents à la corde qui sectionne le corps par frottement, n'ont pas de secret pour lui. Il apprécie en connaisseur l'habileté des bourreaux et la résistance des victimes. Au sortir de la messe, l'esprit encore plein de chants angéliques, il éprouve un plaisir de contraste à suivre la lente agonie des patients, dans les giclures du sang, le craquement des os, les hurlements et les râles des bouches bavantes. Cette rude cuisine à odeur de sanie, d'excréments, de sueur et de chair grillée flatte ses narines. Chaque fois qu'une de ces loques humaines rend le dernier soupir, il ressent bizarrement les délices du spasme amoureux. Sa joie à patauger dans le sang est telle que, de toute évidence, le Seigneur est à ses côtés en ces minutes d'horreur et d'extase. L'habitude qu'il a prise de s'identifier à Dieu suffit à le persuader que cet holocauste est aimable au ciel comme à lui-même. La prière et la torture sont, pour lui, les deux aspects de la piété. Quand il quitte, à regret, ces chambres de souffrance, il a, au dire des témoins, « une physionomie rayonnante de contentement ». Il plaisante avec son entourage, il cause « avec plus de gaieté que d'ordinaire ». C'est la détente après la crispation nerveuse, le repos après l'amour.

A huit heures du soir, il se rend à vêpres avec tout son monde. Ensuite, le dîner en commun se transforme, la plupart du temps, en beuverie. On mange à s'en crever la panse des têtes de brochet à l'ail, des lièvres à l'huile de tournesol, des rognons au gingembre, des poulets au poivre, le tout arrosé d'hydromel, de vin, de kwass et de vodka. Avant d'être présenté au tsar, chaque plat, chaque breuvage est goûté par un de ses compagnons pour éviter les empoisonnements. Des saltimbanques animent le repas de leurs grimaces. On y montre des ours savants. Certains soirs, les faux moines amènent des femmes de basse condition et s'amusent à les dévêtir, à les fouetter, à les violer sous les yeux du tsar. Maliouta-Skouratov, le plus cruel et le plus débauché de la confrérie, oblige des paysannes nues à courir après des poules, tandis que les *opritchniks* criblent de flèches les malheureuses épouvantées, cheveux épars et poitrine ballante. Après ces orgies, Ivan se retire dans sa chambre, où l'attendent trois vieillards aveugles. Ils sont chargés de lui raconter, l'un après l'autre, des légendes, jusqu'à ce qu'il s'endorme. Allongé sur son lit, dans la pièce faiblement éclairée par les veilleuses des icônes, il écoute avec délices ces histoires de paladins, de sorciers et de princesses lointaines. Le conteur à la longue barbe et aux yeux vides parle doucement. Sa voix monotone engourdit le tsar, qui croit revivre son enfance. Momentanément soulagé, il ferme les paupières. Son sommeil ne dure pas longtemps. A minuit, il se rend à l'église pour prier encore. En élevant son âme, il entend Dieu qui lui souffle à l'oreille le nom de nouvelles victimes à immoler. C'est à genoux, entre deux oraisons, qu'il donne à ses proches ses ordres les plus sanguinaires. De même qu'il existe, pour les plongeurs sous-marins, une ivresse des profondeurs, de même il existe, pour les monarques de droit divin, une ivresse du pouvoir absolu. Elle est légère chez certains, et chez d'autres, tel Ivan, elle conduit au délire.

Les échos de cette vie étrange se répandent vite à l'extérieur et Sigismond-Auguste en conclut que le tsar est devenu fou. Est-ce le commencement de la décadence pour la Russie ? Le roi de Pologne le souhaite ardemment et demande à l'ambassadeur russe à Varsovie de lui dire ce qu'est au juste l'*opritchnina*. Obéissant à la consigne reçue, le diplomate répond catégoriquement : « Nous ne savons ce que vous voulez dire. Il n'y a aucune *opritchnina*. Le tsar demeure dans la résidence qu'il lui a plu de choisir et ceux de ses serviteurs qui lui ont donné satisfaction se trouvent auprès de lui ; les autres sont un peu plus loin. Voilà tout ! Si des paysans ignorant les choses parlent d'une *opritchnina*, on ne doit tenir aucun compte de leurs propos. » Mais, chaque jour, des fugitifs arrivent en Pologne pour échapper à la tyrannie d'Ivan. Leurs récits confirment Sigismond-Auguste dans son idée. Il correspond, par messagers secrets, avec quelques boyards spoliés de la *ziemchtchina*. Ceux-ci osent à peine répondre. Expropriés, exilés, ils vivent dans la crainte du lendemain. L'Eglise elle aussi se tait, bâillonnée. Le métropolite Athanase, ayant renoncé par avance à critiquer les actions du tsar et à intervenir au nom des victimes, n'est plus un chef spirituel mais un officiant distingué. En plaçant Ivan au-dessus de l'Eglise, il a bafoué l'Evangile et confondu le royaume de César et le royaume de Dieu. Averti de tous les crimes commis par les *opritchniks*, il n'a pas élevé la voix en faveur des suppliciés innocents. De même, il n'a pas protesté contre l'installation, à Alexandrovskaïa Sloboda, de cette caricature de monastère, avec ses fornicateurs habillés de frocs, ses messes sanglantes et ses orgies.

Autour du tsar, tout n'est que faiblesse et lâcheté. Son goût des discussions théologiques l'incite à se rapprocher du protestantisme. Interrogeant des prisonniers allemands de Livonie, il est séduit par la liberté de leur pensée religieuse. Il prend à son service les Allemands Kalb, Taube, Kruse et Eberfeld [1]. Ce dernier lui démontre, par écrit et de vive voix, la pureté des doctrines de la confession d'Augsbourg. Le tsar est, dit-on, ébranlé. Il se demande si la religion orthodoxe est bien celle qui convient à la Russie. Une idée insensée le traverse. Et si, d'un trait de plume, il

---

1. Après avoir figuré parmi les proches d'Ivan, Taube et Kruse le trahiront pour passer au service de la Pologne.

convertissait son pays au protestantisme ? Il y renonce vite, effrayé
par son audace. Mais il autorise les luthériens à ouvrir un temple, à
Moscou. Cette décision consterne le métropolite Athanase ; il se
permet de hausser le ton devant un de ces étrangers hérétiques ;
aussitôt, Ivan le condamne à une forte amende. Le métropolite en
tombe malade et se retire dans un couvent.

Cependant, l'engouement du tsar pour les artisans allemands
n'est rien auprès de son engouement pour les marchands anglais.
L'audacieux Jenkinson, à la fois négociateur, homme d'affaires,
explorateur, sillonne la Russie, se rend à Astrakhan, à Boukhara,
en Perse, brave mille dangers, revient à Moscou, raconte à Ivan ses
voyages, lui rapporte des présents du sultan et des schahs, et
dessine pour lui la carte des pays qu'il a traversés. Subjugué par ce
personnage aux talents multiples, Ivan le traite en ami, accorde à sa
Compagnie une extension du monopole, l'autorise même à frapper
monnaie et le place, avec les marchands de son groupe, sous la
protection directe des *opritchniks*. Désormais, la Russie exporte en
Angleterre du poisson, du sel, des fourrures, des peaux, du
goudron, du bois pour les constructions navales, du chanvre, du
lin, du suif, de la cire, et importe d'Angleterre, au prix fort, de la
soie, de la vaisselle, du cuivre, du plomb, des épices, des armes et
des munitions. Ce double courant d'échanges commerciaux est si
puissant que, de plus en plus, Ivan songe à l'Angleterre comme à
l'alliée naturelle de la Russie. Mais, au cours d'une de ses terreurs
nocturnes, un autre projet lui vient en tête. Toujours obsédé par
l'idée d'une conspiration contre sa personne, il envisage la
possibilité de demander asile à l'Angleterre au cas où il devrait fuir
pour sauver sa vie. Cette sollicitation humiliante pour le maître de
la Russie lui semble une illumination divine. En 1567, il charge
Jenkinson de porter un message secret, de sa part, à Elisabeth Iʳᵉ.
Cette reine, qui a succédé à sa demi-sœur Marie Tudor, est, dit-on,
une femme belle, intelligente, cultivée et volontaire. Ses rapports
avec Ivan ont toujours été d'une grande courtoisie. Elle a trente-

quatre ans et n'est pas mariée. Il en a trente-sept et son épouse, la Circassienne, a, depuis longtemps, cessé de lui plaire. Pourquoi ne pas la répudier pour épouser la reine d'Angleterre ? Jenkinson reçoit l'ordre de soumettre à Sa Majesté cette deuxième proposition. En somme, Ivan se pose dans le même temps devant elle en réfugié politique possible et en prétendant certain. Il lui demande à la fois sa main pour aujourd'hui et sa protection éventuelle pour demain. Certes, il n'ignore pas qu'elle a déjà éconduit d'innombrables candidats au mariage. Mais ils n'avaient pas, pense-t-il, l'envergure politique du tsar. Mise au pied du mur, elle ne pourra pas refuser.

Jenkinson part pour Londres comme avocat de ces deux causes extravagantes. Dès son arrivée, il a avec sa souveraine une longue conversation particulière. L'enjeu est d'importance. Nation essentiellement commerçante, l'Angleterre ne peut se permettre de décevoir le tsar qui a octroyé tant de privilèges à ses marchands. Cela d'autant plus que les représentants des autres Etats font pression sur lui pour qu'il abolisse le traitement de faveur réservé aux Anglais. D'autre part, Elisabeth n'a nullement l'intention de se marier. En femme d'affaires avisée, elle cherche à gagner du temps. C'est compter sans l'impétuosité de son nouveau soupirant. Ne recevant pas de réponse à ses avances, Ivan se fâche et ouvre le port de Narva à d'autres étrangers. La Compagnie, inquiète, se tourne vers la reine. Aussitôt, Jenkinson étant empêché, elle expédie comme ambassadeur en Russie Thomas Randolph, maître de ses Postes.

Le nouvel envoyé débarque à Saint-Nicolas, sur la mer Blanche, et gagne Moscou, par Kholmogory et Vologda, en octobre 1568. Il est chargé de « rétablir l'ordre dans le commerce anglais » en promettant le droit d'asile au tsar, mais en éludant, si possible, la question du mariage. Pour le droit d'asile, Ivan, d'ailleurs, pose comme condition la réciprocité. Autrement dit, l'honneur lui interdisant de recevoir quoi que ce soit sans rien offrir en échange.

il exige que la reine accepte de s'installer au Kremlin au cas où des conspirateurs mettraient sa vie en danger. Bien entendu, la fille d'Henri VIII ne peut envisager cet étrange marché et n'a aucun motif ni aucune envie de quitter son pays.

En arrivant à Moscou, Thomas Randolph subit la mauvaise humeur du monarque, irrité par le trop long silence de la reine. Il est retenu prisonnier pendant quatre mois dans la maison qui lui a été désignée comme résidence. Des sentinelles empêchent les visiteurs de l'approcher. Enfin, il obtient une audience, mais, contrairement aux usages, on ne lui envoie pas de chevaux pour aller au Kremlin. Il fait le chemin à pied, pataugeant dans la neige. Au palais, personne ne lui rend les honneurs. Offensé, il se couvre de son chapeau devant le tsar. Les dignitaires prévoient une explosion de colère. Cependant, toujours imprévisible dans ses réactions, Ivan s'adresse à Thomas Randolph avec bonté et l'assure de l'amitié qu'il porte à sa « chère sœur » Elisabeth. En le congédiant, sans l'avoir convié à dîner, il lui dit, à titre de compensation : « Je vous enverrai des plats de ma table. » Peu après, un officier de la cour, suivi de cinq domestiques, se présente chez l'ambassadeur avec toutes sortes de vins et de victuailles. L'officier les goûte tous avant de les faire servir à Thomas Randolph, pour prouver qu'ils ne sont pas empoisonnés. A quelque temps de là, Thomas Randolph est prié de venir au palais, de nuit, seul et « vêtu à la russe ». Sans doute, au cours de cette entrevue mystérieuse qui dure près de trois heures, fait-il au tsar des promesses substantielles, car il obtient pour la Compagnie de nouveaux avantages : droit exclusif de commercer avec la Perse, d'extraire du fer de certaines mines et de donner la chasse aux navires étrangers dans la mer Blanche.

En août 1569, Thomas Randolph retourne en Angleterre, accompagné d'un seigneur russe, Savine, dont la mission consiste, vraisemblablement, à obtenir de la reine la signature d'un traité d'alliance militaire offensive et défensive. Après un séjour de dix

mois au bord de la Tamise, Savine ne rapporte au tsar qu'une lettre
d'Elisabeth écrite sur parchemin en termes vagues et amicaux :
« S'il Vous arrive un jour — par quelque circonstance fortuite,
quelque conspiration secrète ou quelque hostilité étrangère —
d'être obligé de changer de pays et que Vous désiriez venir dans
Notre royaume, ainsi que la noble Impératrice Votre épouse et Vos
enfants chéris, Nous recevrons et traiterons en tout honneur et
courtoisie Votre Altesse et sa suite, comme il convient à un si grand
Prince, Vous laissant mener une vie libre et tranquille avec tous
ceux que Vous prendrez à Votre suite. Il Vous sera loisible de
pratiquer Votre religion chrétienne de la manière que Vous
aimerez le mieux... Nous désignerons un endroit dans Notre
royaume que Vous habiterez à *Vos frais* aussi longtemps que Vous
voudrez bien rester chez Nous[1]. » En conclusion, Elisabeth
déclare qu'en cas de guerre elle unira les forces de l'Angleterre à
celles de la Russie, « contre leur ennemi commun », et cela « aussi
longtemps que Dieu lui conservera la vie ». Le document est
contresigné par les premiers grands officiers de la Couronne, le
chancelier Francis Bacon en tête.

Cette missive jette Ivan dans une colère rouge. Au lieu de
l'alliance offensive et défensive rêvée, il reçoit, comme une
aumône, la promesse confuse d'une assistance contre « l'ennemi
commun ». Au lieu de la réciprocité d'asile politique, il obtient
l'assurance qu'on sera enchanté de l'accueillir, à ses frais, s'il a des
ennuis avec son peuple. Au lieu d'une allusion, même voilée, à un
éventuel mariage avec le tsar, le silence ! En outre, Savine lui
rapporte qu'au cours de ses conversations avec les conseillers de
la reine il a été question surtout des avantages commerciaux dont
les Anglais sont de plus en plus friands. Il croyait s'adresser à
des hommes d'Etat, il a été entendu par des marchands. Indigné,
Ivan bondit sur sa plume et, pour s'adresser à Sa Majesté bri-

---

1. Lettre du 18 mai 1570.

tannique, retrouve le style virulent de ses épîtres à Kourbski :
« L'affaire principale, tu l'as laissée de côté et tes boyards n'ont
parlé que de commerce avec notre ambassadeur. Nous avions cru
que tu étais souveraine dans tes Etats, maîtresse de ta volonté
royale et que tu veillais sur l'intérêt du royaume ; c'est dans cette
idée que nous voulions traiter avec toi des affaires d'envergure.
Mais, en fait, ce sont tes hommes d'Etat qui exercent le pouvoir en
dehors de toi. Ce ne sont pas seulement des conseillers, mais aussi
de simples moujiks de commerce qui ne se préoccupent pas de
l'intérêt du souverain et du pays mais seulement de leurs bénéfices
commerciaux. Et toi, tu demeures dans le rôle d'une vulgaire fille [1]
et tu te conduis comme telle... La Moscovie ne manquait de rien
quand elle n'avait pas de marchandises anglaises. Et le rescrit que
nous t'avons envoyé concernant les privilèges de commerce, tu
voudras bien nous le renvoyer. Même si tu ne le renvoies pas, nous
ordonnerons qu'on n'en tienne aucun compte. Ainsi, tous les
avantages que nous avons accordés jusqu'à ce jour sont annulés. »
    Le ton injurieux de la lettre amuse Elisabeth plus qu'il ne
l'irrite, car elle tient son correspondant pour un hurluberlu. Mais,
quand elle apprend que le tsar, mettant sa menace à exécution, a
confisqué les marchandises de la Compagnie et lui a interdit tout
commerce, elle ne songe qu'à conjurer le désastre. Un seul homme
est capable, pense-t-elle, d'amadouer le tyran. Vite, elle organise
une nouvelle ambassade d'apparat, conduite par Robert Best, mais
dont la cheville ouvrière sera l'irremplaçable Jenkinson. A Moscou, cependant, le tsar se remet peu à peu de sa grande fureur
contre Elisabeth. Assurément, ce sont les conseillers de la reine qui
sont responsables de tout. Pas elle. N'a-t-il pas eu lui-même de
mauvais conseillers ? Ne lui a-t-il pas fallu beaucoup de courage
pour exterminer cette racaille ? Elisabeth n'a probablement pas son
énergie. Mais elle est intelligente, cultivée. Quel couple ils

----

1. L'expression, en russe, est *pochlaïa diévitsa*.

formeraient à eux deux ! Peut-être, dans son for intérieur, n'a-t-elle
pas renoncé à devenir tsarine. L'idée de l'Angleterre anglicane,
riche, industrieuse ne quitte pas Ivan. Toutefois, pour l'instant, il
a trop de soucis en Russie même pour s'intéresser de près à la
politique étrangère. Un nouvel homme de confiance a son oreille :
un aventurier hollandais, nommé Elisée Bomelius. Venu d'Allemagne, il se fait passer pour docteur en sciences magiques. Au cours
de ses entretiens avec le tsar, il l'incite à se montrer plus vigilant
envers son entourage. A l'entendre, malgré les exécutions en
chaîne de ces dernières années, Ivan compte encore beaucoup
d'adversaires parmi les boyards de la *ziemchtchina,* le haut clergé et
même le peuple. Les racines du mal n'ayant pas été toutes
extirpées, la mauvaise herbe repousse et se répand. Il faut, dit-il,
renforcer l'épuration. Ce docte conseil réveille la méfiance d'Ivan
qui commençait à s'assoupir. Devant ce zélé serviteur de sa cause,
il convient que la Russie est malade. Or, rien ne vaut une bonne
purge pour redonner la santé au corps. Qu'on lui fasse confiance :
il administrera la dose qui convient et guérira le pays de la
perfidie !

CHAPITRE XI

LE MÉTROPOLITE PHILIPPE

Le métropolite Athanase ayant pris sa retraite dans un couvent, par qui le remplacer ? Ivan songe d'abord à Germain, archevêque de Kazan. On fait venir le candidat à Moscou, les évêques se rassemblent, l'acte d'élection est rédigé et le futur métropolite se prépare à la cérémonie du sacre. Mais, au cours d'un entretien particulier avec le tsar, il ose l'exhorter à se repentir de ses péchés et à craindre la colère céleste. Furieux, Ivan rapporte à ses favoris les propos de l'archevêque et leur demande ce qu'ils en pensent. « Nous sommes d'avis que Germain veut devenir un autre Sylvestre, lui répond Alexis Basmanov. Il cherche à effrayer ton imagination pour te maîtriser. Garde-toi d'un pareil pasteur ! » Cette opinion rejoint si exactement celle du tsar qu'il chasse Germain du palais, fait annuler les fêtes prévues en son honneur et se met en quête d'un autre métropolite.

Son choix se porte sur Philippe, abbé du monastère de Solovetsk, sur une île de la mer Blanche. Cet homme est considéré comme l'un des ascètes les plus instruits et les plus pieux de la Russie. C'est auprès de lui, dans cette retraite désertique et glacée, que se trouve l'ex-métropolite Sylvestre, banni par Ivan. Sans

doute le prélat disgracié a-t-il raconté à l'abbé sa tumultueuse
expérience de guide spirituel du souverain. Philippe sait à quoi
s'en tenir sur les exigences tsariennes. S'il consent malgré tout à se
rendre dans la capitale, c'est qu'il accepte les dures conditions de la
charge qui lui est proposée. Telle est, du moins, l'opinion d'Ivan
qui a souvent correspondu avec Philippe, dans le passé. Il a en
haute estime ce personnage de noble naissance, qui a renoncé, dans
sa jeunesse, à la vie facile et brillante des boyards, ses pairs, pour se
consacrer à la méditation. Il sait que Philippe allie heureusement
l'élévation de l'âme et le bon sens terrestre. Tout en donnant aux
religieux l'exemple de la morale la plus austère, il gère admirable-
ment les biens de la communauté, construit sur l'île des églises de
pierre, des digues, défriche les forêts, ouvre des routes, assèche des
marais, organise un élevage de cerfs et de bétail, établit des
pêcheries, des salines... Cette sagesse pratique a toute l'approbation d'Ivan. Même les veilleuses qui brûlent devant les icônes ont
besoin d'huile pour que leur flamme ne s'éteigne pas.

Après de longues hésitations, Philippe se met en route. Sur son
trajet, il rencontre une délégation de citadins qui le supplient
d'intercéder pour eux auprès du tsar dont ils craignent le courroux.
A mesure qu'il approche de Moscou, les plaintes des sujets de Sa
Majesté lui parviennent de plus en plus humbles et pressantes. La
pompe de sa réception dans la capitale ne peut alléger l'angoisse
qui l'étreint. Le tsar le reçoit à sa table et lui annonce qu'il le
nomme chef de l'Eglise. A ces mots, le pieux solitaire fond en
larmes et conjure le souverain de ne pas confier « un poids si
énorme à une si faible barque ». Puis, comme Ivan demeure
inflexible dans sa décision, il lui dit : « Soit, je me soumets à ta
volonté. Mais calme ma conscience par la suppression de l'*opritchnina* ! Qu'il n'y ait qu'une Russie, car, selon les paroles du Très-
Haut, tout empire divisé deviendra un désert. Il m'est impossible
de te bénir sincèrement lorsque je vois la patrie en deuil ! »

Le premier mouvement d'Ivan est de renvoyer ce fou dans son

monastère. Mais aussitôt après il se ravise. Peut-il se permettre de congédier une fois de plus un prélat qu'il a lui-même choisi pour diriger l'Eglise ? Ne vaut-il pas mieux emberlificoter Philippe jusqu'à le rendre inconsciemment complice de son action politique ? Ainsi, il aura derrière lui, comme caution morale, un saint que tout le pays vénère. Au lieu d'éclater, il se justifie avec véhémence. « Ignores-tu, dit-il, que les miens veulent me dévorer, que mes proches préparent ma perte ? » Et, devant le vieillard qui lui demande au moins d'annuler la nouvelle distribution des domaines et de rendre les patrimoines à leurs anciens propriétaires, il développe la nécessité du vaste plan de réorganisation qu'il a conçu pour son peuple. Troublé par cette première conversation avec Ivan, Philippe affronte ensuite les évêques qui, tous, l'implorent d'accepter sans condition l'offre du tsar. Selon eux, pour le bien de l'Eglise et de la nation, le métropolite doit se garder d'irriter le monarque par ses remontrances et employer la douceur afin de le mieux convaincre. Après avoir réfléchi, Philippe se range à leurs raisons, non par orgueil, mais par esprit de sacrifice. On rédige un acte aux termes duquel le métropolite renonce par avance à critiquer les agissements des *opritchniks* et promet de ne jamais abandonner son siège en signe de protestation contre la conduite du tsar. Le domaine temporel échappe par là même à sa compétence et le domaine spirituel voit son champ singulièrement rétréci. La cérémonie du sacre a lieu en présence du tsar, de ses deux fils, du prince Vladimir Andréïevitch, des archevêques et des évêques. Dans son discours pastoral, Philippe recommande à Ivan de redevenir le père de ses sujets, de se méfier des flatteurs qui se pressent autour du trône, de faire régner la justice dans son pays et de préférer un « amour sans armes » aux « triomphes de la guerre ».

Sur le moment, le tsar paraît attendri par les paroles du métropolite. Mais l'embellie est de courte durée. Retiré dans son antre d'Alexandrovskaïa Sloboda, il est repris par le poison du

doute. Philippe n'est-il pas dans la main des boyards ? N'est-ce pas
pour leur obéir qu'il a osé demander la dissolution de l'*opritchnina* ? L'imagination d'Ivan repart au galop. Comme pour le
confirmer dans l'idée d'un vaste complot, il reçoit communication
de plusieurs lettres que Sigismond-Auguste a adressées à des
boyards de la *ziemchtchina* afin de les inciter à se rebeller contre le
tsar. Sans doute le roi de Pologne pense-t-il que le nombre des
nobles mécontents est assez grand pour déclencher une guerre
civile ! Ce sont les destinataires mêmes de ces messages secrets qui,
saisis d'effroi, les ont remis spontanément à leur souverain comme
un gage de fidélité. Parmi eux, les princes Bielski, Mstislavski,
Vorotynski, ainsi que le grand écuyer Fedorov. Ivan dicte lui-
même à ses boyards une réponse ironique à Sigismond-Auguste.
Après s'être élevés contre cet appel honteux à la trahison, les
correspondants du roi de Pologne se déclarent prêts à rejoindre sa
cour, s'il donne à leur tsar « toute la Lituanie, toute la Russie
Blanche, la Galicie, la Prusse, la Volhynie et la Podolie ». Le vieux
prince Fedorov écrit même, par ordre de son maître : « Comment
avez-vous pu imaginer qu'ayant un pied dans la tombe je voudrais
perdre mon âme immortelle par une infâme trahison ? Et qu'irais-
je faire auprès de vous ? Je ne suis plus en état de conduire des
légions, je n'aime point les festins, je n'ai pas appris vos danses et
j'ignore l'art de vous amuser. »

Ayant ainsi réglé la question dans la dignité et la bonne humeur,
Ivan se repent bientôt d'avoir été trop magnanime. Si le roi de
Pologne a écrit à certains boyards, c'est qu'il les savait capables de
prêter une oreille complaisante à ses propositions. Son but, à n'en
pas douter, était de soulever la *ziemchtchina* contre l'*opritchnina*, de
détrôner le tsar et d'installer quelqu'un d'autre à sa place. Mais
qui ? Pourquoi pas précisément le vieux Fedorov, homme fidèle
aux anciens usages, revêtu depuis dix-neuf ans de la dignité de
grand écuyer et entouré d'estime par tous ceux qui soupirent après
les temps révolus ? Oui, oui, c'est lui, à coup sûr, le chef de la

conspiration. Un jour, en présence de toute la cour, Ivan oblige
Fedorov à revêtir son propre manteau, place la couronne sur sa
tête, le fait asseoir sur le trône et, s'inclinant devant lui, prononce
d'une voix forte : « Salut, grand tsar de Russie ! Tu reçois de moi
l'honneur que tu ambitionnais ! » Fedorov, ahuri, ne sait quelle
contenance prendre. Autour de lui, quelques boyards, croyant à
une farce, éclatent de rire. Mais Ivan, lui, ne rit pas. Poursuivant
son discours, il déclare : « De même que j'ai eu le pouvoir de te
faire tsar, de même j'ai celui de te précipiter du trône. » Et, levant
son poignard, il le lui plante jusqu'à la garde dans la poitrine.
Fedorov s'écroule. Les *opritchniks* se ruent sur lui, l'achèvent
sauvagement, traînent son cadavre hors du palais et l'abandonnent
aux chiens. La femme de Fedorov est également égorgée. On
déniche sans peine quelques prétendus complices qui sont aussitôt
exécutés. Les princes Bielski, Mstislavski et Vorotynski échappent,
on ne sait trop pourquoi, à la vengeance du souverain. Mais trois
princes Rostovski paient pour les autres. L'un d'eux, *voïévode* à
Nijni-Novgorod, voit arriver dans l'église où il est en prière trente
opritchniks qui lui intiment, au nom du tsar, l'ordre de les suivre.
Ils le dépouillent de ses vêtements et le conduisent, entièrement
nu, à vingt verstes de la ville, au bord de la Volga. Là, l'un d'eux le
décapite et on jette son corps dans le fleuve. La tête est apportée à
Ivan. Il la repousse du pied et dit avec un sourire haineux : « Il
aimait naguère se baigner dans le sang des ennemis, sur le champ
de bataille ; il s'est enfin baigné dans le sien propre. » Le prince
Pierre Tcheniatov, qui s'est réfugié dans un monastère, y est
rejoint et mis à la torture. On le grille lentement sur un plat à rôtir
et on lui enfonce des aiguilles sous les ongles. Ivan Pronski, général
glorieux, est noyé. Tioutine, trésorier d'Etat, est haché en
morceaux avec sa femme, ses deux filles et ses deux fils en bas âge.
Le supplice est conduit par le prince circassien, frère de la tsarine.
D'autres familles éminentes subissent le même sort. Les *opritchniks* pillent ensuite les maisons et les villages de leurs victimes.

Les femmes du peuple sont violées avant d'être mises à mort. Des
cadavres gisent un peu partout, aux carrefours, nul n'osant donner
une sépulture chrétienne aux « ennemis du tsar ». La plupart sont
nus, car on les a dépouillés avant le massacre, pour éviter que le
sang ne souille les vêtements, partie importante du butin. Certains
sont défigurés, méconnaissables. Les habitants de Moscou se
terrent dans leurs maisons et tremblent en écoutant les hurlements
et les rires des bourreaux qui, dehors, pourchassent leurs proies,
les poignardent, les piétinent, les achèvent. Témoin de ces
désordres sanglants, le métropolite Philippe, impuissant et désespéré, ne peut qu'exhorter le tsar à la clémence. Il n'est pas écouté.
Bientôt Sa Majesté refuse même de le recevoir.

Un dimanche, à l'heure de la messe, Ivan pénètre dans la
cathédrale de l'Assomption, vêtu d'un froc et coiffé d'un haut
bonnet. Un grand nombre d'*opritchniks,* eux aussi habillés en
moines, l'entourent. Philippe, qui les a vus entrer, ne se porte pas
à leur rencontre et continue à célébrer l'office divin. Alors, le tsar
se dirige vers lui et demande sa bénédiction. Le métropolite ne
bronche pas. Stupéfaits, les *opritchniks* murmurent. L'un d'eux
s'écrie : « Saint-Père, Sa Majesté attend ta bénédiction ! »

Abaissant son regard vers le tsar costumé en religieux, Philippe
dit : « Dans cet accoutrement étrange, je ne reconnais plus mon
souverain. Je ne le reconnais pas davantage dans ses actes... O
prince ! nous offrons en ce lieu des sacrifices au Seigneur, et,
derrière l'autel, le sang de chrétiens innocents coule à grands flots.
Jamais depuis que le soleil a commencé de briller dans les cieux on
n'a vu un monarque, éclairé de la vraie foi, déchirer aussi
cruellement son peuple. Chez les païens eux-mêmes, il y a une loi,
une justice, de la compassion pour les hommes. Il n'en existe point
en Russie. Les biens, la vie des citoyens n'ont plus de garanties, on
ne voit que meurtres, que brigandages, et tous ces crimes se
commettent au nom du tsar. Quelque élevé que tu sois sur le trône,
il y a un être suprême, notre Juge et le tien ! Comment paraîtras-tu

devant son tribunal, couvert du sang des justes, étourdi par leurs hurlements de douleur, car les pierres de cette cathédrale, que tu foules aux pieds, crient vengeance au ciel. O prince, je te parle comme le pasteur des âmes et je ne crains que Dieu ! »

Tremblant de colère, Ivan frappe les dalles de son épieu ferré et s'écrie : « Misérables moines, je vous ai trop épargnés jusqu'à ce jour, rebelles que vous êtes ! Désormais, je serai tel que vous me représentez ! » Et il sort de l'église, suivi de ses tueurs. Mais, n'osant encore s'attaquer directement au métropolite, il se contente de faire arrêter et torturer quelques membres du clergé. Ses *opritchniks* élargissent vite le champ des représailles. Au mois de juillet 1568, à minuit, les favoris d'Ivan, Athanase Viazemski, Maliouta-Skouratov, Griaznoï, à la tête d'une troupe d'*opritchniks*, font irruption dans quelques riches demeures de boyards et de négociants, enlèvent les femmes connues pour leur beauté et les conduisent hors de la ville. Au lever du soleil, ils sont rejoints par le tsar qui choisit les plus séduisantes prisonnières pour les violer lui-même. Les autres sont livrées à ses fidèles officiers. On s'amuse encore un peu à brûler des métairies et à saigner des bêtes à cornes. Puis, toute la compagnie rentre à Moscou, les femmes sont ramenées chez elles et « plusieurs, dit le chroniqueur, moururent de honte et de douleur [1] ».

A quelques jours de là, le 28 juillet 1568, le tsar et ses sbires se trouvent au couvent de la Sainte-Vierge, tandis que Philippe célèbre l'office divin. Avisant un *opritchnik* coiffé d'une calotte, le métropolite reproche au tsar de tolérer qu'un de ses hommes reste couvert dans la maison de Dieu. C'en est trop ! Ivan décide d'ouvrir le procès de Philippe. Il envoie des émissaires au monastère de Solovetsk pour y recueillir quelques révélations sur l'hypocrisie et l'impureté de son « ennemi ». La plupart des moines, sincèrement acquis à leur ancien abbé, le citent comme un

---

1. Cf. Karamzine, citant les *Mémoires* de Taube et Kruse.

modèle de sainteté. Mais le nouvel abbé, remplaçant de Philippe,
un certain Païsii, guidé par l'espoir de devenir évêque, consent à
accuser son prédécesseur. On le fait venir à Moscou. Devant un
tribunal composé du tsar, des évêques et des boyards, il répète ses
calomnies avec une tranquille assurance. Dédaignant de se justifier, Philippe se contente de lui dire que « le mauvais grain ne
rapportera pas d'heureux fruits ». Et il veut renoncer à sa charge.
« Mieux vaut périr martyr innocent que de souffrir en silence, dans
la dignité de métropolite, les horreurs, les impiétés de ce malheureux temps, déclare-t-il. Agissez comme il vous plaira à mon égard.
Voici le bâton pastoral, voici la mitre blanche et le manteau,
marques d'honneur dont vous m'avez revêtu ! » Mais le tsar ne
l'entend pas de cette oreille. « Tu ne saurais te juger toi-même ! »
lui réplique-t-il. Et il lui ordonne de reprendre ses ornements et de
continuer à célébrer la messe comme par le passé, jusqu'au
prononcé de la sentence.

Le 8 novembre 1568, jour de la Saint-Michel, des *opritchniks* en
armes se ruent dans la cathédrale de l'Assomption alors que
Philippe, en habits sacerdotaux, officie devant une foule considérable. Alexis Basmanov, interrompant la liturgie, brandit un papier
et lit à haute voix le jugement qui dépouille le métropolite de ses
fonctions. Aussitôt, les *opritchniks* arrachent les vêtements du
pontife, lui passent un froc déchiré, le chargent de fers, le chassent
de l'église à coups de balai et le conduisent en traîneau au couvent
de l'Epiphanie. Le peuple, terrorisé, court, pleurant et criant,
derrière l'attelage, et s'assemble devant le monastère dans l'attente
d'un miracle. Mais le miracle ne se produit pas. Philippe, reconnu
coupable de sorcellerie, est condamné à la prison perpétuelle. Il
conjure une dernière fois Ivan d'avoir pitié de la Russie. Tout ce
qu'il obtient, c'est une aggravation du traitement qui lui est
réservé. Tandis qu'il se meurt de faim et de froid, enchaîné dans
son cachot, des pèlerins de plus en plus nombreux se pressent
autour du monastère Saint-Nicolas, au bord de la rivière Moskva,

où il a été transféré. Les yeux fixés sur les hautes murailles, ces gens simples sentent une sorte de rayonnement spirituel pénétrer leur âme. Ils se recueillent devant le refuge d'un « saint vivant » qui se sacrifie pour la foi. Croyant se débarrasser d'un gêneur, Ivan constate qu'il a créé un martyr. Il ne peut le tolérer et fait éloigner Philippe, qui se retrouve au monastère d'Otrotch, dans le gouvernement de Tver. Après quoi, on élit un autre métropolite, Cyrille, homme faible et conciliant.

Philippe n'étant plus dangereux, Ivan se radoucit. Justement, il prépare une expédition punitive contre Novgorod. La bénédiction du vieillard serait, pense-t-il, du meilleur effet sur les troupes. Il envoie Maliouta-Skouratov, son favori le plus brutal et le plus sadique, au monastère d'Otrotch pour obtenir que le prisonnier appelle la grâce de Dieu sur l'entreprise de Sa Majesté. Philippe prie dans sa cellule quand l'émissaire du tsar se présente. Du premier regard, il devine, devant ce mufle de brute, le danger qui le menace. Maliouta-Skouratov lui répète, mot pour mot, l'exigence du souverain. Sans se démonter, le prêtre refuse avec hauteur de s'associer à une nouvelle action de violence. « Je ne bénis, dit-il, que les gens de bien et pour les bonnes œuvres. Depuis longtemps, j'attends la mort. Que la volonté du souverain s'accomplisse. » Alors, Maliouta-Skouratov, ivre de rage, bondit sur lui, crispe ses deux mains sur son cou et l'étrangle. Puis, il déclare à l'abbé que Philippe est mort dans sa cellule « asphyxié par la chaleur ». Les religieux, apeurés, se taisent, et Ivan estime que, tout compte fait, cet assassinat est dans la ligne de sa politique. Donc, pas question pour lui de blâmer Maliouta-Skouratov. Pour bien marquer son approbation, il envoie même au supplice quelques parents du défunt [1].

1. Après la mort d'Ivan, la dépouille de Philippe sera déposée au monastère de Solovetsk. En 1652, le métropolite déchu sera canonisé et ses restes transportés dans la cathédrale de l'Assomption, à Moscou.

Le 1ᵉʳ septembre 1569, Moscou apprend avec stupeur la mort de
la tsarine Marie, seconde épouse d'Ivan. Sans doute a-t-elle été
empoisonnée. Par qui ? Tous les soupçons se portent sur le tsar
qui, depuis longtemps, s'est détaché de sa femme. Ne jouant
aucun rôle à la cour, elle n'en a pas moins encombré la vie du
monarque. Il la trompait avec des filles de rencontre, mais ne
supportait plus de la voir dans son palais. En outre, elle le gênait
dans ses projets de mariage anglais. Une pincée de poudre ou
quelques gouttes d'une savante mixture, et la voie devant lui est
libre. Cependant, autour du tsar, on tremble en attendant de savoir
qui il accusera. Les boyards feignent une affliction profonde et
revêtent des habits de deuil, qui consistent en des pelisses de
velours ou de damas sans ornements d'or. Après les funérailles, qui
ont lieu à Moscou, Ivan se retire, une fois de plus, dans la mauvaise
solitude d'Alexandrovskaïa Sloboda sans avoir désigné de coupable. Là, au milieu de ses *opritchniks,* il passe en revue, par la
pensée, les grands de son empire et se demande lequel envoyer à la
mort. De tous les conspirateurs d'autrefois, un seul demeure en
place, son cousin, le prince Vladimir Andréïevitch. Ivan lui a
pardonné, six ans auparavant. Un tel sursis lui paraît aujourd'hui
immérité. Il est temps d'en finir avec ce personnage somptueux
qui, jadis, a voulu usurper le trône. Pourtant, Ivan ne l'accusera
pas d'avoir empoisonné la tsarine. Non, crime plus grave, il
prétendra que Vladimir Andréïevitch a soudoyé l'un des cuisiniers
du palais pour empoisonner le tsar lui-même. Le prince est appelé,
avec sa famille, à Alexandrovskaïa Sloboda. En présence d'Ivan, le
cuisinier répète qu'il a reçu cinquante roubles en argent pour
répandre une certaine poudre dans les aliments de Sa Majesté.
Vladimir Andréïevitch, sa femme Eudoxie et ses deux jeunes fils
tombent aux pieds du souverain, protestent de leur innocence et
demandent à entrer dans un couvent. « Traîtres, s'écrie le tsar,
vous m'aviez préparé du poison ; eh bien, vous allez le boire ! » Et
il fait apporter une coupe pleine d'un breuvage mortel. Le prince

hésite à la prendre, mais sa femme lui dit avec fermeté : « Mieux
vaut encore mourir de la main du tsar que de la main du
bourreau. » A ces mots, Vladimir Andréïevitch fait ses adieux à
son épouse, bénit ses fils et trempe ses lèvres dans la coupe.
Eudoxie et les deux garçons l'imitent. Tous les quatre se mettent à
prier, tandis que le poison accomplit son œuvre. Ivan assiste à leurs
dernières convulsions. Puis il appelle les suivantes de la princesse
et, comme elles se lamentent devant les cadavres, il donne l'ordre
de les mettre nues et de les fusiller. Pour faire bonne mesure, il
exige également que le cuisinier délateur, dont le témoignage a été
si utile, soit, lui aussi, passé par les armes et que la mère de
Vladimir Andréïevitch, l'ambitieuse princesse Euphrosine, depuis
longtemps retirée du monde sous l'habit de religieuse, soit noyée
dans la rivière [1].

A la grande surprise d'Ivan, la mort de Vladimir Andréïevitch et
de sa famille excite une compassion générale. Personne n'ajoute foi
à la fable de l'attentat contre la vie du monarque. On ne voit, dans
l'exécution du prince, qu'un odieux fratricide, inspiré par la haine
plutôt que par le soupçon. Cependant, le tsar ne se soucie guère de
l'opinion publique. Pour lui, écouter la voix des autres, c'est déjà
ne plus régner. Il ne s'appuie pas sur le peuple, il s'appuie sur
Dieu. Et Dieu n'est pas à ses yeux un juge mais un partenaire.
Peut-être même un complice. Plus il avance en âge, plus il se
persuade de l'importance des rites. Sa religion est méticuleusement
formaliste. Il ne doute pas de l'effet magique des signes de croix,
des génuflexions et des aspersions d'eau bénite sur un Dieu assoiffé
d'hommages. Pour obliger le Très-Haut à céder, il suffit de
l'implorer dans les règles. D'ailleurs l'observance pointilleuse de ce
cérémonial procure à Ivan un plaisir quasi sensuel. Il aime prier

---

1. Taube et Kruse : *Mémoires.* Confirmé par l'ambassadeur danois Ulfeld, qui
arriva en Russie en 1578.

comme il aime posséder une femme. L'extase mystique et l'extase
charnelle se complètent en lui et parfois se confondent. Ses narines
sont également flattées par le parfum de l'encens et par l'odeur de
la peau moite. Il suffit qu'il éprouve une volupté quelconque avec
intensité pour y déceler l'approbation ou même la volonté expresse
du Créateur. Dans ce tête-à-tête permanent entre Dieu et le Tsar,
l'Eglise joue un rôle tout à fait secondaire. Elle n'est là que pour
apostiller les messages allant du trône au Ciel et du Ciel au trône.
Encore, bien souvent, Ivan se passe-t-il de cet intermédiaire
solennel pour converser directement et familièrement avec l'Eter-
nel. Son alliance avec Dieu n'est jamais attestée avec plus d'éclat
que le dimanche des Rameaux. Ce jour-là, selon la tradition, toute
la population de Moscou se rassemble, avant la messe, au Kremlin.
Un traîneau glisse dans les rues, portant un arbre auquel sont
suspendus des fruits divers, principalement des pommes. Cinq
jeunes garçons, vêtus de blanc, se tiennent sous les branches et
chantent des prières. D'autres, brandissant des cierges et des
lanternes, emboîtent le pas à l'attelage. Viennent ensuite, au milieu
d'une forêt de bannières et d'images saintes, plus de cent prêtres
en habits sacerdotaux scintillants d'or et de pierreries, les boyards
et les notables. Enfin, dans un nuage d'encens, apparaît le
métropolite, monté sur un âne à la housse blanche. Dans sa main
gauche, il tient un Evangile relié en or ; de sa main droite, il bénit
le peuple. Le tsar s'avance à pied, près de lui, tenant avec
déférence la bride de la monture. Ainsi, aux yeux de tous, Ivan
se pose en fidèle pénitent de l'Eglise, alors qu'en réalité le
nouveau métropolite tremble sous sa superbe chasuble de connaître un jour le sort de Philippe l'ancien. Dans le peuple, nul
n'ignore lequel du prélat ou du tsar détient la puissance sur
l'autre. La foule se prosterne à la fois devant le pouvoir céleste
et devant le pouvoir terrestre. Ayant fait le tour des principales églises du Kremlin, la procession revient à la cathédrale

Terrible fait saisir et mettre à mort l'un de ses conseillers. D'après une miniature du XVIᵉ siècle. Collection Viollet.

Massacre des habitants de Novgorod en 1570. Photo Collection Viollet.

de l'Assomption, où le métropolite officie lui-même. Après le service religieux, il offre un banquet au tsar et aux boyards. Et la représentation symbolique de l'entrée de Jésus à Jérusalem s'achève en ripaille.

CHAPITRE XII

LE MARTYRE DE NOVGOROD

Poussé toujours plus loin par le désir de démontrer sa toute-puissance, Ivan ne peut plus se contenter de châtier des individus, il lui faut châtier des villes. Depuis longtemps, il est irrité par la prétention de Novgorod-la-Grande et de Pskov. Les habitants de ces deux importantes cités, récemment réunies à la Couronne [1], se souviennent encore du temps où elles étaient indépendantes et trafiquaient à leur guise avec les Lituaniens et les Suédois. Les guerres du Nord, menées par le tsar, ont compromis ce commerce, les marchands britanniques ont obtenu des privilèges exorbitants et les incursions des *opritchniks* dans le pays ont semé la panique parmi une population jalouse de ses dernières libertés. Sentant bouillonner le mécontentement dans cette partie de l'empire, Ivan commence par prendre des otages pour garantir la bonne conduite des deux villes : au printemps de l'année 1569, on transporte de force à Moscou cinq cents familles de Pskov et cent cinquante de

1. Novgorod a été conquis en 1471, puis en 1478 par le grand-duc Ivan III, grand-père d'Ivan le Terrible, et Pskov en 1510 par le grand-duc Vassili III, père d'Ivan le Terrible.

Novgorod. Ceux qu'on arrache ainsi à leurs maisons se lamentent d'être exilés, ceux qu'on y laisse tremblent dans l'attente d'événements plus terribles encore. Quelques mois plus tard, un repris de justice, nommé Pierre, originaire de Volhynie, sort de prison, à Novgorod, et médite une vengeance contre les habitants qui l'ont condamné. Sachant qu'Ivan est fortement prévenu contre eux, il rédige, sous le nom de l'archevêque de Novgorod et des notables, une lettre à Sigismond-Auguste selon laquelle toute la population, excédée par les mauvais traitements du tsar, serait prête à se soumettre à la Pologne. Cette lettre, il la cache derrière l'icône de la Vierge, dans la cathédrale Sainte-Sophie. Puis, il se rend à Moscou et dénonce la prétendue conspiration. Ordre est aussitôt donné de rechercher la missive criminelle à l'emplacement désigné. Elle y est découverte, bien entendu, et les signatures de l'archevêque Pimène et de nombreux magistrats sont déclarées authentiques. Ivan trépigne de joie : il tient enfin son prétexte.

Au mois de décembre 1569, il quitte Moscou à la tête de l'armée, avec ses *opritchniks* et mille cinq cents *strélitz*, pour une expédition punitive. Son cœur bat d'allégresse comme à la perspective d'une partie de plaisir. Il est accompagné de son fils aîné, Ivan, âgé de quinze ans, qui, élevé dans un climat de cruauté, partage avec son père le goût des voluptés grossières et du sang répandu. Pour cet adolescent, la torture est une distraction comme la chasse. Aucune notion de remords ne s'attache dans son esprit à la violence perpétrée contre un homme sans défense. Certains êtres sont, pense-t-il, destinés à être des victimes et d'autres des bourreaux. Tout dépend de la catégorie où Dieu vous a fait naître.

En route vers Novgorod, les bandes armées se divertissent en massacrant les habitants de Kline, auxquels on ne peut pourtant reprocher de s'être vendus au roi de Pologne. A Tver, le tsar prie cinq jours dans un monastère, pendant que les *opritchniks* vont de maison en maison, torturant qui bon leur semble. Le même sort attend Mednoïé, Torjok, Vichnii, Valdaï... Toutes les villes russes qui séparent Moscou de Novgorod sont châtiées. On tue même les paysans rencontrés sur la route, sous le prétexte que l'expédition d'Ivan doit demeurer « secrète ». Après le passage des « punisseurs », il ne reste que des murs calcinés, des monceaux de cadavres, des pendus à des branches d'arbres, du bétail éventré.

Le 2 janvier 1570, l'avant-garde de l'armée arrive sous les murs de Novgorod. C'est une ville belle, opulente, très peuplée, fière de ses traditions européennes. Les soldats commencent par élever autour d'elle de hautes palissades pour que personne ne puisse s'en échapper. Les églises sont fermées à clef afin que nul n'y cherche refuge. Les moines doivent évacuer leurs monastères dont on scelle les portes derrière eux. Les notables et les marchands sont consignés dans leurs demeures. On arrête tous les fonctionnaires et tous les membres du bas clergé. Les ecclésiastiques, en grand nombre, sont parqués dans un enclos et sommés de payer une rançon de vingt roubles par tête. Ceux qui sont dans l'impossibilité de verser cette somme recevront chaque jour la bastonnade. Dans la ville morte, les habitants ignorent toujours les raisons de cette répression et attendent, avec angoisse, l'arrivée du tsar.

Le 6 janvier, jour de l'Epiphanie, il s'arrête avec sa troupe à deux verstes de Novgorod. Le lendemain, sur son ordre, on met à mort tous les religieux qui n'ont pu payer l'amende. Assommés à coups de massue, ils sont transportés dans leurs monastères respectifs pour y être enterrés. Le 8 janvier, le tsar, avec son fils et sa suite, pénètre dans la ville déserte et silencieuse. L'archevêque Pimène l'attend, avec les croix et les icônes, sur le grand pont du Volkhov. Au lieu d'incliner la tête, Ivan refuse la bénédiction du prélat et s'écrie : « Homme impie, ce n'est pas la croix vivifiante que je vois entre tes mains, c'est une arme meurtrière que tu veux m'enfoncer dans le cœur. Je connais tes perfides projets et ceux de cette vile population. Je sais que vous êtes prêts à me livrer à Sigismond-Auguste ! Dès ce moment, tu n'es plus à mes yeux le pasteur des chrétiens, mais un loup carnassier, un fauve, un

misérable acharné contre la couronne du Monomaque! » Il
ordonne ensuite à l'archevêque de regagner la cathédrale Sainte-
Sophie avec la procession. Lui-même s'y rend en compagnie de son
fils et, après avoir tonné contre Pimène, l'écoute patiemment
célébrer la messe. Ses génuflexions et ses signes de croix sont d'un
dévôt exemplaire. Aurait-il oublié son accès de fureur? Serait-il
sur le point de pardonner? Déjà les prêtres qui entourent le
vénérable Pimène reprennent timidement espoir. Après l'office,
Ivan accepte de dîner au palais de l'archevêché. A table, ses
boyards devisent gaiement avec les membres du clergé. Au milieu
du repas, le tsar se dresse et pousse un cri effroyable. Aussitôt, les
opritchniks se ruent dans la salle, saisissent Pimène, le dépouillent
de ses vêtements sacerdotaux, ligotent les autres prêtres et les
domestiques et les entraînent tous en prison. Puis, ils pillent la
maison de l'archevêque et dévastent la cathédrale Sainte-Sophie,
enlevant les trésors et les vases sacrés.

Dès le lendemain, Ivan s'attelle allègrement à son œuvre de
justice. Chaque jour, on amène devant lui et son fils, sur la grande
place, un millier d'habitants, notables, marchands ou simples
citoyens. Pas d'interrogatoire, pas d'audition de témoins, pas de
plaidoirie, pas de jugement. Du seul fait que ces gens sont de
Novgorod, la maudite, ils sont coupables. Par raffinement, on
torture les maris devant les épouses, les mères devant les enfants.
On knoute, on brise les membres, on coupe les langues, on taillade
les narines, on émascule, on brûle les corps à petit feu. Puis,
saignants et rompus, les malheureux sont attachés par la tête ou les
pieds à des traîneaux, qui descendent à vive allure vers le Volkhov,
jusqu'à un endroit où la rivière ne gèle pas, même en plein hiver.
Là, on les précipite dans l'eau glacée par familles entières, les
femmes avec leurs maris, les mères avec leurs enfants à la mamelle.
Ceux qui surnagent sont achevés à coups de lances, de pieux, de
haches par les *opritchniks* montés sur des barques. Ce massacre
méthodique dure cinq semaines. Ivan et son fils ne se lassent pas

du spectacle. Selon le tsar, rien n'est plus instructif pour un esprit curieux des mystères humains que les réactions d'une victime sans défense aux prises avec la douleur et la mort. Même pour un familier des chambres de torture, le plaisir est toujours inédit. Sous l'effet de la souffrance, les visages habitués à feindre l'indifférence, la morgue, la courtoisie, le courage se disloquent. Les masques tombent. La bête apparaît derrière l'homme. C'est aussi excitant que le déshabillage d'une vierge qui se débat et crie. Les suppliciés se tordent, hurlent, grimacent, oublient toute dignité. Coupables ou innocents se valent. Vous pouvez d'un mot arrêter leurs tourments. Et vous ne le faites pas. Et la jouissance en vous augmente à mesure que l'autre est ravalé au plus bas. Tendons d'un blanc nacré, viscères bleuâtres, humeurs vertes et glaireuses, et, par-dessus tout ça, la giclure joyeuse du sang et son odeur chaude, fade, grisante, irremplaçable ! Quelle meilleure préparation à l'amour ou à la prière ? Ayant roué de coups, écorché, tenaillé, écartelé, rôti, on s'enfonce dans la femme ou en Dieu avec une vigueur nouvelle. Ainsi, après chaque série d'exécutions, Ivan et son fils se retrouvent à l'église dans des dispositions pieuses et apaisées. La boucherie et l'office divin se complètent. Le nombre total des victimes s'élèvera à quinze mille selon Kourbski, à dix-huit mille selon la *Troisième Chronique de Novgorod,* à vingt-sept mille selon Taube et Kruse, à soixante mille selon l'auteur de la *Première Chronique de Pskov.* Le Volkhov est encombré de cadavres et ses flots charrient du sang et des débris humains jusqu'au lac Ladoga.

Non content d'exterminer la population de Novgorod, Ivan fait procéder à un pillage en règle. On dirait que, saisi d'une rage incontrôlable, il veut ruiner l'une des plus grandes villes de son pays pour l'empêcher d'égaler Moscou. Parcourant les rues, il encourage ses *opritchniks* qui assiègent les maisons et les magasins, enfoncent les portes, escaladent les fenêtres, se disputent autour des monceaux d'étoffes et de fourrure, de vaisselle et d'icônes.

Toutes les églises sont dévastées. Sous la conduite du tsar, le
« châtiment » déborde sur la campagne environnante dans un
rayon de deux cent cinquante verstes[1] : fermiers assassinés,
maisons incendiées, bétail sacrifié, greniers à grains brûlés,
l'ampleur de la destruction donne à Ivan la mesure de son génie.

Enfin, le 12 février, lundi de la seconde semaine du grand
carême, au lever du soleil, il ordonne qu'on lui amène un survivant
de chaque rue. Ils paraissent, hâves, haillonneux, exténués d'horreur et de désespoir, attendant le coup de la mort. Mais le tsar
qu'ils ont devant eux a un visage de mansuétude. Il émerge
ragaillardi, rajeuni de son bain de sang. « Habitants de Novgorod
qui avez conservé la vie, dit-il avec douceur, priez Dieu pour qu'il
nous accorde un règne heureux, priez pour que l'armée du Christ
triomphe de ses ennemis visibles et invisibles. Que Dieu juge votre
archevêque Pimène et ses abominables complices. C'est sur eux
que doit retomber le sang qui a coulé en ces lieux. Maintenant, que
les pleurs et les gémissements cessent... Retournez en paix dans
vos maisons ! » A la suite de ce discours, l'archevêque Pimène,
monté sur une jument blanche, couvert de loques et tenant dans
ses mains une musette et un tambour, est promené dans la ville
comme un histrion. Sur son passage, les rares badauds, stupéfaits
de honte, courbent la tête et se signent. Après cette parade, on le
transfère, sous escorte, à Moscou.

Ivan, lui, quitte Novgorod et se dirige avec son armée alourdie
de butin vers la seconde ville coupable, Pskov. L'aventurier
allemand Heinrich von Staden, enrôlé dans les *opritchniks,* se
vantera d'être entré dans Novgorod avec un seul cheval et d'en être
sorti suivi de quarante-neuf montures et de vingt-deux chariots
chargés de richesses pillées[2]. En apprenant que le tsar approche de

1. Jamais Novgorod ne se relèvera du massacre de 1570. Elle restera une cité
secondaire, pauvre et peu peuplée.
2. *Mémoires* de Heinrich von Staden.

leur cité, les Pskoviens, glacés de terreur, se précipitent dans les églises. A minuit, les cloches tintent lugubrement. Est-ce un signal de bienvenue ou le tocsin ? Du couvent Saint-Nicolas, à Loubatov, où il s'est arrêté, le tsar entend cette sonnerie profonde et, dit-on, son cœur en est touché. Le lendemain, à son entrée dans la ville, il découvre, devant chaque maison, une table dressée et les habitants, à genoux, lui présentent le pain et le sel de l'hospitalité. Leur porte-parole lui dit, les larmes aux yeux : « Dispose de notre vie et de nos biens, car tout ce que nous possédons est à toi, ainsi que nos personnes ! » Ce langage plaît à Ivan et il pénètre dans l'église de la Trinité pour entendre un *Te Deum*. En sortant, il décide de rendre visite à la cellule d'un moine illuminé, Nicolas. Il se trouve devant un homme à demi nu, décharné, l'œil fou, la barbe hirsute, une chaîne autour du cou, qui, le toisant avec arrogance, lui tend un morceau de viande crue. « Je suis chrétien, lui dit le tsar, je ne mange pas de viande pendant le grand carême. » L'anachorète réplique avec force : « Tu fais pis : tu te nourris de sang et de chair humaine, oubliant non seulement le carême, mais Dieu lui-même. » Et il prédit au tsar qu'il sera frappé par la foudre céleste s'il touche à un seul cheveu d'un enfant de Pskov. Entre-temps, le ciel s'est couvert de nuages noirs. Le tonnerre roule au loin. Le thaumaturge aurait-il raison ? Sur le point de transpercer Nicolas avec son épieu ferré, Ivan se ravise. Il a osé porter la main sur un archevêque et laissé étrangler un métropolite, mais ce fou du Christ lui en impose. Dieu ne s'exprime-t-il pas plus volontiers par la bouche des simples d'esprit que par celle des prélats ? Il faut craindre comme le feu ces intercesseurs haillonneux et bégayants. Prudemment, Ivan ordonne à son armée d'évacuer la ville. On se contentera de piller un peu les faubourgs. Quelques jours plus tard, le tsar et ses hommes reprennent le chemin de Moscou. Derrière eux, le peuple, miraculeusement épargné, se rue dans les églises. Des forêts de cierges s'allument sous les icônes. L'encens

fume. Mille prières montent vers Dieu pour célébrer le courage du
moine Nicolas qui a sauvé la ville.

Ivan s'offre le luxe d'organiser à Moscou un retour qui tient du
triomphe et de la mascarade. Pour égayer le peuple, il se fait
précéder par un de ses bouffons juché sur un bœuf. Mais, après
avoir ri des contorsions du pitre, les badauds découvrent avec
angoisse leur tsar tout-puissant, chevauchant à la tête de ses
opritchniks. Afin de bien montrer qu'il est le chef de cette bande de
tueurs, il porte, lui aussi, à sa selle, les insignes de la confrérie : un
balai et une tête de chien. L'armée le suit, d'un pas martial,
comme si elle revenait d'une campagne victorieuse contre les
Polonais ou les Tatars. Des chariots, transportant le butin ramassé
dans des villes russes, ferment le cortège.

Le premier soin d'Ivan est d'ouvrir une instruction criminelle
contre les prétendus complices des gens de Novgorod et de Pskov.
Le procès dure cinq mois. On met à la torture les prisonniers
ramenés de l'expédition. Brisés par la souffrance, ils avouent tout
ce qu'on veut et accusent n'importe qui de trahison. Ces dénonciations frappent même quelques favoris du tsar. C'en est assez pour
qu'il décide de les faire périr. Ainsi, Athanase Viazemski, homme
cynique et dur, qui, jusqu'à ce jour, a eu toute sa confiance, qui a
goûté pour lui les remèdes prescrits par ses médecins, qui l'a
accompagné dans sa chambre pour recevoir, chaque nuit, ses
confidences, se voit soupçonné soudain d'avoir prévenu les
Novgorodiens du sort qui les attendait. Ivan le convoque au palais
et s'entretient aimablement avec lui des affaires de l'Etat. Pendant
ce temps, sur son ordre, on saccage la maison du prince et on
égorge tous ses serviteurs. Rentré chez lui, le prince, spécialiste
lui-même de ce genre d'exécutions, n'en prend pas ombrage. Il est
sûr de pouvoir, à l'occasion, démontrer à son maître le loyalisme de
ses intentions. Mais, le soir même, il est arrêté et jeté dans un
cachot. Il y retrouve deux autres favoris : Alexis Basmanov et son
fils Fedor, compagnons d'orgie et de violence du tsar. Ivan

Viskovati, membre de la Douma des boyards, Siméon Iakovlev, le trésorier Nikita Founikov, les clercs Vassiliev et Stépanov sont, eux aussi, incarcérés, malgré leurs protestations d'innocence. On les torture, mais on ne les achève pas. Quelque trois cents personnes sont ainsi préparées à une exécution en masse dans la capitale.

Sur la vaste place du Kremlin, des ouvriers installent dix-sept potences, un énorme chaudron plein d'eau suspendu au-dessus d'un tas de fagots, une poêle à frire de la taille d'un homme, des cordes tendues pour scier les corps en deux par frottement. Le 25 juillet 1570, jour fixé pour la grande fête du sang, les Moscovites, épouvantés par ces appareils extraordinaires de torture, n'osent pas se rendre sur les lieux de l'exécution. Eux, si avides habituellement de sensations fortes, se terrent dans leurs maisons. Les boutiquiers désertent leurs magasins. Les rues se vident. Chacun redoute que le tsar ne se venge sur Moscou comme il s'est vengé sur Novgorod. C'est une ville abandonnée qui s'ouvre devant le cortège macabre. Il fait beau et chaud. Un roulement de tambour annonce l'arrivée du tsar. Il s'avance à cheval, en grande tenue, un carquois garni de flèches dorées en sautoir, la selle constellée de perles et d'émeraudes. Son fils aîné l'accompagne. Derrière, marchent en ordre les *opritchniks.* Ils précèdent la lente cohorte des condamnés, au nombre de plus de trois cents, qui se traînent, meurtris, déchirés, ensanglantés, attendant la mort comme une délivrance.

Arrivé au pied des gibets, Ivan s'étonne que la place soit vide. Il a préparé une telle exhibition qu'il lui faut un public pour la commencer. Aussitôt, il ordonne aux gardes de rameuter la population. Impatienté par leur lenteur, il court lui-même dans les rues, appelant à grands cris les Moscovites au spectacle. Pour les encourager, il leur affirme qu'il ne leur sera fait aucun mal. A demi rassurés, les habitants sortent de leurs trous. La foule grossit lentement. Quelques curieux grimpent sur les toits. Lorsque le public lui paraît assez nombreux, Ivan s'écrie : « Gens de Moscou, vous allez voir des tortures, mais ceux que je punis sont des traîtres ! Répondez-moi : mon jugement vous paraît-il juste ? » Docile, la foule hurle : « Vive le tsar ! Que périssent ses ennemis ! » Le tsar frémit de contentement. La grande représentation débute par une distribution de grâces. Une centaine de prisonniers de Novgorod ont la vie sauve. Parmi eux, Pimène, ex-archevêque de la cité martyre : il sera exilé dans un lointain monastère. Athanase Viazemski, lui, ne pourra être exécuté car il est malencontreusement décédé pendant les supplices préliminaires. Alexis Basmanov ne figure pas non plus dans la cohorte des condamnés : Ivan a obligé le jeune Fedor Basmanov à tuer son propre père en prison pour sauver sa tête et Nikita Prosorovski à poignarder pour les mêmes raisons son frère. Après quoi, il leur déclare : « Toi, tu es un parricide ! Et toi, un fratricide ! Vous avez donc tous deux mérité la mort. » Et il fait signe au bourreau de s'emparer d'eux, tandis que les *opritchniks,* égayés par cette bonne plaisanterie, acclament leur souverain, décidément imbattable dans les raffinements de la cruauté.

Un secrétaire du Conseil privé déroule un parchemin et lit les noms des victimes. Le principal prisonnier est le prince Ivan Viskovati. Accusé d'avoir voulu livrer Novgorod à Sigismond-Auguste, d'avoir écrit au sultan pour l'engager à s'emparer d'Astrakhan et de Kazan, d'avoir invité enfin le khân de Crimée à dévaster la Russie, il lève les yeux au ciel et proteste : « Tout ce que je viens d'entendre est un tissu d'atroces calomnies ! Il est inutile que je cherche à me justifier, car mon juge terrestre est sourd aux accents de la vérité ! Mais celui qui règne dans les cieux voit mon innocence ! » Les *opritchniks* s'élancent sur lui, le bâillonnent, le pendent par les pieds et lui taillent la peau en lanières. Le trésorier Founikov est arrosé d'eau bouillante et d'eau glacée « si bien que la peau se détache comme celle d'une anguille ». Les autres sont égorgés, pendus ou débités en morceaux. Sans descendre de cheval, Ivan transperce un vieillard avec son épieu ferré. En l'espace de quatre heures, deux cents hommes sont mis à mort par les *opritchniks*. Fatigués de tuer, les habits éclaboussés de sang, ils acclament le tsar en poussant leur cri de joie : « Hoïda! Hoïda[1]! » Il parcourt la place, examine avec curiosité les cadavres, dont certaines postures lui semblent comiques. Puis il se rend chez la veuve de Founikov, jeune et belle personne, sœur du prince Athanase Viazemski, et exige qu'elle lui révèle où son mari cachait son trésor. Comme elle jure qu'elle l'ignore, il la fait mettre nue devant sa fille, une enfant de quinze ans, et, l'ayant assise de force à califourchon sur une corde tendue, lui inflige le lent supplice du frottement. Selon un contemporain, Jérôme Horsey, le prince Telepnev est empalé et agonise ainsi de longues heures, tandis que, sous ses yeux, des soldats violent sa mère.

A la suite de ces exécutions, Ivan se repose pendant trois jours : le temps d'inhumer les cadavres et de nettoyer la place. Après quoi, on amène de nouvelles victimes. Maliouta-Skouratov, chef des bourreaux, se surpasse dans l'ouvrage. Quatre-vingts femmes de prisonniers sont noyées dans la rivière Moskva. Les corps de leurs époux, atrocement mutilés, gisent en plein air et se décomposent dans la chaleur de juillet, dégageant une odeur pestilentielle. Ivan ordonne à ses *opritchniks* de découper cette viande morte en menus morceaux pour faciliter l'évacuation des restes. Pendant près d'une semaine, les chiens de Moscou se disputent des lambeaux de chair pourrissante. La poussière de la place est imprégnée de sang. En sortant de chez eux, les habitants ont l'impression de pénétrer dans un charnier à ciel ouvert.

Aux massacres en masse, devant la foule assemblée, succèdent des exécutions sommaires, à huis clos. Le *voïévode* Golokhvastov, apprenant qu'il est en danger, se cache dans un monastère, sur les

---

1. Selon Karamzine, cri des Tatars pour exciter les chevaux.

rives de l'Oka. Les *opritchniks* le dénichent et Ivan le fait sauter en
le plaçant sur un baril de poudre à canon. « Les cénobites sont des
anges qui doivent s'envoler au ciel ! » dit-il en riant. Une autre fois,
mécontent d'une plaisanterie du prince Gvozdev, il lui verse sur la
tête une écuelle de soupe bouillante. Le malheureux hurle de
douleur et veut prendre la fuite, mais le tsar lui plante son couteau
dans la poitrine. On appelle sur-le-champ le docteur Arnolphe
Linsey. « Sauve mon bon serviteur, lui dit Ivan. J'ai plaisanté avec
lui un peu trop rudement. » « Si rudement, répond Arnolphe
Linsey, que Dieu seul peut lui rendre la vie. Il ne respire plus. » A
quelque temps de là, toujours à table, le tsar tranche par jeu
l'oreille du *voïévode* Boris Titov. Celui-ci, sans changer de visage,
remercie Sa Majesté de cette « gracieuse punition », et lui souhaite
un heureux règne. Dans une autre occasion, alors qu'Ivan sort de
dîner pour assister à la torture de quelques prisonniers livoniens,
l'un d'eux, le gentilhomme Bykovski, lui arrache son épieu et veut
l'en percer lui-même. Vif comme l'éclair, le tsarévitch détourne le
coup et poignarde l'assaillant. Ivan est content de son fils : avec un
gaillard de cette trempe, dur, courageux, rapide, il est sûr que sa
succession sera dignement assurée. Tous deux communient dans le
vin, le stupre et le sang. Il suffit que le jeune homme paraisse aux
côtés de son père pour enlever aux Russes jusqu'à l'espoir d'un
règne plus doux dans l'avenir. Parfois, avisant quelques citoyens
paisibles assemblés sur la place, ils s'amusent à lâcher des ours
furieux dans la foule. La fuite éperdue des Moscovites, leurs cris,
leur combat maladroit et inégal contre les bêtes féroces sont un
régal pour ces deux amateurs de farces. Quand la souffrance
devient comique, le sommet du plaisir est atteint.

Ce qui fortifie Ivan dans l'idée qu'il suit la bonne voie, c'est
l'acceptation terrorisée de son peuple. Ceux qu'il envoie à la mort
non seulement reçoivent sa décision avec courage, mais encore ne
semblent pas lui en vouloir de les avoir injustement punis. Il y a là
tout ensemble un respect religieux de la personne du tsar, oint du

Seigneur, et une soumission aveugle à la fatalité. Moins le Russe comprend le motif du châtiment qui le frappe, plus il est enclin à le croire envoyé par Dieu. Il ne se révolte pas contre l'adversité, il lui ouvre les portes. Tout ce qui le dépasse, le mal comme le bien, vient nécessairement d'en haut. On cite le cas typique d'un boyard empalé qui, durant les vingt-quatre heures de son agonie, s'entretient avec sa femme et ses enfants et répète, les yeux au ciel : « Grand Dieu, protège le tsar ! »

Les désordres de toutes sortes, beuveries, mangeailles, assauts sexuels, ont fortement marqué la physionomie d'Ivan. A quarante ans, la graisse l'enveloppe. Ses cheveux longs et sa barbe emmêlée grisonnent. Dans son visage épaissi, les yeux ont une telle expression de méfiance et de cruauté que seuls les *opritchniks* peuvent soutenir son regard. C'est parmi eux qu'il se sent le plus à l'aise. Eux seuls, pense-t-il, ne le haïssent pas. Dans le pays cependant, à cause des ravages commis par l'*opritchnina,* de grandes terres demeurent incultes. Les fermiers spoliés ne relèvent pas les ruines de leurs domaines. En outre, l'été de 1570 ayant été très pluvieux, dès l'automne le blé et le seigle manquent. Pendant l'hiver, c'est la famine. Les paysans mangent l'écorce des arbres. Des hommes meurent de faim et d'épuisement sur les routes. Dans certains districts, on signale des cas de cannibalisme. Ivan n'a plus besoin d'appesantir sa main de fer pour décimer la population : Dieu s'en charge. A la famine, succède la peste. Le tsar ordonne de couper les chemins conduisant à la capitale. On se saisit des voyageurs suspects et on les brûle, avec chevaux et bagages, pour éviter la contagion. Parmi le peuple, l'idée s'implante que l'épidémie est une punition tombée du ciel pour le sac de Novgorod.

CHAPITRE XIII

L'INCENDIE DE MOSCOU PAR LES TATARS

A l'ouest, les affaires ne s'arrangent pas. La guerre de Livonie traîne depuis des mois dans une succession de combats isolés, de sièges, de retraites, de trêves précaires et de molles reprises des hostilités. L'année précédente, le 1ᵉʳ juillet 1569, après de longues négociations, la Pologne et la Lituanie ont signé l'Acte d'Union de Lublin, selon lequel les deux pays fusionnent sous l'autorité d'un même roi (Sigismond-Auguste), d'une même Diète, d'un même Sénat pour toutes les questions extérieures. Seule la politique intérieure de la Lituanie conservera son indépendance. La riche Ukraine lituanienne est cédée à la Petite Pologne avec Kiev, mère orthodoxe de toutes les cités russes. C'est un dur échec diplomatique pour Ivan. Il tente d'en compenser l'effet en organisant ses conquêtes de Livonie. Avant même de l'avoir prise tout entière, il comprend qu'il aura du mal, le cas échéant, à administrer de Moscou cette province lointaine. Il se décide donc à en faire un Etat séparé, sous le contrôle très strict de la Russie. Comme roi de ce nouveau pays dont il n'a pu encore s'approprier tout le territoire, il choisit Magnus, souverain de l'île d'Oesel, frère du roi du Danemark, Frédéric II. Un traité, signé avec ce prince

aventurier, stipule que la Livonie, une fois entièrement « libérée »,
deviendra vassale de Moscou, mais demeurera maîtresse de son
administration, de sa justice et de sa religion. En échange, elle
laissera passer les troupes russes et les aidera à prendre Reval et
Riga.

En mai 1570, Magnus arrive à Moscou avec une suite de quatre
cents personnes. Maître théorique d'un pays incomplètement
soumis, il est couronné en grande pompe et reçoit comme fiancée
la propre nièce du tsar, Euphémie. Ivan a fait périr, l'année
précédente, le père de la jeune fille, le prince Vladimir Andréïevitch. Raison de plus pour donner une chance à l'orpheline. Il lui
octroie même une dot de cinq tonneaux d'or. Mais il oublie de les
verser. A peine marié, Magnus part pour assiéger Reval. C'est un
échec. Ivan comprend que la guerre sera longue et difficile.
Craignant que le sultan de Turquie, Sélim II, ne profite de ces
escarmouches à l'ouest pour l'attaquer au sud, il lui fait, par ses
ambassadeurs, de larges ouvertures de paix. Sélim en conclut que
l'heure est venue pour les Tatars de venger leurs dernières défaites.
Il demande la restitution de Kazan et d'Astrakhan ou le paiement
par Moscou d'un tribut annuel à la Porte. Tandis que les
pourparlers s'enlisent, voici qu'au début de 1571 les Tatars de
Crimée, au nombre de cent mille, envahissent les territoires
méridionaux de la Russie. Là, ils rencontrent quelques boyards
fugitifs, exilés de Moscou par Ivan. Ceux-ci les invitent à marcher
sans crainte sur la capitale, car, disent-ils, le gros de l'armée russe
est occupé en Livonie et le peuple est las de subir la terreur
imposée par le tsar et ses *opritchniks*. Et, en effet, les régiments
stationnés sur l'Oka ne représentent qu'un mince rideau de
protection. Ivan se rend sur les lieux et y reçoit des messages
insultants de Devlet-Guireï, qui le défie en combat singulier et
menace de lui couper les oreilles pour les envoyer au sultan.
Incontestablement, la situation est grave. Contournant les troupes
qui défendent l'Oka, le khân et sa horde s'avancent vers Serpou-

khov où se trouvent le tsar et son fils aîné. Saisi de panique, Ivan ne peut envisager ni d'être tué dans la mêlée ni d'être fait prisonnier par un ennemi impitoyable. Plantant là son armée, il s'enfuit avec le tsarévitch, son trésor et ses fidèles *opritchniks* à Alexandrovskaïa Sloboda. Mais il ne s'y sent pas en sécurité et, cherchant refuge auprès de ses régiments du Nord-Ouest, continue sa retraite en direction de Iaroslavl. Dans son esprit, Moscou est sacrifié. Vu l'infériorité numérique de leurs forces, ses généraux se replient et occupent les abords de la capitale. Pourtant, ils savent déjà qu'ils ne pourront opposer qu'une faible résistance aux bandes armées du khân, qui approchent avec rapidité, détruisant tout sur leur passage.

Le matin du 24 mai 1571, jour de l'Ascension, les Tatars mettent le feu aux maisons de bois des faubourgs de Moscou. Un vent violent attise le brasier. En quelques instants, un océan de flammes mugit au-dessus de la ville. Derrière ce rideau de fumée rougeoyante, les Tatars poursuivent les habitants et pillent les demeures éventrées. Fuyant devant l'incendie, les Moscovites veulent chercher asile dans la citadelle du Kremlin. Les portes en ont été barricadées de l'intérieur par les gardes. La vague des nouveaux arrivants bouscule et piétine ceux qui refluent dans les rues adjacentes. C'est un mascaret de corps heurtés les uns contre les autres. Ne pouvant ni avancer ni reculer, suffoqués par la chaleur, écrasés par la chute des poutres, les gens succombent dans un horrible désordre, au son des cloches qui sonnent le tocsin. Des torches vivantes courent en tous sens. Les cadavres s'entassent devant les entrées condamnées. Pour se sauver, certains se précipitent dans la rivière Moskva et s'y noient. « Celui qui a vu cette catastrophe s'en souviendra toujours avec effroi et priera Dieu de lui épargner un aussi affreux spectacle », écrira un témoin oculaire.

En moins de trois heures, l'immense cité de bois n'est plus qu'un amas de ruines fumantes et de cendres, un charnier pestilentiel. Seul le Kremlin, protégé par ses hautes murailles de pierre, a échappé au désastre. Le métropolite Cyrille s'y est mis à l'abri avec les objets du culte, laissant ses ouailles rôtir dans la fournaise. Le nombre des victimes dépasse, dit-on, le demi-million. Arnolphe Linsey, premier médecin du tsar, et vingt-cinq négociants britanniques périssent carbonisés. La rivière et les fossés de Moscou sont comblés de cadavres.

Les Tatars, qui ont commencé à piller la ville, en sont vite chassés par les flammes. Mais ils capturent tous les Russes qui se sont réfugiés dans les faubourgs du Nord pour échapper au feu. Du haut de la colline Vorobiev (le mont des Moineaux), Devlet-Guireï contemple avec satisfaction ce paysage calciné où dansent des flammèches folles. Certes, il pourrait attendre la fin de l'incendie et donner l'assaut au Kremlin. Mais une fausse nouvelle ébranle sa décision. Le bruit s'est répandu que Magnus, roi de Livonie, arrive à marche forcée, conduisant une armée formidable. Le khân juge plus prudent de retourner, avec ses troupes, en Crimée. Des courriers en informent le tsar qui, entre-temps, a quitté Iaroslavl pour Rostov. Aussitôt, il enjoint à Michel Voro-tynski de poursuivre l'ennemi en retraite. Mais les Tatars ont pris une trop grande avance et sont trop nombreux pour qu'on puisse les inquiéter. En se retirant, ils dévastent le pays comme ils l'ont fait à l'aller. Leur butin est énorme. Ils emmènent cent mille captifs, destinés à être vendus au marché d'esclaves de Théodosia (Caïffa). Les plus belles femmes sont réservées au sultan lui-même, les autres aux harems des princes. Enchaînés, terrorisés, affamés, les prisonniers sont poussés à coups de fouet, comme du bétail. Ceux qui trébuchent et tombent sont assommés sur place.

Ivan n'estime pas utile de rendre visite aux ruines de sa capitale et retourne directement à Alexandrovskaïa Sloboda. De là, il ordonne aux Moscovites survivants de relever leur cité. Leur premier soin est de déblayer les rues des cadavres qui infectent l'air. Comme on manque de bras pour les enterrer, on n'inhume religieusement que les morts de distinction. Les autres sont jetés dans la Moskva en telle quantité que le courant de la rivière en est ralenti. Ces monceaux de chair putride empoisonnent les flots. Même les puits sont pollués. Personne n'ose plus boire de leur eau. Les gens meurent de soif. Pour remédier au désastre, on fait appel aux habitants des villes et des villages voisins. Requis de force, ils se transforment en fossoyeurs. Les corps ramassés dans la Moskva reçoivent tardivement une sépulture. Après quoi, on commence à reconstruire des maisons de bois sur les fondations noircies.

Le 15 juin enfin, Ivan se rapproche de Moscou. En cours de route, il reçoit deux envoyés de Devlet-Guireï. Ils lui demandent, une fois de plus, au nom du khân, de leur rendre Kazan et Astrakhan, et lui offrent symboliquement un poignard, au cas où il voudrait se tuer de désespoir. Mais ils lui remettent aussi une lettre de leur maître. « Je brûle, je ravage la Russie, écrit Devlet-Guireï, sans autre motif que celui de venger Kazan et Astrakhan, sans songer à l'argent, aux richesses, que je regarde comme de la poussière. Je t'ai cherché partout, à Serpoukhov, à Moscou même : je voulais ta couronne et ta tête. Mais tu as fui ces deux villes et tu oses te vanter de ta grandeur, prince sans courage et sans honte ! Je connais maintenant le chemin de tes Etats. J'y retournerai bientôt, si tu ne rends pas la liberté à mon ambassadeur que tu retiens inutilement captif, si tu ne fais pas ce que j'exige de toi, si tu refuses enfin de me jurer fidélité pour toi, tes enfants et tes descendants. »

La morgue naturelle d'Ivan le pousserait à répliquer par des injures bibliques à ce message provocateur. Mais le moment lui paraît mal choisi pour un nouvel affrontement. Courbant son orgueil, il adresse donc à Devlet-Guireï une « humble supplique ». Dans sa réponse, il demande une trêve, promet d'envisager la cession d'Astrakhan et consent à libérer l'ambassadeur de Crimée. En ce qui concerne Astrakhan, un des fils du khân pourrait, dit-il, être nommé gouverneur, avec, à ses côtés, un boyard désigné par le

tsar. Cette solution boiteuse ne satisfait pas Devlet-Guireï. Il exige
Kazan et Astrakhan sans contrepartie. Et une avance de deux mille
roubles sur le tribut annuel. Ivan tergiverse. En vérité, il ne songe
qu'à amuser le tapis pour mobiliser entre-temps toutes les réserves
disponibles. Arrogant dès qu'il se sent le plus fort, il sait se
montrer patient, obséquieux et retors quand il doute de ses
moyens.

CHAPITRE XIV

LE LIT DU TSAR ET LE TRÔNE DE POLOGNE

Les démêlés d'Ivan avec les Tatars l'ont empêché de réaliser une idée qui lui tient à cœur depuis la mort de sa deuxième femme, Marie : il veut se remarier ! Dès qu'un calme relatif est revenu sur les frontières du Sud, il ordonne, comme lors de ses premières fiançailles, de lui amener à Alexandrovskaïa Sloboda des jeunes filles aimables, sans distinction de naissance. Il en arrive plus de deux mille, convoyées par leurs parents, nobles, marchands ou bourgeois. Toutes les régions de l'empire sont représentées. Qui oserait cacher son enfant aux regards du tsar si elle n'est pas disgraciée par la nature ? Chacune est présentée séparément à Ivan qui l'étudie d'un regard critique, l'interroge, lui attribue une note dans son esprit et la renvoie pour s'occuper de la suivante. Il en choisit d'abord vingt-quatre, et, parmi celles-ci, douze, que les médecins et les sages-femmes ont mission de visiter intimement. Après cet examen, dont il se fait donner le compte rendu détaillé, il compare une dernière fois la beauté, l'embonpoint, la chevelure, l'attrait sexuel, les manières des dernières candidates et accorde la préférence à Marthe Sobakine, fille d'un marchand de Novgorod. Pendant qu'il y est, il décide de marier également son fils Ivan, âgé

de dix-sept ans, à l'une des douze élues. Juge compétent en la
matière, il lui attribue la vierge la plus désirable après celle qu'il
s'est personnellement réservée. Elle est la fille d'un bourgeois et se
nomme Eudoxie Sabourov. Immédiatement, les pères des deux
triomphatrices sont élevés de simples roturiers au rang de boyards.
Mais Marthe, la fiancée du tsar, n'a guère le temps de se réjouir de
sa victoire. Quelques jours après le grand choix, elle tombe
malade. Bien qu'elle maigrisse à vue d'œil et tienne à peine sur ses
jambes, Ivan décide de l'épouser. Il espère la requinquer par ses
étreintes.

Les noces du tsar ont lieu le 28 octobre 1571, celles de son fils le
3 novembre. Hélas ! le banquet nuptial s'achève dans les larmes et
la colère : Marthe expire le 13 novembre. Son cercueil va
rejoindre, au couvent des religieuses de l'Ascension, ceux des deux
premières épouses d'Ivan. Aussitôt, le tsar parle d'empoisonnement et recherche ceux qui auraient eu intérêt à faire périr sa jeune
femme. Ses soupçons se portent directement sur les proches
parents des précédentes tsarines, Anastasie et Marie. Il ordonne
une enquête rapide. Mais il sait déjà qui il va foudroyer. Sa
vengeance tombe sur son beau-frère, le Circassien, Michel Temri-
riouk (ou Temrioukovitch), qui est empalé, puis sur Ivan Iakovlev
et sur le *voïévode* Sabourov [1] qui sont knoutés, enfin sur le boyard
Léon Saltykov, sur le favori Vassili Griaznoï, sur le prince
Gvozdev-Rostovski et sur plusieurs autres seigneurs qui sont
empoisonnés grâce à une recette de l'infernal docteur Elisée
Bomelius.

Veuf pour la troisième fois, Ivan se demande, avec perplexité, si
sa carrière conjugale n'est pas définitivement compromise. En
effet, selon la règle de l'Eglise orthodoxe, un homme ne peut
contracter plus de trois mariages. Le concile du *Stoglav* l'a affirmé

---

1. Aucun rapport avec le père de la belle-fille d'Ivan, qui, lui aussi, se nomme
Sabourov.

avec force : « Le premier mariage est la loi ; le second, une tolérance ; le troisième, une violation de la loi ; le quatrième, une impiété, un état semblable à celui des bêtes. » Or, Ivan n'a nullement l'intention de demeurer célibataire. Il déclare donc qu'il n'a eu aucun contact charnel avec sa femme malade, qu'elle est morte vierge et que, par conséquent, son dernier mariage peut être considéré par l'Eglise comme inexistant. Fort de cette conviction, il épouse, le 29 avril 1572, Anne Koltovski, fille d'un courtisan, sans même demander la bénédiction épiscopale. Puis, il convoque le concile.

Le métropolite Cyrille étant décédé, l'assemblée est présidée par Léonide, archevêque de Novgorod, prélat avide, obséquieux et vénal. Lorsque tous les évêques sont réunis à l'église de l'Assomption, Ivan leur parle en ces termes : « Des méchants ont fait périr par leurs sortilèges Anastasie, ma première épouse ; la seconde, une princesse tcherkesse, également empoisonnée, a expiré au milieu de douloureuses convulsions. J'ai longuement hésité avant de me décider à un troisième mariage, commandé par mon tempérament et par la position de mes enfants qui n'ont pas encore atteint l'âge de raison ; leur jeunesse m'empêchait de quitter le monde et y vivre sans femme me paraissait scandaleux. Béni par le métropolite Cyrille, j'ai cherché longtemps une épouse que j'ai enfin choisie après un mûr examen. Mais la haine et l'envie ont fait périr Marthe, qui réellement n'a été tsarine que de nom. A peine fiancée, elle a perdu la santé et, quinze jours après le mariage, elle est morte vierge. Désespéré, abattu par le chagrin, je voulais me consacrer à la vie monastique ; mais, ayant reporté mes regards sur la jeunesse de mes enfants et la détresse de mes Etats, j'ai osé me marier une quatrième fois. Je supplie les saints évêques de m'accorder l'absolution et leur bénédiction. »

Touchés aux larmes par cet acte de contrition d'un puissant souverain, les prélats confirment son mariage, mais lui interdisent d'entrer dans une église avant le jour de Pâques et lui ordonnent,

lorsqu'il y retournera, de se placer pendant une année parmi les
pénitents et, l'année suivante, parmi les fidèles, « sauf en cas de
guerre ». D'autre part, afin que nul, dans le peuple, ne soit tenté
d'imiter la conduite illégale du tsar, le concile menace d'un
anathème fulminant celui qui oserait à l'avenir convoler en
quatrièmes noces. L'acte d'absolution est signé par trois archevêques, seize évêques, plusieurs archimandrites et les prieurs des
monastères les plus réputés. Ayant ainsi apaisé les scrupules
d'Ivan, ils s'occupent de l'élection d'un nouveau métropolite. C'est
Antoine, archevêque de Polotsk, qui est honoré de ce titre.

Ivan est si satisfait de sa nouvelle épouse qu'il décide de
l'emmener, en voyage de noces, dans la ville qu'il a récemment
saccagée : Novgorod. Il ne conçoit même pas que les Novgorodiens puissent lui tenir rigueur du massacre perpétré dans leurs
murs. Puisqu'il a pardonné aux survivants, ils doivent être
pénétrés de gratitude à son égard. Les deux fils du tsar et ses
favoris accompagnent le couple. En arrivant, ils découvrent une
cité morte, aux trois quarts dépeuplée. Encore meurtris par le
désastre de l'année 1570, les habitants appréhendent cette nouvelle
visite de leur souverain. Que va-t-il encore inventer pour leur
malheur ? Seuls les gens d'Eglise l'accueillent avec joie. Léonide,
l'archevêque de Novgorod, est sa créature. Ivan aime à débattre
avec lui des points obscurs de théologie et à diriger avec son épieu
ferré les chœurs de la cathédrale. Mais la véritable raison de sa
présence à Novgorod, c'est son intention de conclure un armistice
avec la Suède, dont Magnus, depuis quelque temps, attaque les
domaines. Une fois de plus, il a besoin de toutes ses forces armées
pour faire face à la nouvelle menace d'invasion des Tatars. D'après
les renseignements de ses espions, Devlet-Guireï n'a pas « dessellé
ses chevaux » et s'apprête à reprendre le chemin de Moscou.
Certes, l'honneur commanderait à Ivan de rester dans la capitale à
peine relevée de ses cendres pour raffermir, par sa présence, le
moral de la population. Mais, comme toujours, il pense d'abord à

sa sécurité personnelle. Selon lui, le khân, s'il atteint Moscou, ne poussera jamais jusqu'à Novgorod. Le tsar fait donc venir dans sa retraite quatre cent cinquante chariots chargés de trésors et ordonne à ses généraux de se préparer à contenir les Tatars sur les rives de l'Oka.

Dans l'intervalle, un événement d'une importance extrême le transporte de joie : Sigismond-Auguste meurt, le 18 juillet 1572, sans laisser d'héritier mâle. Cette circonstance offre à la Russie une possibilité d'acquérir la Pologne et la Lituanie par souverain interposé. Sans doute même, en manœuvrant avec habileté, Ivan pourrait-il être un prétendant acceptable et s'approprier la double couronne. Aussitôt, il écrit une lettre hypocrite pour témoigner du chagrin que lui cause la mort de son frère Sigismond-Auguste, dernier de la dynastie des Jagellon. Mais il n'a pas le temps de pousser ses pions de ce côté-là. Comme il le redoutait, Devlet-Guireï et ses hordes tatares se mettent en marche par la route habituelle, trouvent un gué sur l'Oka, trompent la surveillance des Russes, passent le fleuve et derechef menacent Moscou. La nouvelle parvient à Ivan le 31 juillet et, au lieu d'envoyer des renforts vers la capitale, il se réfugie dans l'inaction et maudit ses généraux incapables. Cependant, le prince Vorotynski, évacuant ses inutiles retranchements sur la rive gauche de l'Oka, se lance à la poursuite de l'ennemi, parvient à le rejoindre et lui livre, le 1er août, à cinquante verstes de Moscou, un combat meurtrier. L'armée du khân s'élève à cent vingt mille hommes. Celle de Vorotynski, inférieure en nombre, est animée par la crainte de voir profaner, une fois de plus, la vieille cité, symbole de la religion orthodoxe et de la tradition nationale. Les Russes se battent avec l'énergie du désespoir, de loin d'abord, au moyen de flèches, puis à l'arme blanche, dans une furieuse mêlée d'hommes hurlants, de chevaux hennissants. Alors que l'issue de l'empoignade paraît incertaine, Vorotynski, par une manœuvre tournante, fonce sur les arrières de l'ennemi. Son artillerie prend les positions de l'adversaire en enfilade. A la nuit tombante, sur les cent vingt mille combattants tatars, il n'en reste qu'une vingtaine de mille. Devlet-Guireï bat en retraite, abandonnant aux Russes ses tentes, ses bagages et son propre drapeau. En annonçant ce succès au tsar, les messagers de Vorotynski lui remettent, comme trophée, deux arcs et deux sabres ayant appartenu au khân. Délivré de ses inquiétudes, Ivan fait sonner les cloches et chanter des *Te Deum,* jour et nuit, pendant une semaine.

Cette victoire inespérée renforce son prestige personnel et ôte au khân de Crimée l'envie de recommencer ses incursions en Russie. Le sultan lui-même s'incline devant la décision des armes. Astrakhan et Kazan sont confirmés dans leur destin de villes russes. Et Ivan peut le prendre de haut avec le roi de Suède qui fait encore le bravache. « Informe-toi, lui écrit-il, comment le khân de Crimée a été traité par nos *voïévodes !* »

Tout danger étant écarté de Moscou, il y retourne en grande pompe. Jamais encore il n'a éprouvé un tel sentiment de puissance et d'adhésion populaire. Bien qu'il ne soit pour rien dans la défaite des Tatars et qu'il ait même fui à leur approche, ses sujets lui attribuent tout le mérite du triomphe russe. La force de son armée lui donne confiance en son propre avenir. Il décide donc de s'appuyer désormais sur elle et de dissoudre l'*opritchnina* qui est détestée dans le pays. Ce qui le détermine également à prendre une telle mesure, c'est la mauvaise réputation de cette légion de la mort au-delà des frontières. Trop de nobles polonais, dont il souhaite l'accord pour être couronné roi de Pologne, redoutent l'introduction dans leur patrie d'une bande de mercenaires à qui tout serait permis. Les violences personnelles du tsar leur semblent moins inquiétantes que celles de ses sbires. Dans le premier cas, ils voient la manifestation d'un caractère dominateur, dans le second le règne de la folie meurtrière. Ainsi est-ce à la fois pour complaire à son peuple et pour désarmer l'hostilité des Polonais et des Livoniens qu'Ivan se sépare de ses chers *opritchniks,* dont la fureur, depuis sept ans, couvrait la Russie de sang et de ruines. Il publie l'ordre suivant : « Sera frappé du knout, en place publique, celui qui prononcera dorénavant le nom d'*opritchnik*. »

A l'annonce de cette résolution, le peuple, soulagé, bénit la sagesse de son souverain. On n'a plus à redouter les terribles cavaliers, avec leur tête de chien et leur balai. Ils redeviennent des courtisans, des militaires, de hauts fonctionnaires sans droits spéciaux. Le plus étonnant, c'est qu'aucun d'entre eux ne se révolte contre l'oukase qui les dépouille de leurs privilèges. Aventuriers farouches, assassins stipendiés, débauchés sanglants, tous acceptent la disgrâce sans un murmure. Ce que le tsar a donné, il peut, à chaque instant, le reprendre. Une fois de plus, Ivan savoure le plaisir de jeter à terre ceux qu'il a élevés par caprice. S'il lui fallait une nouvelle preuve de sa toute-puissance, les *opritchniks* viennent de la lui fournir en se soumettant, eux, les loups, comme des agneaux. Ayant fait pencher jadis la balance de leur côté, il l'incline à présent de l'autre. Les membres de la *ziemchtchina* rentrent en possession de leurs biens. Le prieur de Solovetsk, Païsii, qui a naguère porté un faux témoignage contre le métropolite Philippe, est exilé dans l'île de Valamo. Quelques mauvais conseillers sont écartés du palais. Toutefois, le féroce Maliouta-Skouratov conserve sa place prépondérante à la cour. Son gendre, Boris Godounov, qui est un parent éloigné de la première femme du tsar, se rapproche peu à peu du trône. Ivan apprécie chaque jour davantage cet homme jeune et beau, d'une taille majestueuse et d'un esprit retors. Ennemi de la violence, Boris Godounov conseille, en toute occasion, la temporisation et la ruse. Il a parfaitement compris le caractère de son souverain et ne s'avise jamais de lui faire entendre le langage de la vertu. Ce ne sont que la raison et l'opportunité qu'il invoque pour déterminer son maître à modérer ses emportements. Sans doute est-ce sur ses instances qu'Ivan a dissous l'*opritchnina,* dont les excès souillaient son image à l'étranger. C'est lui aussi qui suggère au tsar d'endormir les Polonais et les Lituaniens par des paroles mielleuses, afin de gagner leur confiance et d'obtenir d'eux, sans coup férir, la couronne qu'il brigue.

En attendant, l'armée est envoyée au nord-ouest contre la Suède. Combattant pour agrandir son domaine sous l'égide d'Ivan, Magnus s'imagine naïvement que, pour prix de ses efforts, il recevra, comme promis, la Livonie. Mais Ivan et Boris Godounov n'ont nullement l'intention de céder à un Danois ce territoire depuis longtemps convoité par la Russie. Ils le laisseront dans ses illusions tant qu'il pourra servir leurs intérêts. A présent, Ivan porte ses coups sur le front estonien. Les villes tombent, l'une après l'autre, devant ses troupes et celles de Magnus. On pille, on incendie, on égorge, on viole. Mais, au cours d'une échauffourée, le sanguinaire Maliouta-Skouratov est tué. Fureur d'Ivan, qui voit ainsi disparaître son meilleur compagnon d'orgie et de massacre. Par représailles, il assemble en tas les prisonniers allemands et suédois enchaînés, les recouvre de fagots et les brûle vifs. Les cris des malheureux et l'odeur de la chair roussie le consolent en partie de la perte de son ami. Il ne doute pas que Maliouta-Skouratov, malgré tous ses crimes, se trouve déjà au paradis. Comment cet homme ne serait-il pas aimable à Dieu puisque, dans ses actions les plus cruelles, il a obéi aux ordres du tsar ? Vue sous cet angle, la combustion de quelques captifs n'est pas un vain supplice, mais un holocauste quasi religieux. « Nous te châtions, écrit Ivan au roi de Suède, Jean III, toi et ton pays. Les justes triomphent toujours... Dis-moi, de qui ton père était-il le fils ? Comment s'appelait ton aïeul ? Fais-moi parvenir ta généalogie pour me convaincre de mon erreur, car jusqu'à présent je suis persuadé que tu es issu d'une race roturière... Le sceau de l'Empire romain ne m'est point étranger, puisque je descends de César-Auguste. Je ne dis pas cela pour me vanter et te ravaler, mais pour te faire rentrer en toi-même. Veux-tu la paix ? Ordonne à tes ambassadeurs de paraître en ma présence. »

Au lieu de lui envoyer des ambassadeurs, le roi de Suède répond de la même encre : « Tu écris d'une manière discourtoise, comme si tu avais été élevé parmi des paysans ou des vagabonds ignorant tout honneur… Tu mens impudemment à plein gosier chaque fois que tu ouvres la bouche… Tu nous as dédaignés du haut de ton intelligence de porc… » Et les troupes suédoises infligent aux Russes, qui ont pourtant l'avantage du nombre, une sévère défaite à Lode. Cette circonstance, jointe à la nouvelle que des tribus de Tchérémisses se sont révoltées dans la région de Kazan, incite Ivan à ralentir la guerre contre la Suède et à envoyer une armée du côté de la Volga.

La pacification est rondement menée. Profitant d'une accalmie, Ivan décide d'en finir avec les prétentions territoriales de Magnus, dont les services ne lui sont plus nécessaires par suite de la suspension des hostilités à l'ouest. La première femme de Magnus étant morte entre-temps, il commence par offrir au veuf, comme seconde épouse, la sœur de la défunte, une fillette de treize ans. Magnus, qui en a trente-cinq, accepte de grand cœur. Le mariage a lieu, dans la gaieté, à Novgorod, le 12 avril 1573. De nombreux invités allemands sont de la fête. Pendant la cérémonie religieuse, le tsar dirige les chœurs en battant la mesure avec son épieu ferré. Ensuite, il se complaît à régler les danses, encourageant les couples à plus de hardiesse dans leurs mouvements. Devant tant de bienveillance, Magnus se regarde déjà comme roi et s'imagine qu'outre la riche dot promise il recevra toutes les villes de Livonie occupées par les Russes. Mais, au lieu des cinq tonneaux d'or sur lesquels il comptait, on ne lui livre que des coffres contenant des vêtements pour sa jeune moitié. Et, loin de lui céder sa part de Livonie, le tsar ne lui accorde qu'un petit domaine. Dégrisé, Magnus part pour ses terres et y vit dans l'indigence, « n'ayant que trois plats pour ses repas (ainsi que l'affirme son frère Frédéric, roi du Danemark), amusant avec des joujoux son épouse âgée de treize

ans, la nourrissant de friandises et, au grand mécontentement des
Russes, la faisant s'habiller à l'allemande ».

Pendant ce temps, à Varsovie, la Diète polonaise cherche à élire
un roi. Plusieurs candidats postulent au trône vacant : le jeune
Ernest, fils de l'empereur Maximilien, Jean III de Suède et son fils
Sigismond, le duc d'Anjou, Henri de Valois, frère de Charles IX,
roi de France, et le tsar de Russie, Ivan IV. Chacun y va de ses
présents et de ses promesses. Quelques seigneurs polonais envisa-
gent d'offrir la couronne au deuxième fils d'Ivan, Fedor. L'envoyé
de Pologne à Moscou, Fedor Voropaï, en touche deux mots au tsar
qui s'indigne : « Mes deux fils sont comme mes deux yeux.
Voudriez-vous me rendre borgne ? » Puis, plaidant sa propre
cause, il explique : « Beaucoup, chez vous, disent que je suis
inhumain ; c'est vrai que je suis cruel et irascible, mais seulement
pour ceux qui agissent mal avec moi. Les bons ? Ah ! je leur
donnerais sans balancer la chaîne d'or et l'habit que je porte !...
Mes sujets m'auraient volontiers livré aux Tatars de Crimée... Ce
n'était pas l'ennemi que je craignais, mais la trahison des miens. Ils
ont laissé brûler Moscou qu'on eût pu défendre avec un millier
d'hommes. Mais, quand les grands ne veulent pas se battre,
comment les petits le pourraient-ils ?... Si quelqu'un a été châtié
ensuite, c'est pour son crime... »

Soupçonnant le transfuge Kourbski, passé jadis au service de la
Pologne, de mener contre lui une campagne de dénigrement, Ivan
ajoute : « Qui peut me noircir aux yeux de vos compatriotes ? Mes
ennemis ! Des traîtres ! Kourbski a privé mon fils de sa mère ; il
m'a enlevé une épouse chérie, et, j'en appelle Dieu à témoin, je ne
pensais pas à le punir de mort, mais seulement à le priver pour
quelque temps de la dignité de boyard et des biens qu'il tenait de
ma libéralité. En un mot, voulez-vous savoir si je suis bon ou
méchant ? Envoyez-moi vos enfants pour me servir avec fidélité :
comblés de faveurs, ils pourront apprécier la vérité !... Si, par la
volonté du Tout-Puissant, je suis appelé à régner sur vous, je

truction du palais de l'Opritchnina. Miniature du *Grand Recueil des Chroniques*, XVIe siècle. Moscou, e national historique. Photo A.P.N.

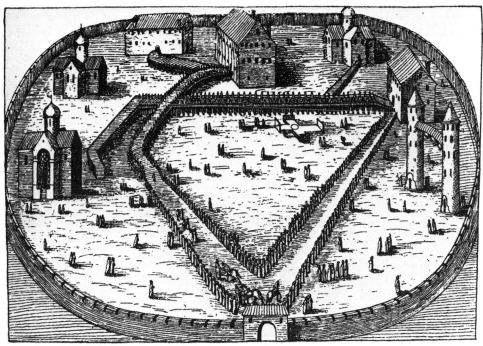

Vue générale de l'Alexandrovskaïa Sloboda, résidence du tsar à une centaine de kilomètres de Moscou. Photo Collection Viollet.

Repas de fête donné par Ivan dans sa résidence d'Alexandrovskaïa Sloboda. Photo Collection Viollet.

promets d'observer scrupuleusement vos lois, de respecter vos franchises et privilèges, et de les étendre même s'il en est besoin. »

S'étant ainsi justifié devant Fedor Voropaï et sa suite, Ivan attend la venue d'un nouvel ambassadeur, chargé de lui apporter la réponse favorable de la Pologne. C'est Michel Harabourda qui se présente. Il est prêt à soutenir la candidature du tsar, mais pose certaines conditions : en échange de son élection, Ivan devra rectifier la frontière à l'avantage de la Pologne, abandonner Polotsk, Smolensk et d'autres villes russes. Ivan se cabre. Le prend-on pour un quémandeur ? « Ce sont eux, s'écrie-t-il, qui ont besoin de moi ! » Et, ayant convoqué Harabourda, le 23 février 1573, il lui reproche l'outrecuidance de ses compatriotes, refuse sèchement de souscrire aux conditions qui lui sont posées, exige qu'on lui livre Kiev, que la Livonie devienne sa propriété sans partage, que tous ses titres, à commencer par celui de tsar, soient inscrits en entier dans les documents diplomatiques et qu'à l'avenir la monarchie polonaise ne soit plus élective, mais héréditaire, unie à la Russie « pour les siècles des siècles ». Quant à ses concurrents au trône de Pologne, il méprise leurs manœuvres. « Je sais que l'Autriche et la France montrent plus de condescendance dans leurs rapports avec vous, dit-il, mais elles ne peuvent servir d'exemple à la Russie, car nous savons pertinemment qu'excepté nous et le sultan il n'existe pas en Europe de souverain dont la dynastie ait deux siècles d'ancienneté. Les uns descendent de simples princes, les autres sont issus d'étrangers, et il est tout naturel que la royauté les séduise : mais pour nous, *tsar* d'origine, nous descendons de César-Auguste, ce qui est connu de tout le monde. »

Timidement, Harabourda lui fait observer que Moscou est trop éloigné de Varsovie où la présence d'un roi est indispensable et qu'il vaudrait peut-être mieux que, revenant sur sa décision, il consentît à s'effacer devant son fils pour la direction de la Pologne. Ivan reste inflexible. « Après mûres réflexions, il me paraît que je

pourrai gouverner trois Etats à la fois (Russie, Pologne, Lituanie),
en me transportant de l'un à l'autre, dit-il. Mais je demande à être
sacré par un métropolite russe et non par un archevêque latin. »

Harabourda repart pour Varsovie avec cette réponse. Ivan croit
tenir le bon bout. Son concurrent le plus sérieux lui paraît être
Henri de Valois, duc d'Anjou, dont l'envoyé, le comte de Montluc,
a fait miroiter aux Polonais mille promesses extravagantes :
création d'une flotte polonaise, formation d'escadrons polonais à
Paris, développement de l'Académie de Cracovie par des savants
français... Mais, pense le tsar, comment une moitié de la noblesse
polonaise, qui est protestante, voterait-elle pour un homme
intimement compromis dans le massacre de la Saint-Barthélemy
ordonné, l'année précédente, par Charles IX ? En vérité, ce
massacre donne à Ivan bonne conscience. Il n'est pas le seul à
tailler dans la chair de ses sujets. Certes, il pourrait insister
davantage pour obtenir cette couronne de Pologne, mais, tout en la
désirant, il la redoute. En Pologne, le roi doit compter avec le
Sénat, composé de magnats, et avec la *Szlachta,* Diète élue tous les
deux ans par la petite noblesse. Comment un tsar, symbole du
pouvoir absolu, se contenterait-il de cette puissance limitée sur des
citoyens qui prétendent avoir leur mot à dire ? Ne faut-il pas
craindre pour la Russie, soumise depuis des siècles à la volonté du
souverain, l'exemple d'une aristocratie polonaise fière de ses
droits ? Il n'est jamais bon d'associer un peuple d'esclaves à un
peuple libre. Le goût pervers de la discussion et de la représentati-
vité se communique vite aux esprits les plus dociles. Mieux vaut
peut-être rester entre Russes, avec une armature forte, plutôt que
de rechercher un fallacieux rapprochement avec ces Polonais qui
ont trop d'idées en tête.

C'est avec un mélange d'irritation et de soulagement qu'Ivan
apprend le choix final des Polonais. La Diète d'élection, après de
multiples palabres, s'est décidée pour le Français, Henri de Valois,
duc d'Anjou. La Pologne et la Lituanie échappent donc au tsar,

qui s'est montré trop arrogant dans ses exigences et a lésiné sur les présents pour acheter la conscience des électeurs. Cependant, il a l'invincible conviction que, de ce côté-là, une nouvelle chance lui sera bientôt offerte.

CHAPITRE XV

ÉTIENNE BATHORY

L'abolition de l'*opritchnina* se traduit par des disputes incessantes entre hauts dignitaires pour faire valoir leur droit de préséance. A l'armée, un officier dont le père ou l'aïeul a été *voïévode du centre* ne veut pas dépendre d'un *voïévode* dont le père ou l'aïeul n'a commandé que l'*avant-garde* ou l'*arrière-garde,* l'*aile droite* ou l'*aile gauche.* De même, à la cour, chacun invoque sa naissance pour refuser de céder le pas à un nouveau venu. Le tsar se fatigue à arbitrer ces mesquines querelles. Le plus souvent, il consulte des registres et fonde sa décision sur l'ancienneté. Mais parfois, comme pour Boris Godounov, il impose sa volonté sans donner la moindre explication à son entourage. Un ministre du duc de Courlande ayant demandé à l'ambassadeur Soukorski comment les Russes pouvaient s'accommoder d'un tyran tel qu'Ivan IV, le diplomate répond : « Nous sommes toujours dévoués à nos tsars, qu'ils soient bons ou cruels. » Cette dévotion envers le souverain frappe tous les étrangers reçus en séance publique. La règle russe est d'éblouir les visiteurs par la richesse des costumes et la rigueur de l'étiquette. Quand le tsar se rend à l'église, il marche avec lenteur, en s'appuyant sur une haute canne en vermeil, le corps enseveli sous une robe de drap d'or en forme de dalmatique, constellée de pierres précieuses, le chef coiffé d'une tiare scintillante entourée de zibeline. Sa splendeur a quelque chose de pontifical. Il est escorté de quatre fils de boyards, vêtus de drap d'argent doublé d'hermine, chaussés de bottes blanches et portant sur l'épaule une hache d'argent. Derrière eux, s'avance un long cortège de boyards aux habits magnifiques. Ils en changent après la messe, pour passer à table, et ne manquent pas, à cette occasion, de faire admirer aux voyageurs le luxe de leurs dessous. En vérité, ces costumes et ces dessous viennent de la garde-robe du tsar, et y retourneront après le banquet. Cela afin de rappeler aux nobles que tout, en ce bas monde, appartient au monarque. Le cérémonial, au cours du festin, contribue aussi à cette impression d'omnipotence. Ayant pris place autour du tsar, les convives, figés dans un respect mystique, attendent son premier geste. Il commence par distribuer le sel et le pain. Ce sont les boyards qui se chargent de les répartir et, chaque fois qu'un invité reçoit son dû, il se lève et salue. Ensuite, le tsar fait apporter à tous les étrangers une grande coupe de vin, de sa part, et, de nouveau, tout le monde se dresse sur ses jambes. Quand arrive le tour des viandes, même exercice. Après s'être servi, le tsar offre des morceaux ruisselants de sauce à quelques hauts personnages. Les officiers disent à chacun : « Le tsar vous envoie ceci », et chacun se met encore debout pour lui rendre grâce. Lorsque le tsar boit à la santé de quelqu'un, ce qui arrive souvent, il fait d'abord à trois reprises le signe de la croix au-dessus de la coupe que lui tend l'échanson ; un noble, assis auprès de lui, prévient l'hôte de l'avantage qui lui échoit ; et toute l'assistance bondit sur ses pieds et incline la tête. On n'en finit pas de remercier le maître pour le vin et la nourriture. Tout vient de lui. Ses commensaux sont ses obligés pour la vie. A cause de ces rites infatigablement répétés, les repas durent parfois cinq heures. Sur la table, se succèdent les coqs au gingembre, les cygnes rôtis, les grues aux épices, les poules désossées, les gélinottes à la crème, les canards aux concombres, les lièvres aux navets, les cervelles d'élan, les poissons farcis et les pâtés de toutes sortes. Sur cette avalanche de victuailles, flotte l'odeur puissante de l'ail, du safran, de l'oignon et du lait aigre. On mange avec ses doigts, en déposant les os dans des assiettes en or. Le jus coule dans les barbes, les trognes s'illuminent, les voix se haussent d'un ton. L'obligation de faire honneur à toutes les coupes que leur envoie le tsar conduit certains invités à une hébétude proche de la syncope. Dans leur estomac, se mélangent l'hydromel, les vins du Rhin, de France et de Malvoisie, la vodka et le kwass. Et, quand ils sortent de table pour rentrer chez eux, il n'est pas rare qu'Ivan leur expédie à domicile, en gage d'amitié, un supplément d'alcool et de pitance à avaler séance tenante, devant les officiers qui les leur ont apportés. A la cour comme chez les particuliers, la mangeaille et la beuverie immodérées constituent le divertissement par excellence. Toute fête chrétienne passe par le ventre. Quant aux indispositions succédant à ces ripailles, le tsar, imitant ses sujets, les traite par le mépris. Pour se guérir de quelque maladie que ce soit, le mieux est encore de vider un verre d'eau-de-vie assaisonnée d'ail ou de poivre, de manger une tranche d'oignon et d'aller transpirer dans les étuves. Tout en écoutant ses médecins anglais, le tsar ne dédaigne pas les remèdes russes. Gros mangeur, gros buveur, il estime que la force d'un homme dépend des nourritures qu'il absorbe.

Bien que proscrits par l'Eglise, d'autres plaisirs profanes sont tolérés par lui au palais. Ses courtisans jouent aux cartes dans son ombre et lui-même joue aux échecs. Il aime aussi se divertir aux facéties de ses bouffons. Avec leur franc-parler qui n'épargne personne, ils dissipent parfois, dans un éclat de rire, l'atmosphère pesante où croupit la cour moscovite. Mais, si l'un d'eux passe la mesure, gare au bâton ferré ! Un froncement de sourcils, et ils se taisent. Tout ce qui respire au Kremlin rentre sous terre.

Longtemps, les proches d'Ivan ont espéré qu'il s'assagirait avec

l'âge. Cependant, à quarante-cinq ans, s'il s'est empâté, s'il dort
plus tard, s'il s'essouffle plus vite, il n'a rien perdu de sa goinfrerie,
de sa férocité et de ses appétits sexuels. Après deux ans de mariage,
il se lasse de sa femme, la tsarine Anne, lui reproche sa stérilité, la
répudie et l'expédie dans un couvent, où elle devient sœur Daria [1].
Puis, sans demander la moindre absolution ecclésiastique, il prend
dans son lit une autre fille du peuple, Anne Vassiltchikov. Sans
doute n'y a-t-il pas eu pour celle-ci de mariage solennel, mais une
simple bénédiction. D'ailleurs, elle disparaît bientôt, frappée de
mort violente. A sa place, surgit la très belle Vassilissa Melentiev.
Ivan goûte auprès de sa nouvelle compagne sa sixième lune de
miel. Hélas ! une malchance tenace le poursuit dans ses expériences matrimoniales. Quelques mois plus tard, Vassilissa, surprise en
adultère avec le prince Ivan Devtelev, doit assister au supplice de
son amant, empalé sous ses fenêtres, et se retrouve elle-même
tondue dans un cloître. Une autre épouse, choisie aussitôt après,
Marie Dolgorouki, déçoit le tsar encore plus que les précédentes.
Pendant la nuit de noces, il s'aperçoit qu'elle n'est pas vierge. Cette
tromperie sur la marchandise le met hors de lui. A ses yeux, c'est
plus qu'une insulte à la virilité tsarienne, c'est un sacrilège dont
Dieu lui-même est éclaboussé. Dès le lendemain, la jeune femme
est attachée dans une voiture, et des chevaux, rendus furieux,
l'entraînent dans la rivière où elle se noie. L'Eglise, terrorisée,
n'ose ni réprouver le meurtre ni refuser de bénir les unions
successives de ce bouc vieillissant.

D'ailleurs, Ivan se déclare volontiers las de la vie, des honneurs
et de la politique. Il affirme qu'il rêve de porter le vêtement noir
des moines. Et, comme pour se préparer à cette retraite, il annonce
brusquement qu'il se désiste de ses fonctions au profit d'un des
princes tatars de sa suite, baptisé sous le nom de Siméon
Bekboulatovitch et marié à la fille de Mstislavski. « A partir

1. Elle ne mourra qu'en 1626.

d'aujourd'hui, tu seras le tsar et je serai ton sujet », dit-il à ce garçon balourd et débonnaire, qui croit d'abord à une sinistre plaisanterie. Le tsar n'a-t-il pas, voici quelque sept ans, remis, par jeu, son manteau et sa couronne au vieux prince Fedorov avant de le tuer de sa propre main ? N'est-ce pas le même sort qui attend Siméon, à présent qu'il est monté sur le trône ? Il frissonne de crainte, sourit humblement et se prépare à la mort. Mais, cette fois-ci, Ivan se montre magnanime. Il désire sincèrement que Siméon s'occupe à sa place des affaires du pays. Le Tatar, éberlué, reçoit les pétitions, signe les oukases, donne audience aux prélats, aux nobles, aux ambassadeurs étrangers. Et, perdu dans la foule des courtisans, Ivan s'amuse des mines graves qu'affecte son singe. Il lui prodigue même, en public, les marques du plus profond respect, lui adresse des suppliques, descend de voiture aux abords du palais où s'est installée sa doublure. En considérant ce parvenu de la gloire, il se persuade que le vrai pouvoir est ailleurs. Siméon, c'est l'apparence sans la réalité, lui, c'est la réalité sans l'apparence. Ce n'est pas la couronne qui donne la puissance, mais la naissance, le cœur et le regard. En ce qui concerne Ivan, tout lui étant permis, il reste tsar bien que ne l'étant plus. Personne, d'ailleurs, ne s'y trompe. Si on s'incline devant l'autre, c'est devant lui qu'on tremble. Choisi par Dieu, il n'a pas besoin du sceptre pour régner. Quand il le voudra, il reprendra la direction effective de l'empire. Ces étranges « vacances » durent pour lui une année entière. Après quoi, le tsar Siméon disparaît dans une trappe, et le tsar Ivan revient sur scène, ravi d'avoir joué cette comédie à son peuple[1]. Car il aime rire aux dépens des autres. Un jour, il enjoint aux autorités de Moscou de lui livrer un chapeau plein jusqu'aux bords

---

1. Pierre le Grand manifestera le même goût pour ce genre de parodie, habitant une petite maison de bois alors que son favori Menchikov se prélasse dans un palais, se faisant passer pour un simple courtisan pendant sa « Grande Ambassade » à l'étranger, rendant hommage à Romodanovski, assis sur un trône et déguisé en César.

de puces, afin, dit-il, de préparer un remède. La ville ne pouvant
s'exécuter, il la frappe d'une amende de sept mille roubles. Et il
s'en vante, en se tenant les côtes, devant son entourage qui fait
bruyamment écho à sa joie.

S'il a tenu à reprendre sa place après avoir chassé du trône le
stupide Siméon, c'est que, de nouveau, les affaires polonaises le
préoccupent. Aussitôt après son élection, le duc d'Anjou a prêté
serment, à Paris, en la cathédrale Notre-Dame, de respecter la
liberté de la Pologne. Mais il a attendu six mois avant de se rendre
à Varsovie pour le couronnement. Catholique fervent, il lui
répugne de jurer qu'il n'entravera jamais l'exercice d'aucun culte
dans son royaume. Les Polonais l'obligent à prononcer cette
formule avant de recevoir le sceptre. Il s'y résigne avec aigreur.
Petit-maître français pommadé et poudré, il ne se sent pas à l'aise
parmi ces magnats rudes et orgueilleux. Ils disent de lui qu'ils ne
savent s'il faut l'appeler un roi-femme ou une reine-homme.
Visiblement, ils sont aussi mécontents de lui qu'il l'est d'eux. C'est
avec soulagement qu'il apprend le décès de son frère Charles IX.
Cette mort opportune le rend, en quelque sorte, à la France. Il
s'échappe de nuit, clandestinement, au galop de son cheval,
regagne Paris et monte sur le trône sous le nom de Henri III. Bien
entendu, malgré les adjurations de ses anciens sujets, il refuse de
retourner en Pologne. La Diète le dépose solennellement en
mai 1575.

De nouveau, les Polonais cherchent fiévreusement un roi. Les
intrigues reprennent, et les pots-de-vin, et les surenchères. Profitant des désordres du pays, les Tatars ravagent l'Ukraine. Cette
circonstance incite les nobles polonais à précipiter leur décision.
Une fois de plus, Ivan est écarté en raison de son intransigeance.
Finalement, le 12 décembre 1575, la Diète, ne pouvant départager
les concurrents, élit deux rois : l'empereur germanique Maximilien et le prince Etienne Bathory de Hongrie. Mais Maximilien,
malade, ne peut venir se faire couronner. Etienne, lui, plein de

détermination et de fougue, se précipite à Cracovie, séduit ses
électeurs par un langage énergique et renforce encore ses chances
en épousant Anne, la sœur de feu le roi Sigismond-Auguste. Le
couple est couronné le 1er mai 1576. Et, le 12 octobre suivant,
Maximilien, fort à propos, rend le dernier soupir.

Il n'y a donc plus qu'un seul roi en Pologne, Etienne Bathory.
Agé de quarante-trois ans, il a du caractère, de la piété, de la
bravoure, de solides connaissances militaires et le goût de la justice
et du pouvoir. D'abord, il achète la paix avec l'Islam en payant un
tribut au sultan. Puis, en novembre 1576, il adresse des ambassadeurs à Ivan, qui les reçoit superbement, assis sur son trône, avec
son fils aîné, le tsarévitch, à son côté. Tous deux sont vêtus de drap
d'or. Les boyards sont installés sur des banquettes, dans la salle
d'audience. Une foule de courtisans se presse dans l'antichambre,
les galeries et les escaliers. Dehors, la place est noire de monde, et
des *strélitz* sous les armes contiennent la multitude. Ce déploiement de faste et de force est évidemment destiné à impressionner
les envoyés d'Etienne Bathory, simple soldat de fortune. Mais les
ambassadeurs se tiennent la tête haute. La lettre de leur roi, qu'ils
remettent à Ivan, soulève sa colère, car, dans ce document, son
correspondant ne daigne même pas l'appeler « tsar », supprime les
titres de grand-duc de Polotsk et de Smolensk, et se désigne lui-
même comme souverain de la Livonie. Certes, Etienne Bathory se
dit prêt à observer l'armistice de trois ans conclu entre la Russie et
la Pologne « jusqu'au terme convenu ». Mais il n'énonce aucune
promesse pour l'avenir. Glacial, Ivan répond qu'il ne considérera
le roi de Pologne comme son « frère » que lorsque celui-ci,
« simple *voïévode* de Transylvanie », aura renoncé à ses prétentions
sur la Livonie et consentira à le nommer dans ses dépêches : « tsar
de Russie et grand-duc de Smolensk et de Polotsk » (toujours cette
obsession des titres !). Ayant dit, il congédie les ambassadeurs sans
les inviter à dîner, mais en leur remettant des lettres de sûreté pour
un retour paisible dans leur pays.

Dans son idée, à l'expiration de l'armistice, la guerre avec la
Pologne sera inévitable. Il décide donc de mettre à profit ce délai
pour s'emparer des possessions suédoises et polonaises de Livonie
et des côtes de la Baltique. Au début de l'année 1577, cinquante
mille Russes assiègent Reval. Occupé lui-même à assiéger Dantzig,
Etienne Bathory laisse faire. La garnison suédoise de Reval se
défend si bien qu'après plusieurs assauts meurtriers les Russes se
retirent, le 13 mars, non sans avoir promis de revenir en force. Ce
qui excite l'esprit de résistance dans les populations attaquées,
c'est la funeste réputation du tsar. La terreur qu'il inspire fait que
les Livoniens, les Estoniens, les Lettons risquent délibérément
leur vie pour éviter de tomber sous son joug. Des paysans en
armes, commandés par un certain Yves Schenkenberg, surnommé
« Annibal » à cause de son audace, assaillent l'ennemi par surprise,
pillent les campements et les villes. Ils occupent Wittenstein,
brûlent Pernau et, rendant à Ivan œil pour œil, dent pour dent,
torturent et massacrent leurs prisonniers. Ivan réplique par un
surcroît de cruauté. A Lenewarden, il fait arracher les yeux du
vieux maréchal Gaspard de Münster, puis ordonne de le fouetter à
mort ; d'autres commandants de villes fortifiées sont écartelés,
empalés, hachés en morceaux ; à Ascheraden, d'un bord de la
Dvina à l'autre, on entend les hurlements de quarante vierges que
des soldats violent dans un jardin.

Le gros de l'armée russe opère maintenant dans le pays, balayant
tout sur son passage et investissant ville après ville. Magnus
reparaît et, avec l'assentiment du tsar, reprend la conquête du
royaume qu'il convoite depuis si longtemps. En réalité, sous le
couvert d'une soumission totale à la politique moscovite, il agit
pour son propre compte. Ivan lui ayant permis de s'emparer de
Wenden, il se fait ouvrir les portes de la cité sans tirer l'épée, mais
en promettant l'immunité contre la tyrannie russe. En l'accueil-
lant, les Livoniens ont le sentiment de choisir le moindre mal. Il
poursuit sa progression en se faisant acclamer partout comme le

sauveur et le roi de la Livonie. Grisé par son succès, il adresse même au tsar une liste des villes qui ont reconnu sa souveraineté, y compris Dorpat. Furieux, Ivan fait administrer les verges aux émissaires de l'impudent principicule, se précipite à Kokenhausen, qui figure dans l'énumération des villes revendiquées par lui, y organise un massacre et, ayant décimé la population, ordonne par lettre à son « vassal » Magnus de paraître à ses yeux : « Il m'est facile de te mettre à la raison. J'ai des soldats et du pain. Il ne me faut rien de plus. Obéis sur-le-champ ! Et, si tu n'es pas satisfait des villes que je t'ai données, traverse la mer et retourne dans ton pays. » En attendant l'arrivée du roi félon, il se promène parmi les ruines fumantes de Kokenhausen et discute théologie avec un pasteur allemand. Mais, comme ce dernier vante les vertus de Luther et ose le comparer à l'apôtre Paul, Ivan le frappe à mort avec son épieu ferré et s'écrie : « Va-t'en au diable avec ton Luther ! »

Cependant, malgré la sommation du tsar, Magnus tarde à se décider. Il faut qu'Ivan lui ait repris la plupart de *ses* villes pour que, saisi de crainte, il se rende enfin au camp russe, disposé sous les murs de Wenden. Vingt-cinq Allemands l'accompagnent. Descendant de cheval, il se prosterne, livide, aux pieds de son maître. Ivan le considère avec un mélange de colère et de mépris. « Imbécile ! lui crie-t-il. Comment as-tu pu croire que tu serais roi de Livonie, toi, un vagabond, un mendiant que j'ai accueilli dans ma famille, que j'ai marié avec une nièce bien-aimée, que j'ai vêtu, chaussé, à qui j'ai donné des richesses et des villes ? Et tu m'as trahi, moi ton souverain, ton père, ton bienfaiteur ? Ose répondre ! Combien de fois n'ai-je pas entendu parler de tes projets odieux ? Mais je ne voulais pas y ajouter foi et je gardais le silence. Maintenant, tout est dévoilé ! Tu as voulu envahir la Livonie par intrigue et par ruse pour devenir le serviteur de la Pologne. Mais le Seigneur bienveillant m'a sauvé et t'a livré entre mes mains. Sois donc victime de ta déloyauté. Rends-moi ce qui m'appartient et

retourne ramper dans le néant ! » Des gardes relèvent Magnus et le
conduisent rudement, avec sa suite, dans une cabane. Là, les
captifs sont jetés sur une litière de paille en attendant la décision du
tsar. Comme le drapeau du traître flotte encore sur Wenden, Ivan
fait canonner la ville. Au lieu de se rendre, hommes, femmes,
enfants se réfugient dans le vieux château qui domine la cité.
Désespérés mais résolus, ils tirent des coups d'arquebuse sur les
Russes qui approchent et en blessent un grand nombre. Alors,
Ivan fait empaler sous leurs yeux un prisonnier livonien, Georges
Wilke, fameux défenseur de Volmar. Puis, il ordonne de braquer
les canons sur le château et ouvre le feu à courte distance. Pendant
trois jours entiers, l'artillerie foudroie les murailles qui, peu à peu,
s'écroulent. Juste avant le dernier assaut, les assiégés décident de
se faire sauter parmi les décombres. Ils remplissent les caves de
poudre, reçoivent la communion et se rangent à genoux, par
familles. A l'instant où les Russes s'élancent par la brèche, un
officier de Magnus, nommé Boïsmann, brandit une torche enflam-
mée. Une explosion formidable pulvérise tout, chair et pierre.
Mais Boïsmann échappe au désastre. Mutilé, brûlé, il est planté
sur un pal, tandis que la troupe, assoiffée de vengeance, torture et
fustige les malheureux survivants. Viols et meurtres occupent les
soldats pendant plusieurs jours. Ivan, présent sur les lieux,
encourage ses hommes aux excès. Le « châtiment de Wenden »
sème la terreur dans toute la Livonie. Chacun sait, par ouï-dire,
que le tsar est plus cruel que tous ses généraux réunis. Pour les
populations d'alentour, son nom seul constitue une menace de
mort. A son approche, les villes s'ouvrent, épouvantées, dès la
première sommation. Il s'approprie ainsi, sans combat, la majeure
partie de la Livonie, mais renonce à assiéger Riga et Reval, dont les
défenses l'inquiètent.

Satisfait de ses gains territoriaux, il offre, à Volmar, un grand
banquet à ses officiers, leur distribue des fourrures et des coupes
d'or, et libère quelques prisonniers polonais de marque. « Retour-

nez auprès du roi Etienne, leur dit-il ; persuadez-le de conclure la paix avec moi aux conditions qu'il me plaira de lui imposer, car mon bras est puissant, vous en avez eu la preuve. » Et, se rappelant le déserteur Kourbski, qui se cache toujours en Pologne, il rêve du jour où Etienne Bathory, mis à quia, le lui livrera pieds et poings liés. Déjà, dans sa tête, il imagine un savant supplice pour le traître. Et, se pourléchant, il lui écrit une lettre triomphante : « Nous, Ivan, fils de Vassili, par la grâce de Dieu puissant, souverain, tsar et grand-duc de toute la Russie, à notre ci-devant boyard... Même si mes crimes sont plus nombreux que le sable de la mer, je ne cesse d'espérer en la clémence divine, car le Seigneur peut noyer mes transgressions dans les flots de sa miséricorde. D'ores et déjà, il m'a fait une grâce, à moi, pécheur, adultère et tortionnaire, en jetant bas Amalec et Maxence [1], par la vertu de sa croix vivifiante... Pour ma part, je ne veux point dénombrer toutes ces victoires, car ce n'est pas moi qui les ai remportées, mais Dieu. Tu m'as écrit que ma raison était plus corrompue que celle d'un païen, et voici, je te place comme juge entre nous : qui de vous tous ou de moi a l'esprit le plus corrompu ? Est-ce moi qui, voulant me montrer votre maître, ai suscité votre rébellion et votre fureur, ou bien vous qui me refusiez soumission et obéissance, qui cherchiez à me régenter, à me voler mon pouvoir pour gouverner à votre guise en m'écartant du trône ?... Toi, en compagnie d'Alexis Adachev..., vous vous êtes imaginés que toute la terre de Russie se trouvait sous vos pieds, mais la miséricorde divine a mué votre sagesse en vanité. C'est pour cela justement que j'ai taillé ma plume pour t'écrire. Ne disiez-vous pas : " Il n'y a point d'hommes de mérite en Russie, nul n'est là pour la défendre " ? Aujourd'hui que vous n'êtes plus ici, qui donc s'empare des places fortes germaniques ?... La Lituanie n'osera plus dire désormais

---

1. Amalec : roi des Amalécites, « ennemi de Jéhovah » ; Maxence : adversaire acharné du premier empereur chrétien Constantin.

que les pas de nos chevaux ne l'ont pas tout entière parcourue. »

Le traître Kourbski étant, pour l'instant, hors de portée, Ivan a sous la main un autre traître : Magnus. Que faire de lui ? Le prisonnier s'attend à une mort lente dans les supplices. Or, à la surprise générale, Ivan lui pardonne. La victoire l'a-t-elle rendu généreux ? Veut-il imiter Dieu qui dispense à sa guise l'orage et l'arc-en-ciel ? Il libère Magnus, lui octroie quelques bourgades en guise de royaume et l'impose, pour la peine, d'un tribut de quarante mille florins d'or, que le Danois ne possède pas et ne paiera jamais. Pour affirmer sa souveraineté sur la Livonie, il ordonne de faire graver dans la pierre de toutes les églises de cette province l'inscription suivante : « Je suis Ivan, souverain d'un grand nombre de pays, dont la désignation se trouve dans mes titres. Je confesse la religion de mes pères, véritablement chrétienne selon la doctrine de l'apôtre saint Paul, de même que les bons Moscovites. Je suis leur tsar par naissance, titre que je n'ai ni recherché ni acheté, et mon tsar à moi est Jésus-Christ. »

C'est à la fin de l'automne 1577 qu'Ivan regagne sa chère résidence d'Alexandrovskaïa Sloboda, où il compte se reposer des fatigues de son expédition guerrière. Mais, malgré les succès remportés en Livonie, il ne saurait retrouver la paix de l'âme. La dernière lettre qu'il a écrite à Kourbski a réveillé en lui les vieux griefs. Sans se lasser, il repasse en mémoire les crimes prétendus de son entourage. A vingt-quatre ans de distance, il ne peut pardonner à la clique des boyards qui, lors de sa maladie, le croyant perdu, ont voulu écarter du trône la tsarine Anastasie et son fils, pour y installer le prince Vladimir Andréïevitch. Certes, tous les coupables, y compris le prince Vladimir, ont payé cette prétention de leur vie. Les familles mêmes des « conspirateurs » ont été détruites et leurs biens confisqués. Il en reste un pourtant, un ancien ami d'Adachev, le prince Michel Vorotynski, le héros de la conquête de Kazan. Banni en 1560, avec tous les siens, à Biélozersk, rentré en faveur cinq ans plus tard, il n'a jamais bénéficié d'une grâce absolue. Pendant dix-sept ans de loyaux services, il a constamment senti, derrière ses épaules, la menace d'une punition à retardement. Même après sa récente victoire sur les Tatars de Devlet-Guireï, à cinquante verstes de Moscou, il n'a pu se croire à l'abri de la colère tsarienne. Bien mieux, ce haut fait, unanimement célébré, l'a desservi, lui semble-t-il, auprès de son souverain. Et, en effet, Ivan ne peut accepter qu'un de ses sujets le supplante dans l'admiration populaire. En devenant une gloire nationale, à soixante ans, Michel Vorotynski a définitivement perdu la chance d'être pardonné. Dans l'esprit du tsar, il apparaît désormais comme un concurrent. Conscient du danger que sa notoriété fait peser sur lui, Michel Vorotynski ne cherche pas à fuir son destin. « Si mon souverain veut me faire mourir, dit-il calmement, il en a le droit, car je suis sur terre pour exécuter sa volonté. » Il n'a pas longtemps à attendre. Sur l'ordre d'Ivan, un serf fugitif du domaine de Vorotynski accuse son maître de sortilèges et d'entrevues secrètes avec des magiciennes dans le dessein d'attenter à la vie du monarque. Arrêté, chargé de chaînes, l'illustre vieillard est amené devant le tsar et mis en présence du délateur. « Seigneur ! s'écrie Michel Vorotynski, mon aïeul et mon père m'ont appris à servir avec zèle Dieu et mon souverain. Ils m'ont aussi appris à recourir dans mes chagrins aux autels du Très-Haut et non pas aux sorcières. Ce calomniateur est mon esclave : il est fugitif et convaincu de vol. Pourrais-tu ajouter foi au témoignage d'un scélérat ? » Insensible à ces protestations d'innocence et de dévouement, Ivan ordonne d'exécuter le *voïévode* qui a pris Kazan et sauvé Moscou. Attaché sur une poutre, il est placé entre deux brasiers ardents. Pendant le supplice, clignant des yeux dans la fumée, le tsar se sert de son long bâton ferré pour approcher des tisons du corps qui grésille. En satisfaisant cette vieille haine, il a l'impression de mettre de l'ordre dans sa maison. Comme s'il réglait une affaire qui a trop longtemps traîné. Avant que le prince n'ait rendu le dernier soupir, on le transporte, affreusement brûlé,

sur un brancard, au monastère de Biélozersk. Il meurt en route.
« Homme excellent, cœur fier et esprit limpide, écrit le prince
Kourbski, que ta mémoire soit à jamais sacrée dans ce monde !...
Tu as mérité ta plus grande récompense pour avoir souffert
innocemment de la main de ce buveur de sang, après t'être
distingué, jusqu'à l'âge de soixante ans, dans les guerres, et après
avoir mérité la couronne du martyre auprès de Notre Seigneur
Jésus. »

L'atroce agonie de Michel Vorotynski est, pour Ivan, comme
l'ouverture d'un opéra sanglant. Mis en appétit par le supplice de
son *voïévode,* il fait exécuter également Nikita Odoïevski et Michel
Morozov. Ce dernier est torturé avec sa femme et ses deux fils.
Cornélius, abbé de Pskov, et son disciple Vassiane Mouromtzev
sont écrasés lentement au moyen d'une meule, l'archimandrite
Théodorite, ancien confesseur de Kourbski, est noyé dans une
rivière. Quant à Léonide, l'archevêque de Novgorod, il est cousu
dans une peau d'ours et livré à des chiens affamés qui le
déchiquettent. D'autres victimes, moins connues, figurent sur la
liste. Dans son règlement de comptes, Ivan mélange sciemment les
anciens boyards hostiles à sa politique et les nouveaux venus dont
la tête lui déplaît. Les vertueux et les méchants sont également
exposés à sa fureur. C'est sa façon d'être impartial.

En effet, selon la morale qu'il s'est forgée peu à peu tout au long
de son existence, il ne peut se contenter de poursuivre les vrais
coupables. Quand il torture un vrai coupable, c'est le sentiment de
la vengeance assouvie qui domine en lui et, par-delà, celui d'un
accord avec le tribunal de Dieu. Et cela, certes, est très agréable.
Mais, quand il torture un innocent, la jouissance est tout ensemble
plus subtile et plus forte. Ce qu'il éprouve alors, c'est le plaisir
gratuit du mal pour le mal, l'ivresse de détruire son prochain sans
motif, l'orgueil de s'affirmer au-dessus des lois humaines. Oui, le
fumet d'un corps qui brûle ou qui saigne est cent fois plus excitant
quand on sait que cette souffrance est imméritée. La justice injuste

est un régal de gourmet. En châtiant avec raison, le tsar se
conforme à la volonté de Dieu, en châtiant sans raison, il devient
l'égal de Dieu. Ainsi un degré de plus est franchi dans l'exaltation
du pouvoir absolu.

Cette purge énergique à l'intérieur n'empêche pas Ivan de suivre
avec attention les mouvements de l'étranger. Craignant que la
Pologne, malgré les assurances d'Etienne Bathory, ne se prépare à
marcher contre la Russie, il recherche l'alliance de Rodolphe,
successeur de Maximilien sur le trône du Saint Empire romain
germanique. En cas de victoire, il lui promet la Hongrie, se
réservant pour lui-même la Pologne. Mais le nouvel empereur,
malgré sa haine d'Etienne Bathory, redoute la réaction du sultan si
on touche à la Hongrie. Il se dérobe donc aux propositions du tsar.
En revanche, Frédéric, roi du Danemark, offre à Ivan de marcher
avec lui contre la Suède. Mais il envisage de partager ensuite avec
la Russie le butin constitué par la Livonie et l'Estonie. Cette fois,
c'est Ivan qui juge le marché inacceptable. On se contentera d'un
armistice de quinze ans. A tout hasard, le tsar distribue aussi de
l'or à Mahmet-Guireï, fils de Devlet-Guireï mort dans l'année[1],
pour acheter la neutralité des Tatars. Et il poursuit, par ses
émissaires, une conversation aimable avec Etienne Bathory, qui,
de toute évidence, cherche à gagner du temps.

Soudain, au début de 1578, Ivan apprend qu'Etienne Bathory a
signé avec la Suède un traité d'alliance offensive et défensive pour
la reprise de la Livonie, la Narova marquant la future ligne de
partage entre les deux Etats. Immédiatement, les opérations
commencent. Les Lituaniens, ayant envoyé, en signe d'amitié, des
tonneaux d'eau-de-vie aux officiers de Dunabourg, profitent de
l'ivresse où est plongée toute la garnison pour forcer les portes de la
forteresse et massacrer les Russes. Wenden tombe également aux
mains des assaillants, qui attaquent au milieu de la nuit et

---

1. Devlet-Guireï est mort le 29 juin 1577

surprennent les sentinelles endormies. Enfin, l'armée polonaise,
commandée par André Sapiéha, et l'armée suédoise, sous les
ordres de Boë, écrasent les forces du prince Golitzine. Six mille
Russes gisent sur le terrain. Les artilleurs se sont suicidés sur leurs
pièces plutôt que de se rendre. Partout on se bat, mais c'est
seulement en juin 1579 que le courrier Venceslas Lopacinski remet
à Moscou la déclaration de guerre d'Etienne Bathory. Ce document, imprimé en plusieurs langues sur des presses qui suivent
l'armée, comporte un exposé historique, farci de dates, des
allusions ironiques aux prétentions d'Ivan qui se dit descendant de
César-Auguste, et la promesse de respecter les personnes et les
biens des non-belligérants. Et, de fait, l'armée polonaise, forte
d'environ vingt mille hommes, est soumise à une discipline très
stricte. Composée en majeure partie de mercenaires étrangers
(Russes, Hongrois, Français, Anglais, Italiens, Belges, Ecossais),
elle n'en a pas moins une parfaite cohésion et une grande efficacité.
Les effectifs russes sont, à peu de chose près, cinq fois plus élevés
que ceux de l'adversaire. Mais les troupes moscovites, mal armées,
mal entraînées, sont inférieures dans les combats à celles que
commande l'intraitable Etienne Bathory. D'un côté, se dresse une
armée informe, asiatique, divisée par des rivalités de généraux, de
l'autre, une armée européenne, moderne, composée de soldats de
tous pays, sévèrement encadrés, et accompagnés de scribes et
d'imprimeurs. Bien qu'étant de la même famille, les deux peuples
représentent deux mondes différents et historiquement rivaux.
Dans leur affrontement, ce sont deux civilisations qui se heurtent.
Sous les bannières polonaises, l'Occident latin s'élance à la
conquête de l'Orient slave.

Au début d'août 1579, Etienne Bathory assiège Polotsk. Prise
sous le feu de l'artillerie, qui défonce les fortifications de bois et
incendie les maisons, la ville tombe après trois semaines de
résistance. Une armée russe, envoyée en secours, refuse le combat
en rase campagne, s'enferme dans la forteresse de Sokol et tente de

couper le ravitaillement de l'ennemi. Mais Sokol est enlevé de haute lutte. Krasnoï et Starodoub capitulent également. Devant ces désastres répétés, Ivan, qui a établi son quartier général à Novgorod, se retire précipitamment à Pskov. Une faible consolation dans cette avalanche de mauvaises nouvelles : le redoutable « Annibal », chef des partisans, est capturé, conduit à Pskov et exécuté. Mais Etienne Bathory, lui, avance toujours, et sa réputation de générosité le précède, lui gagnant le cœur des populations. On dit de lui qu'il est la justice même. Simple, sobre, courageux, il couche sur la paille avec ses soldats, mange à leur ordinaire, ne porte pas de gants et dédaigne l'usage des bas. Il sait choisir ses officiers ; ses hommes l'adorent ; sa parole est grave et inspirée comme une prière. Ivan décide qu'un prince aussi vertueux ne peut être insensible au langage du cœur. Passant de l'arrogance à l'humilité, il l'invite à lui envoyer des ambassadeurs pour discuter d'une paix raisonnable. Etienne Bathory s'y refuse et exige avant tout la libération de Venceslas Lopacinski, son premier émissaire, que le tsar a jeté en prison. Docile, Ivan tire le Polonais de son cachot et l'invite à sa table. Puis, ravalant jusqu'au bout son orgueil, il expédie à son ennemi victorieux une mission de conciliation qui compte cinq cents dignitaires superbement vêtus. En cours de route, ils apprennent qu'Etienne Bathory, loin de songer à palabrer, s'est remis en campagne, avec une armée forte de dix-huit mille hommes. Consternés, les négociateurs reviennent sur leurs pas et apprennent au tsar l'échec de leur entreprise. Ivan sent passer sur sa nuque le souffle de la défaite.

En septembre 1580, Etienne Bathory s'ouvre un chemin à travers d'épaisses forêts, jette des ponts de fortune sur des marais et met le siège devant la grande cité de Viélikié-Louki, qui sert aux Moscovites de dépôt de guerre et de base pour leurs opérations contre la Lituanie. Les remparts de bois, formés d'une double rangée de madriers garnis de terre, semblent à l'épreuve des boulets. Mais un incendie éclate et la garnison se rend. Après la prise de la ville, Etienne Bathory défait l'armée du prince Khilkov, envoyée en renfort, et, poursuivant sa progression, conquiert en un mois toute la province. « Même une poule défend mieux sa nichée quand un faucon l'attaque, écrit-il dans une lettre diffusée en plusieurs langues. Le tsar, lui, se cache derrière l'aigle à deux têtes de Moscovie. »

Tandis que les Polonais raflent les villes russes l'une après l'autre, les Suédois, commandés par le général Horn et le Français Pontus de La Gardie, envahissent la Carélie et l'Estonie. Ils occupent Narva, Ivangorod, Iam, Koporié. Battus, ahuris, démoralisés, les Russes lâchent pied dans tous les secteurs. La plus grande partie des anciennes conquêtes d'Ivan est effacée. Devant la carence de ses troupes, il met tout son espoir en Dieu. Terré à Alexandrovskaïa Sloboda, il passe des heures en prière dans l'attente d'une inspiration céleste. Le prince Kourbski, qui combat toujours sous les drapeaux d'Etienne Bathory, écrit à son ancien maître : « Eh bien, où sont donc tes victoires ? Dans la tombe des héros, des vrais défenseurs de la Russie, des *voïévodes* que tu as exterminés !... Au lieu de l'amour du peuple et de ses bénédictions jadis si douces à ton cœur, tu ne recueilles que haine et malédictions universelles ! Au lieu de gloire militaire, tu t'abreuves de honte !... Ne voit-on pas le jugement de Dieu s'accomplir sur le tyran ?... Je me tais et je pleure ! »

Ivan ne répond pas à cette épître, mais, afin de secouer la tristesse qui le ronge, il décide subitement de se marier pour la huitième fois. Violant derechef toutes les lois de l'Eglise orthodoxe, il épouse Marie Fedorovna Nagoï, fille d'un dignitaire de la cour. En même temps, son deuxième fils, Fedor, prend pour femme Irène, sœur de Boris Godounov. Seuls quelques intimes assistent à la double cérémonie. Cependant, cette chair fraîche apportée dans son lit ne suffit pas à guérir Ivan de son hypocondrie. Tout au contraire, auprès de cette jeunesse, il éprouve plus cruellement la déficience de son corps et le désordre de son esprit.

Les affaires extérieures l'obsèdent. Il lui faut la paix à tout prix. Les nouveaux négociateurs qu'il envoie à Etienne Bathory ont ordre de se montrer conciliants, affables, d'accepter les pires affronts, « y compris les injures et les coups de poing », et d'offrir à l'insatiable Hongrois toute la Livonie, sauf quatre villes. Peine perdue, Etienne Bathory exige, en plus de la Livonie entière, Novgorod, Pskov, Smolensk, toute la Siéverie [1], et une indemnité de quatre cent mille ducats. Ivan s'étrangle de rage et répond à son adversaire par une lettre de vingt-trois pages, qui est un tissu de citations bibliques, de protestations d'innocence et d'insultes cinglantes. Selon lui, la Pologne n'a aucun droit sur la Livonie, qui est une terre russe. Quant à l'indemnité de guerre réclamée, c'est « un usage musulman ». « De telles exigences, écrit-il, sont émises par les Tatars, mais, dans les Etats chrétiens, un souverain ne paie pas de tribut à un autre souverain... Toi qui te prétends chrétien, pourquoi exiges-tu un tribut des chrétiens, à la façon des mécréants ? Et pour quel motif te donnerions-nous de l'argent ? C'est toi qui nous as fait la guerre, toi qui as fait quantité de prisonniers, et c'est nous qui te devons un tribut ? Il conviendrait plutôt que tu nous accordes un dédommagement, toi qui, nous assaillant sans cause, as conquis nos territoires... Nous mettons notre espoir dans le Très-Haut, nous nous reposons sur la force de la Croix vivifiante, et tu feras bien de te remémorer Maxence, qui périt à Rome par l'effet de la Croix sainte et salvatrice. »

Ayant lu cet interminable message, Etienne Bathory éclate de rire et dit : « Jamais encore Sa Majesté ne nous a envoyé une épître aussi prolixe ! Peut-être est-il remonté jusqu'à Adam ? » Et il charge son chancelier Jean Zamoïski de préparer une réponse deux fois plus longue. Lui-même en détermine les points principaux. Pour faire bonne mesure à son insulteur, il y affirme que le tsar est un fou couronné, que ses soldats se conduisent en campagne

---

1. Ancienne principauté de la Russie, en Ukraine.

comme des brigands, qu'il se couvre de ridicule en invoquant ses
origines romaines, alors que, « comme chacun sait », sa mère était
une simple princesse Glinski, fille d'un déserteur lituanien, qu'il
n'a pas le droit de reprocher au roi de rechercher l'appui des Turcs
alors qu'il a épousé naguère une musulmane convertie — Marie
Temrioukovna — et qu'il n'est qu'un pleutre fuyant les champs de
bataille où ses régiments périssent pour rien. En conclusion, il
provoque Ivan en combat singulier : « Prends tes armes, monte à
cheval, Ivan ! Convenons ensemble de l'endroit et de l'heure de la
rencontre, montre ton courage et ta confiance dans la justice de ta
cause, croisons le fer à nous deux ! Ainsi sera épargné beaucoup de
sang chrétien !... Si tu nous refuses cette satisfaction, tu auras
ratifié ta condamnation et prouvé qu'il n'y a dans ton âme aucun
fond de vérité, aucun sentiment de dignité souveraine, comme tu
le prétends, de dignité virile ou même féminine. »

Pendant cet échange d'insultes, les opérations militaires continuent. Etienne Bathory, ayant obtenu de nouveaux subsides de la
Diète et engagé les joyaux de la Couronne pour payer ses
mercenaires, arrive devant Pskov avec vingt mille hommes et vingt
canons. La ville, entourée d'un rempart de pierre et flanquée de
tours, contient une garnison de quarante mille soldats, des
magasins bourrés de munitions et de vivres, et de nombreuses
églises. Elle paraît, de loin, si imposante aux Polonais que l'abbé
Piotrowski s'écrie : « Juste ciel ! Pskov est un autre Paris ! » Pour
galvaniser le cœur des défenseurs de la cité, le prince Ivan Chouïski
qui les commande fait jurer aux soldats et aux civils, devant
l'image de Notre-Dame de Vladimir, de mourir plutôt que de se
rendre. Les reliques de saints et les icônes vénérables sont
portées en procession sur les remparts. Après quelques légères
attaques destinées à tâter la résistance de l'adversaire, les hommes
d'Etienne Bathory se lancent, le 8 septembre 1581, au son des
trompettes, à un assaut général. L'artillerie polonaise ayant ouvert
des brèches dans les murailles, ils pénètrent dans la cité en foulant

aux pieds les cadavres, s'emparent de deux tours et y plantent leur
bannière. De là, ils criblent de balles les Russes qui reculent en
désordre. Mais le prince Ivan Chouïski, couvert de sang et de
poudre, descend de cheval, arrête les fuyards et, leur désignant
l'image de Notre-Dame que des prêtres brandissent au-dessus de la
mêlée, leur ordonne de retourner au combat. Au même instant,
par une coïncidence miraculeuse, l'une des tours, occupée par les
assaillants et que les défenseurs avaient préalablement minée, saute
en l'air, dans un fracas terrible, avec les soldats et les étendards du
roi. Les cadavres allemands, polonais et hongrois s'amoncellent
dans les fossés, tandis que les Russes, ragaillardis, contre-
attaquent. Dans un suprême effort, l'ennemi est rejeté hors de
l'enceinte. Etienne Bathory, qui a laissé cinq mille morts sur le
champ de bataille, ne renonce pas à prendre la ville. Mais, dès le
début du mois d'octobre, le froid et le manque de ravitaillement
déciment son armée.

Pour sa part, Ivan n'a pas abandonné le projet d'une paix
honorable avec la Pologne. D'autant que les Suédois achèvent la
conquête du golfe de Finlande et menacent Pernau, Dorpat et
Fellin, que les Danois paraissent prêts à rompre la trêve conclue
deux ans plus tôt, et que, selon toute vraisemblance, les Tatars,
voyant les embarras de Moscou, attendent le moment propice pour
reprendre Kazan et Astrakhan. Soudain le tsar aux abois a une idée
extravagante, éblouissante : pourquoi ne pas proposer au pape et à
l'empereur Rodolphe d'organiser contre les infidèles une croisade à
laquelle participeraient tous les Etats chrétiens, y compris la
Russie et la Pologne, auparavant réconciliées ? Bien entendu,
dans l'esprit d'Ivan, la croisade n'est qu'un prétexte pour que le
pape et l'empereur pèsent sur Etienne Bathory et l'amènent à
résipiscence. Le fils de boyard Istoma Chévriguine est chargé de
cette mission. Muni d'instructions détaillées, il se rend d'abord à
Prague auprès de l'empereur Rodolphe qui ne dit ni oui ni non. De
là, il part pour Venise, où le doge reste, lui aussi, dans le vague.

Enfin, il arrive à Rome, avec deux interprètes. Reçu en audience privée par le pape Grégoire XIII, il s'agenouille, baise la mule du souverain pontife, lui offre des zibelines et présente la longue lettre du tsar. Dans ce message, Ivan demande au Saint-Père d'ordonner qu'Etienne Bathory « renonce à l'alliance des musulmans et à la guerre contre les chrétiens ». Mais il se garde bien de promettre, en échange de la croisade envisagée, le moindre rapprochement entre les deux Eglises. Or, ce rapprochement, vainement tenté au xve siècle, le Saint-Siège persiste à en caresser l'idée. Nonobstant le silence voulu du tsar sur la question, Grégoire XIII décide d'envoyer à Moscou un mandataire qui proposera l'union religieuse d'abord et l'entente politique ensuite.

C'est à Antoine Possevino, jésuite fort cultivé et connaissant bien le Nord, qu'incombe cette tâche complexe. A Venise, il expose avec fougue l'intérêt qu'il y aurait pour la chrétienté à créer une ligue, autour de la Russie et de la Pologne, contre les Turcs. Mais les Vénitiens tiennent trop à leurs relations commerciales avec l'Empire ottoman pour entrer dans une combinaison aussi désavantageuse. Leur réponse est, une fois de plus, évasive. Alors, par Vienne et Prague, Possevino rejoint Etienne Bathory à Vilna. Là, nouvelle déception ! Malgré son respect de l'autorité pontificale, le roi de Pologne ne démord pas de son idée : il veut toute la Livonie, la destruction ou la remise de certaines forteresses russes et le versement d'un important tribut. Cependant, il consent à délivrer au voyageur un passeport pour la Russie. Infatigable, Possevino se remet en route. A Smolensk, il est accueilli avec éclat, mais sa méconnaissance de la langue russe lui joue un tour. Croyant se rendre à un dîner auquel on l'a convié (en russe : *obiéd*), il se retrouve à la porte d'une église orthodoxe où on célèbre la messe (en russe : *obiédnia*). Affolé, il bat en retraite et refuse de baiser la main de l'évêque. Enfin, le 18 août 1581 (alors que l'armée d'Etienne Bathory approche de Pskov), il arrive à Staritsa, petite ville fortifiée où le tsar a élu provisoirement résidence. Le surlendemain, il est admis à « se présenter devant les yeux sereins du tsar ». Au premier abord, il est émerveillé par la somptuosité barbare du décor et des costumes. Entouré de boyards barbus, aux longues tuniques de brocart, Ivan, assis sur son trône, le corps enveloppé d'une robe de drap d'or parsemée de pierres précieuses, le sceptre à la main, le chapeau du Monomaque sur la tête, le considère d'un œil froid de rapace. Sous ce regard impérieux, le mandataire du pape, dans sa pauvre soutane noire, s'incline humblement. Après lui avoir demandé des nouvelles de la santé du Saint-Père et reçu un document où Grégoire XIII veut bien l'appeler son « fils chéri », le tsar s'intéresse aux présents pontificaux : un crucifix en cristal de roche enrichi d'or et contenant un fragment de la Vraie Croix, un exemplaire grec, superbement relié, des Actes du concile de Florence, un rosaire monté en or avec des pierres précieuses et une coupe en or. Au dernier moment, Possevino a renoncé à offrir également une image de la Sainte Famille, où figure un saint Jean-Baptiste entièrement nu, ce qui n'aurait pas manqué d'offusquer les Russes habitués à une iconographie plus chaste. Il y a aussi des cadeaux pour le fils aîné du tsar et pour la tsarine Anastasie Romanovna (« notre fille bien-aimée »), morte vingt et un ans plus tôt et, depuis, sept fois remplacée, circonstance que le Vatican ignore. Ivan ne sourcille pas, remercie et ordonne que les négociations commencent immédiatement.

Six boyards, aidés d'interprètes, donnent la réplique au légat du pape et, dès la moindre difficulté, courent consulter le tsar. Quand la séance reprend, ils lisent, tour à tour, des rouleaux de papier où sont consignées les réponses alambiquées du souverain. Chaque lecteur commence son exposé par une invocation à la Sainte-Trinité et l'énumération des nombreux titres d'Ivan. Possevino les entendra trente-six fois de suite, cachant son impatience sous un air de courtoisie. Ensuite, il lui faudra subir les querelles des traducteurs qui ergotent sur le sens du texte et se reprochent mutuellement de trahir la pensée de Sa Majesté. Pendant un mois, on discute ferme sans se comprendre, on échange des notes, on s'agite dans le brouillard. Parfois, le tsar convoque Possevino pour avoir avec lui un entretien privé. Dès que le légat lui a baisé le bout des doigts en signe de déférence, Ivan se lave les mains dans un bassin en or, afin d'effacer la souillure laissée sur sa peau par le contact avec la bouche d'un hérétique. Puis, avec ruse et ténacité, il défend ses positions, vante les mérites du pape, détaille les avantages que la chrétienté tirerait d'une cessation des hostilités entre la Russie et la Pologne, mais ne souffle mot de la croisade contre la Turquie ni du rapprochement des deux Eglises. Ce qui l'encourage dans la fermeté, c'est la nouvelle, tant attendue, de l'échec d'Etienne Bathory devant Pskov. Il sait que les assaillants manquent de vivres, de munitions et d'argent. N'est-ce pas le moment de leur tenir la dragée haute ? A la mi-septembre, le jésuite comprend qu'il perd son temps du côté russe et décide de se rabattre sur le côté polonais. « Tu iras trouver le roi Etienne, lui dit le tsar en lui donnant congé, tu le salueras de notre part et, après avoir négocié la paix selon les ordres du pape, tu reviendras auprès de nous, car ta présence nous sera toujours agréable à cause de celui qui t'envoie et de ta fidélité dans nos affaires. »

Lorsque Possevino rejoint le camp polonais devant Pskov, le 5 octobre 1581, Etienne Bathory, malgré le mauvais état de ses troupes, maintient toutes ses revendications territoriales. Néanmoins, il consent à ne plus exiger d'indemnité. Conscient d'avoir épuisé toutes les ressources de la diplomatie, le jésuite écrit, le 9 octobre, à Ivan pour lui conseiller d'engager les pourparlers au plus vite. Et Ivan, fatigué de la guerre, accepte d'envoyer des plénipotentiaires à l'ennemi. Ils rencontrent les négociateurs polonais dans le village en ruine de Kiverova-Gorka, à quinze verstes de Iam-Zapolski. Les réunions se tiennent dans la misérable cabane de Possevino. Là, on s'assied sur des bancs entre un autel improvisé et un brasero dont la fumée, n'ayant d'autre issue, s'échappe par un trou dans le toit. A la fin de la séance, les délégués des deux parties ont des visages de ramoneurs. Le jésuite joue le rôle d'arbitre. Il a placé les Polonais à sa droite, les Russes à sa gauche. L'interprète se tient debout. Les discussions sont si violentes qu'à plusieurs reprises les Polonais sortent en coup de vent et crient qu'ils ne remettront plus les pieds dans ce piège. Un jour, Possevino, à bout de patience, saisit un membre de la délégation russe par le bouton de sa pelisse, le secoue d'importance et le jette dehors. Cependant, de querelle en querelle, on finit par s'entendre. Un armistice de dix ans est signé, le 15 janvier 1582. Les Russes abandonnent toute la Livonie et Polotsk ; les Polonais évacuent les villes russes qu'ils ont conquises. C'est, pour le tsar, un pis-aller. Au vrai, il renonce à ce qu'il avait déjà sacrifié trois mois auparavant. Les menaces de ses adversaires ne lui ont rien arraché de plus. Mais il n'en est pas moins profondément meurtri. Après vingt ans de lutte, alors qu'il se croyait déjà exaucé, la Moscovie se retrouve, comme jadis, coupée de la Baltique et de l'Europe occidentale.

Or, cette Europe occidentale, il ne cesse d'y penser. Tout en craignant de se laisser prendre au vertige des innovations étrangères, il lorgne en secret de ce côté-là. Il se sent à la fois fier d'être russe et honteux du retard de son pays sur les autres. Face à la France, à l'Italie, à l'Angleterre, à l'Allemagne, à l'Espagne, à la Pologne, où fleurissent l'art et la littérature, l'humanisme et les querelles religieuses, il constate que sa patrie est figée dans la contemplation d'un passé poussiéreux. A l'époque où, ailleurs, on lit Chaucer et Villon, Pétrarque et Boccace, Dante et l'Arioste, Rabelais et Ronsard, pas un écrivain n'élève la voix en Moscovie. L'horreur des plaisirs profanes enseignée par l'Eglise orthodoxe étouffe toute velléité de création originale. Seule l'architecture échappe à ce carcan. La peinture, la sculpture, la musique, la

littérature sont frappées d'interdit par le clergé. L'imagination des
peintres ne se libère, selon des règles très strictes, que dans les
icônes, et les inventeurs de mythes doivent se contenter des chants
et des contes populaires comme seuls véhicules de la pensée
poétique. La grande terre russe est vouée à la nuit de l'esprit. Une
lourde torpeur l'empêche de réfléchir et de s'exprimer. Cependant,
une première typographie desservie par des spécialistes danois
ayant été détruite à Moscou par le peuple ameuté contre les
« ouvriers de Satan », Ivan en a fait installer une autre à
Alexandrovskaïa Sloboda. Les livres imprimés là sont très peu
nombreux et offrent tous un caractère religieux. Même les
ouvrages importés de l'étranger sont rares. D'après un inventaire
de 1578, le richissime Stroganov possédait, en tout et pour tout,
deux cent huit volumes, dont quatre-vingt-six imprimés. Le
métropolite Macaire, polygraphe infatigable, a réuni en douze
énormes tomes quelques vies de saints, des œuvres des Pères de
l'Eglise, des relations de voyages. Ivan lui-même a collaboré à
certaines de ces chroniques. Nourri de slavon ecclésiastique, il a la
plume facile et l'imagination foisonnante. Le fond de sa bibliothèque personnelle est constitué par la Bible, des livres d'heures, des
psautiers, le fameux *Domostroï,* les *Tchéti-Mineï,* série de textes
édifiants pour chaque jour du mois, en rapport avec la vie du saint
indiqué par le calendrier. Mais il a lu aussi des textes profanes,
L'Iliade, L'Odyssée, tout ce qui lui tombe sous la main. Doué
d'une mémoire exceptionnelle, il encombre ses épîtres de références et de citations. Il veut être l'homme le plus érudit de Russie. Et
peut-être l'est-il en effet. Mais le problème pour lui demeure posé,
aussi bien sur le plan culturel que sur le plan politique. Comment
rester foncièrement russe sans ignorer le mouvement intellectuel
du monde ? Comment s'élancer vers l'avenir sans perdre l'acquis
du passé ? Devant ce dilemme, la règle du tsar est intangible : se
méfier de l'Europe, tout en lui volant, par-ci par-là, quelques

étincelles. Un jour viendra, pense-t-il, où, ayant assimilé toutes les connaissances de ses voisins, la Russie les dominera par le génie de ses artistes et de ses savants, sans rien abdiquer de ses traditions nationales.

CHAPITRE XVI

NAISSANCE DE LA SIBÉRIE

De sa première femme, Anastasie, le tsar a eu trois fils : Dimitri, mort à l'âge de quelques mois, Ivan et Fedor. Maladif et rêveur, Fedor compte pour peu à la cour. En revanche, l'aîné, Ivan, héritier du trône, est, en 1581, un homme robuste de vingt-sept ans, de haute stature, d'intelligence vive et de goûts violents. Lettré comme son père, il se plaît, dans ses moments de loisir, à écrire une vie de saint Antoine. Cela ne l'empêche pas d'être attiré, lui aussi, par le spectacle de la souffrance humaine. Le tsar, qui a pour lui de la tendresse et de l'admiration, le fait assister aussi bien aux séances du Conseil et à la réception des ambassadeurs qu'aux orgies nocturnes, aux massacres et aux tortures. Quand il est en sa compagnie, il constate avec orgueil l'identité de leurs réactions devant le sang versé et la bassesse révélée. A travers les expériences du stupre et de la cruauté, il voudrait en faire un autre lui-même. Ensemble, ils président à la torture du docteur Elisée Bomelius, médecin et fournisseur en poisons du tsar, accusé par ses ennemis d'entretenir une correspondance secrète avec la Pologne. Hissé sur un chevalet, les bras et les jambes désarticulés et le corps lacéré avec un fouet en fil de fer, le savant clame les aveux les plus

extravagants. Alors, le tsar donne l'ordre de le faire rôtir. Ficelé,
tout sanglant, sur une broche de bois, Elisée Bomelius est présenté
aux flammes, qui lui lèchent le dos. Très vite, ses chairs se
racornissent en fumant. Cependant, il vit encore lorsqu'on le
détache. Ramené dans son cachot, il y meurt presque aussitôt,
maudit par le tsar dont il a connu, peu auparavant, la confiance.
Un autre jour, Ivan et son fils se régalent, côte à côte, du supplice
infligé à des moines récalcitrants. Ces misérables frocards refu-
saient de livrer à Sa Majesté un inventaire exact de leur trésor, par
crainte d'une confiscation. Ivan les fait rassembler dans une cour
entourée de hautes murailles. Par faveur, il les autorise à se munir
d'un chapelet et d'un épieu. Puis, il ordonne de lâcher sur eux les
ours sauvages qu'il garde en cage pour ses distractions. Les
animaux furieux se ruent sur les religieux, les griffent, les
éventrent, leur arrachent les boyaux « comme l'eût fait un chat
avec une souris », dit un témoin. Un seul des frères rebelles
parvient à tuer avec son épieu la bête qui l'assaille. Mais il
succombe, lui aussi, à ses blessures. Il sera canonisé pour sa
vaillance. Le tsar et son fils se retirent, satisfaits. Ils sont si
heureux ensemble, ils se comprennent si bien ! Le chroniqueur
Oderborn affirme qu'ils échangent leurs maîtresses. En tout cas, le
tsarévitch, suivant l'exemple paternel, a expédié au couvent ses
deux premières épouses, Eudoxie Sabourov et Prascovie Solov. La
troisième, Hélène Chérémétiev, recueille toute son affection, bien
qu'il la trompe de droite et de gauche. En automne 1581, elle est
enceinte et cette circonstance la rend plus chère encore à son époux
qui, comme de juste, espère un rejeton mâle. En cette saison
brumeuse et froide, toute la famille du tsar est réunie à
Alexandrovskaïa Sloboda. Le tsarévitch, suivant de près l'évolu-
tion des pourparlers de paix avec la Pologne, reproche à son père la
pusillanimité dont il fait preuve dans la conduite des opérations et
demande qu'on lui confie des troupes pour libérer Pskov. En
entendant cette critique, Ivan bouillonne de colère, mais se

contient. Le 9 novembre au matin, une délégation de boyards se présente devant lui, tête basse, et le prince Serge Koubenski, qui la conduit, prend la parole. « Grand tsar, dit-il, les armées du roi Etienne Bathory ont envahi notre pays. Nous sommes tous prêts à verser notre sang pour le salut de la Russie, mais il est temps de s'opposer à l'ennemi si nous ne voulons pas périr. Nous te conjurons donc de prendre la tête de tes troupes, ou, du moins, d'y envoyer à ta place ton fils, le tsarévitch Ivan. » Venant après les propos de son fils, ce discours confirme le tsar dans l'idée folle qu'il s'agit là d'une conspiration pour le déposséder de son pouvoir au profit du tsarévitch. Furieux, les yeux saillants, la barbe tremblante, il vocifère : « Comment osez-vous me parler ainsi ? Vous n'avez jamais aspiré qu'à avoir un autre maître que celui que Dieu vous a donné, et maintenant vous voudriez voir mon fils sur le trône à ma place ! » Et, malgré les protestations éplorées des boyards, il les fait jeter dehors. Peu après, il se calme. Cependant, à quelques jours de là, le 15 novembre 1581, rencontrant sa bru, Hélène, dans une salle de sa résidence, il constate que, malgré sa grossesse avancée, elle ne porte qu'une robe légère au lieu de trois enfilées l'une sur l'autre, ainsi que le veut l'usage. Jugeant cette tenue indécente pour une princesse, il lève la main sur elle et la bat avec tant de force qu'elle fait une fausse couche. De retour au palais, le tsarévitch se précipite chez son père et lui crie son indignation. C'est la deuxième fois en peu de temps qu'il se permet de hausser la voix devant le souverain. Ivan ne peut l'admettre. Oubliant ses griefs secondaires contre sa belle-fille, il revient au principal objet de son ressentiment. « Pauvre insensé ! hurle-t-il. Comment oses-tu fomenter une révolte contre moi ? » Le tsarévitch affirme qu'il n'en a jamais eu l'intention, qu'il n'était même pas au courant de la démarche des boyards, mais qu'en effet il estime nécessaire de rassembler une armée pour aller délivrer Pskov.

A ces mots, envahi d'une rage démente, Ivan bondit de son

siège, brandit son long bâton ferré et en frappe son fils au hasard,
sur les épaules, sur la tête. Boris Godounov, qui assiste à la scène,
essaie d'arrêter cette grêle de coups. Il en reçoit lui-même
quelques-uns. Le tsavéritch s'écroule, la tempe trouée. Pendant un
instant, Ivan demeure debout, hébété, son épieu sanglant à la
main, comme si c'était un autre qui avait agi à sa place. Puis, il se
jette sur le corps, couvre de baisers le visage livide et barbu dont
les yeux se révulsent, et tente en vain d'arrêter le sang qui s'écoule
du crâne par une profonde blessure. Epouvanté, désespéré, il
glapit : « Malheureux, j'ai tué mon fils ! J'ai tué mon fils ! » Boris
Godounov se précipite pour chercher du secours. Des serviteurs
accourent avec des bassines d'eau et des linges. Un médecin se
penche sur le blessé, examine ses plaies, hoche doctoralement la
tête : il n'y a guère d'espoir. Ayant repris connaissance, le
tsarévitch baise les mains de son père et murmure : « Je meurs
comme ton fils dévoué et le plus soumis de tes sujets. »

Pendant quatre jours et quatre nuits, le tsar attend, dans
l'angoisse, un miracle qui lui rendrait cette vie si chère. Déchiré de
remords, il rôde dans le palais en gémissant et en tirant les poils de
sa barbe. Ses traits se sont affaissés, ses cheveux ont blanchi. C'est
un vieillard courbé par les ans et le chagrin qui se traîne, de temps
à autre, vers la chambre du mourant et épie son souffle. Le
tsarévitch respire à peine. Cependant, tout n'est pas perdu. Ivan
rentre chez lui en chancelant et s'allonge, le regard fixé sur la
flamme tremblante des veilleuses. Quand il s'endort, à bout de
forces, des cauchemars le visitent. Il s'éveille en sursaut et se rue
devant les icônes. Prosterné, il promet à Dieu de ne plus infliger de
tortures, de libérer les prisonniers, de construire des églises, de
distribuer le reste de sa fortune aux pauvres. Mais le ciel reste
sourd à sa voix. Déjà, le métropolite a administré les derniers
sacrements. Le 19 novembre 1581, le tsarévitch expire. Toutes les
cloches de la bourgade sonnent le glas. Ivan, atterré, sanglotant, la
poitrine secouée de spasmes, reste plusieurs jours assis auprès du

cadavre de sa victime. Il refuse le sommeil et la nourriture. Assassin du tsarévitch, il se sent doublement coupable : parce qu'il a tué son fils et parce que ce fils était l'héritier du trône. En le supprimant dans un accès de colère, il a offensé à la fois Dieu et la Russie [1].

Le 22 novembre, la procession funèbre quitte Alexandrovskaïa Sloboda pour se rendre à Moscou. Ivan, vêtu comme le plus humble de ses sujets, suit à pied le corbillard. Tout au long du trajet, il se lamente et gesticule, implorant son fils de lui pardonner. A l'église Saint-Michel-Archange, il pousse des cris de bête pendant l'office et frappe sa tête alternativement contre les dalles et contre le cercueil.

Les jours suivants, son désordre touche à la folie. Au milieu de la nuit, il se lève et parcourt le palais, les bras tendus, à la façon d'un somnambule, recherchant le fils qu'il a perdu. Au matin, on le retrouve affalé n'importe où, sur le plancher. A grand-peine, on l'étend sur son lit ; il paraît s'apaiser ; mais, aussitôt après, comme assailli par un spectre, il tombe de sa couche et se roule par terre en rugissant.

Peu après l'enterrement, il convoque les boyards et leur dit avec gravité : « La main de Dieu s'est appesantie sur moi et il ne me reste plus qu'à finir mes jours dans la solitude d'un monastère. Incapable de gouverner la Russie, mon second fils, Fedor, ne pourrait régner longtemps. Choisissez donc vous-mêmes un digne monarque : je lui remettrai à l'instant mon sceptre et mes Etats. » Mais les boyards se rappellent ce qui s'est passé en 1553, lors de la maladie d'Ivan. Ceux qui ont osé lui choisir un successeur de son vivant ont péri de mort cruelle. Flairant un piège, les courtisans supplient le tsar de ne pas abdiquer. Il y consent avec une expression de grande lassitude.

---

1. Officiellement, le tsarévitch avait succombé à une forte fièvre. Sa femme, Hélène, se retira dans un couvent où elle mourut peu après.

Chaque jour, il assiste à des services funèbres et s'impose des pénitences. N'a-t-il pas eu tort, l'année précédente encore, d'interdire aux monastères toute acquisition de biens immobiliers ? Il a écrit à Gurius, évêque de Kazan : « Ce sont les cœurs et non pas la terre que les religieux doivent labourer. Ce n'est pas du blé qu'ils doivent semer, mais la parole divine. Leur héritage doit être le royaume du ciel, non des villages et des terres. Plusieurs de nos évêques songent plutôt à leurs biens séculiers qu'à l'Eglise. » Paroles offensantes pour le clergé et dont le tsar se repent aujourd'hui. Le moment est mal choisi pour irriter les hommes de Dieu. Sous le coup de l'angoisse, Ivan tourne casaque et comble d'or les couvents auxquels il reprochait naguère leur richesse. Allant plus loin et plus haut, il envoie dix mille roubles aux patriarches de Constantinople, d'Antioche, d'Alexandrie et de Jérusalem, afin qu'ils prient pour le repos de l'âme du tsarévitch. Il se demande si Dieu, qui, d'évidence, lui a pardonné tous ses crimes passés, lui pardonnera aussi le dernier en date et le plus monstrueux. Puis, peu à peu, il se rassure. Rien ne bouge au-dessus de sa tête. Le Tout-Puissant a avalé le morceau. Ivan n'en est pas moins triste pour cela. Il pleure son fils, mais il n'a plus peur du châtiment céleste. Sa seule punition, c'est le regret. Pour chasser ses idées noires, il fait supplicier quelques hommes de guerre qu'il soupçonne d'avoir trop mollement combattu les Polonais. Puis, il s'avise de torturer son beau-père, Athanase Nagoï, coupable d'avoir médit de Boris Godounov. Sur son ordre, on place des sétons douloureux sur la poitrine et les côtes du calomniateur.

Mais le plaisir d'Ivan n'est plus le même. Il regrette le temps béni où il avait son fils à ses côtés pour jouir du travail du bourreau. Sans ce compagnon si proche, les grimaces de mort n'ont plus guère d'effet sur son âme blasée. Il a l'impression d'une sorte de défaillance sexuelle. Son impuissance à jouir du sang versé le désole. A-t-il perdu à jamais le don de se repaître de carnages ?

Non, non, il faut espérer qu'il s'agit là d'une inappétence passagère, due à l'excès de la violence et du stupre.

Lorsque Possevino revient à Moscou, le 14 février 1582, en même temps que les plénipotentiaires apportant le texte du traité d'armistice avec la Pologne, il est frappé par l'aspect lugubre de cette cour, jadis somptueuse, aujourd'hui vêtue d'habits de deuil. Tout à coup, il se croit plongé, selon sa propre expression, « dans une humble retraite de religieux ». Reçu en audience par le tsar, il lui présente ses condoléances et plaide, une fois de plus, en faveur d'une croisade contre les infidèles et du rapprochement des deux Eglises. « L'Eglise grecque des Athanase, des Chrysostome, des Basile, lui dit-il, est liée à l'Eglise romaine par des liens indissolubles d'unité. Partant, ce n'est pas avec l'antique et vénérable Byzance qu'il s'agirait de rompre. Au contraire, le pape lui-même désire que l'on reste fidèle aux traditions primitives d'Orient, aux conciles des premiers siècles. Il faudrait seulement renoncer aux innovations, aux abus postérieurs, introduits par les Photius et les Michel Cérulaire. » Pour ce qui est de la croisade contre les infidèles, Ivan répond astucieusement qu'avant de se décider il aimerait savoir si le pape a pu convaincre les autres pays chrétiens de l'urgence de la guerre sainte. Même dérobade de sa part quant au rapprochement des deux Eglises. Au lieu d'invoquer la possibilité d'entente entre des religions si proches par l'esprit, il soupire : « J'ai déjà cinquante et un ans et il ne me reste plus longtemps à vivre. Elevé dans les principes de notre Eglise chrétienne, séparée depuis des siècles de l'Eglise latine, pourrais-je lui devenir infidèle au terme de mon existence ? Le jour du jugement de Dieu s'approche ; il fera voir laquelle des deux religions est la plus vraie, la plus sainte. » Mais Possevino ne se tient pas pour battu et insiste sur la primauté de Rome, vraie métropole du christianisme. A ces mots, Ivan perd patience, s'emporte, tape du pied. « Vous vous vantez de votre piété et vous vous rasez la barbe ! crie-t-il. Ton pape se fait porter sur un trône

et donne à baiser sa mule, sur laquelle est représenté un crucifix !
Quelle profanation des choses saintes ! » « Il n'y a point de
profanation, répond Possevino, c'est la justice rendue à qui en est
digne. Le Saint-Père... » Le tsar l'interrompt : « Les chrétiens
n'ont qu'un Père qui est aux cieux. Ton pontife, qui se fait porter
sur un siège comme sur un nuage soutenu par des anges, est un
loup et non pas un pasteur ! » Impassible, sanglé dans sa soutane
usée, le jésuite réplique : « Si c'est un loup, pourquoi Votre
Majesté l'a-t-elle choisi comme médiateur ? » Les yeux d'Ivan
fulminent : « C'est sans doute sur la place publique que des
paysans t'ont appris à me parler comme si j'étais un paysan moi-
même ! » Et il lève l'épieu avec lequel il a tué son fils. Puis,
soudain, il se radoucit, éteint son regard et conclut : « Voilà
pourquoi je ne voulais pas m'entretenir avec toi de religion. Sans le
vouloir, nous pourrions nous emporter. D'ailleurs, ce n'est pas
Grégoire XIII que j'appelle un loup, c'est le pape qui s'éloignerait
de la doctrine du Christ. Restons-en là ! » Ayant embrassé le légat,
il le congédie avec bonté et ordonne à ses officiers de lui porter les
mets les plus raffinés de sa propre table. Peu après, il lui demande
d'assister à un office en la cathédrale de l'Assomption : « Là, dit-il,
nous adorons ce qui est au ciel et non les choses d'ici-bas. Nous
honorons notre métropolite, mais nous ne le portons pas sur nos
bras. Jamais saint Pierre n'a été porté par les fidèles. Il marchait
nu-pieds. Et ton pape ose se dire son vicaire ! » Les courtisans
entraînent Possevino vers l'église. Va-t-on le pousser de force dans
cette caverne du schisme ? Par avance, il en frémit d'horreur. Sans
nul doute, Ivan voudrait montrer à ses sujets le triomphe de leur
religion. Quel merveilleux spectacle pour eux que cet envoyé de
Rome incliné devant le métropolite orthodoxe ! Mais, au dernier
moment, Possevino, risquant le tout pour le tout, échappe à son
entourage et se perd dans la foule. Informé de l'incident, le tsar
réfléchit, se frotte le front et finit par dire : « Il est libre d'agir
selon sa volonté. » Cependant, il lui refuse tout net le droit

d'ouvrir une église catholique à Moscou, alors qu'il a autorisé naguère la construction d'une église luthérienne et d'un temple calviniste.

Possevino n'est pas plus heureux quand il suggère au tsar d'envoyer à Rome de jeunes Russes « versés dans les lettres », afin d'y apprendre le latin, l'italien, les sciences modernes et d'y enseigner le russe. Cette proposition saugrenue stupéfie Ivan. Certes, il est d'accord pour accueillir en Russie quelques étrangers instruits, à condition qu'ils ne se mêlent pas de politique. Mais tout son être se révolte à l'idée d'expédier des Russes en voyages d'études. Il sait trop que, là-bas, ils se laisseront gagner par les mœurs et les opinions européennes. A leur retour, ils rapporteront en Russie la peste du désordre, de la libre pensée et des modes frelatées du monde occidental. Un vrai Russe doit rester chez soi. Pour lui, franchir une frontière, c'est déjà trahir son pays. Possevino n'insiste pas.

Du reste, jusqu'à la fin de son séjour, Possevino sera traité avec beaucoup d'égards. Lorsqu'on le conduit chez le tsar, des gardes, rangés en haie, lui rendent les honneurs. Il quitte Moscou le 11 mars 1582, chargé de cadeaux pour le Saint-Père et accompagné de Iakov Molvianinov qu'Ivan envoie à Vienne et à Rome. Ce nouvel ambassadeur est porteur d'une lettre destinée au pape. Il y est dit que la Russie est prête pour une croisade générale contre les Ottomans, mais la réunion des deux Eglises est passée sous silence.

Peu après, les ambassadeurs polonais viennent à Moscou pour l'échange des signatures définitives. Débarrassé de cette affaire, Ivan, fatigué, décide d'en terminer aussi avec la Suède. Une trêve est conclue, l'année suivante, avec ce pays, auquel le tsar cède l'Estonie et toutes les possessions russes de Narva au lac Ladoga.

Mais, par un étrange balancement du destin, à ce double échec du côté de l'ouest, répond une glorieuse conquête du côté de l'est. Et cette conquête s'opère, en quelque sorte, à l'insu d'Ivan. Depuis l'annexion de Nijni-Novgorod au xive siècle, les grands-

princes de Moscovie organisaient des expéditions militaires en
Sibérie, contrée immense, glacée, mal connue, peu peuplée, mais
riche en métaux, en pierres précieuses et en fourrures. En 1558,
Ivan concédait à la famille Stroganov, qui exploitait des mines de
sel au-delà de l'Oural, la possession à perpétuité d'un vaste
territoire sur les bords de la Kama et lui octroyait le privilège
exceptionnel d'engager des soldats, de se procurer des canons, des
munitions, de construire des forteresses contre les Tatars et autres
indigènes, et de rendre la justice. En contrepartie, les Stroganov
promettaient de ne pas mettre en valeur eux-mêmes les mines
d'argent, de cuivre, d'étain qu'ils découvriraient et d'en signaler
l'existence au Trésor. Exonérés d'impôts, relevant de la seule
autorité du tsar, ces richissimes magnats du colonialisme fondèrent
ainsi plusieurs villes fortifiées et organisèrent une armée composée
de Cosaques, de Tchérémisses, de Bachkirs et de Nogaïs. Ils
employaient dix mille ouvriers et cinq mille serfs dans leurs divers
établissements. Alarmé par l'activité toujours grandissante de ses
voisins, le prince Koutchoum de Sibérie chargea son neveu
Makhmetkoul de ravager les domaines russes. Aussitôt, Simon
Stroganov fit appel à deux chefs cosaques — Ermak Timofeïe-
vitch, chef de bande audacieux, et Ivan Koltzo, détrousseur de
caravanes condamné à mort par contumace — et les mit à la tête
d'une troupe d'un millier d'hommes, plutôt brigands que soldats.

Le 1ᵉʳ septembre 1581, Ermak part pour franchir l'Oural. En
quelques jours, les hordes de Makhmetkoul, armées d'arcs et de
flèches, sont décimées par les tirs d'arquebuse et d'artillerie. Dès le
mois d'octobre, Sibir, la capitale, tombe aux mains des Russes.
Cependant, le prince tatar de Pélim fait irruption dans la province
de Perm, où le *voïévode* se trouve débordé. Comme il demande des
renforts à Stroganov, celui-ci s'excuse, disant que ses troupes sont
en campagne, au-delà de l'Oural, avec Ermak. Le *voïévode* se
plaint à Moscou, et Ivan, furieux, adresse à Stroganov une lettre
comminatoire : « Vous avez pris sur vous de rappeler des Cosaques

proscrits, vrais bandits que vous avez envoyés faire la guerre en Sibérie, lui écrit-il. Cette entreprise, propre à irriter le prince de Pélim et le sultan Koutchoum, est une trahison digne du dernier supplice... Si, à l'avenir, Perm avait encore à souffrir les attaques du prince de Pélim et du sultan de Sibérie, je vous accablerais du poids de ma disgrâce et je ferais pendre tous ces traîtres de Cosaques. » Et il ordonne à Stroganov de faire revenir dans le plus bref délai le corps expéditionnaire qu'il a imprudemment aventuré en Sibérie. Mais Ermak est déjà trop loin pour recevoir des instructions.

Dans son aveuglement, Ivan ne se doute pas que ceux qu'il traite de « bandits » sont en train de lui conquérir un empire. En trois batailles sanglantes, ces aventuriers intrépides se sont emparés d'une partie importante de la Sibérie, allant de l'Oural jusqu'aux rives de l'Obi et du Tobol. De nombreux princes sibériens, dont Makhmetkoul, ont fait soumission à Ermak et lui ont versé un tribut. Dans les villes et les villages, il a raflé des fourrures et de l'or. Maître d'un pays immense, reconnu par tous comme le chef d'une armée invincible, il informe le tsar et les Stroganov de ses victoires. Dans sa lettre à Ivan, il se réjouit que ses pauvres Cosaques proscrits aient su, en bravant la mort, « réunir un vaste Etat à la Russie pour les siècles des siècles et pour tout le temps qu'il plaira au Seigneur de prolonger l'existence de l'univers ». Et, humblement, il ajoute : « Nous attendons les ordres des *voïévodes* russes, auxquels nous sommes prêts à remettre le royaume de Sibérie, sans aucune espèce de condition, disposés à mourir pour la gloire ou sur un échafaud selon qu'il plaira à Dieu et à notre maître. »

C'est Koltzo, le second d'Ermak, qui, bien que condamné à mort par contumace, se charge courageusement de porter cette lettre à Moscou. Il se jette aux pieds du tsar, lui baise la main et lui offre, au nom d'Ermak, « le royaume de Sibérie », ainsi que de précieuses fourrures de zibeline, de renard noir et de castor. Pour la première fois depuis longtemps, Ivan constate que la fortune lui sourit à nouveau. Après les revers polonais et suédois, après la mort atroce du tsarévitch, un rayon de soleil entre enfin dans le palais. Dieu ne fronce plus les sourcils. Une moue de triomphe effleure le visage du tsar. Il pardonne à l'envoyé d'Ermak ses crimes passés, lui fait don d'une somme considérable et récompense également les Stroganov. Toutes les cloches de Moscou sonnent joyeusement. On célèbre des actions de grâces dans les églises. A la cour comme dans la rue, des gens illuminés de fierté répètent : « Dieu a envoyé un nouvel empire à la Russie ! »

Koltzo repart pour la Sibérie avec cinq cents *strélitz*. Il emporte deux cuirasses ornées d'or, une coupe d'argent et une pelisse qu'Ivan a portée lui-même, le tout destiné à Ermak, ainsi qu'une lettre du souverain accordant le pardon à tous les Cosaques et les assurant de la reconnaissance éternelle de la Russie. Deux *voïévodes* sont chargés de prendre possession, au nom du tsar, des territoires conquis sur Koutchoum. Ainsi, une fois de plus, Ivan est crédité aux yeux de la postérité d'une victoire où il n'est pour rien et qu'il a même d'abord désavouée. Mais Ermak n'est pas oublié pour autant dans l'hommage populaire. La légende s'empare de son personnage et le hisse au niveau des plus grands. Célébré par les chanteurs de *bylines*[1], l'ancien brigand connaît la gloire des découvreurs de terres vierges. Du reste, bientôt le scorbut et la famine décimeront les troupes russes de Sibérie, Koltzo périra dans une embuscade et Ermak, ayant essuyé une défaite, se noiera dans les eaux de l'Irtych, entraîné par le poids de la cuirasse qu'Ivan lui a offerte. En dépit de ces échecs, la Sibérie demeurera partie intégrante de la Russie. Ivan en a la prémonition quasi divine.

Le voici remis en selle. Il se sent rajeuni, et, bien que marié à Marie Nagoï, songe de nouveau, par intermittence, à une union

---

1. *Bylines* : chansons épiques russes.

légitime britannique. Décidément, la chair anglaise le tente.
Puisque l'altière reine Elisabeth se refuse à lui, ne peut-elle lui
offrir une de ses plus remarquables sujettes ? Il expose ce projet à
un médecin anglais, Jacques Roberts, qui, depuis peu, remplace
auprès de lui l'empoisonneur Elisée Bomelius, mort dans les
supplices. Bien mieux, il charge son propre beau-père, Athanase
Nagoï, guéri des suites de ses tortures, d'interroger Jacques
Roberts, en commission, à ce sujet. Sans sourciller, Athanase
Nagoï entend énumérer toutes les femmes de haute naissance,
célibataires ou veuves, qui seraient susceptibles de remplacer sa
fille dans la couche du monarque. Finalement, le médecin désigne
la meilleure candidate à ses yeux : c'est Mary Hastings, fille de
lord Huntingdon et petite-nièce de Sa Majesté la reine d'Angleterre. Aussitôt, Ivan expédie à Londres un gentilhomme de la
Douma, Fedor Pissemski, investi d'une double mission : conclure
un traité d'alliance avec l'Angleterre et se renseigner sur Mary
Hastings. Selon les instructions écrites qu'il a reçues, Pissemski
doit confier en secret à la reine les intentions matrimoniales du
tsar, avoir une entrevue avec la jeune fille, demander son portrait
« peint sur bois ou sur papier », examiner « si elle est grande, si
elle a de l'embonpoint et le teint blanc », la prévenir qu'elle sera
baptisée orthodoxe, l'assurer qu'elle recevra des apanages et, au
cas où elle lui objecterait que le tsar est déjà marié, répondre que
l'épouse actuelle du souverain étant la fille d'un simple boyard, elle
sera facilement répudiée. En échange de cette union flatteuse avec
la petite-nièce de la reine, Ivan exige que l'Angleterre l'aide à
reprendre la guerre contre la Pologne d'Etienne Bathory.

Arrivé le 16 septembre 1582 à Londres, en compagnie du
médecin Jacques Roberts, Pissemski doit attendre jusqu'au
4 novembre pour que la reine l'accueille à Windsor, en présence
des lords, des pairs, des dignitaires de la cour et des négociants de
la Compagnie russe d'Angleterre. Avec beaucoup de bienveillance,
elle accepte la lettre et les présents du tsar, s'enquiert de sa santé,

déplore la mort du tsarévitch, exprime le désir de voir un jour son
« bon frère » de ses propres yeux et s'inquiète de savoir si la
tranquillité règne enfin en Russie. L'ambassadeur assure effronté-
ment que toutes les révoltes ont cessé dans son pays et que les
« criminels ont, par leur repentir, excité la clémence du tsar qui
leur a pardonné ».

Le 18 décembre 1582, les négociations commencent, Pissemski
proposant une alliance militaire étroite contre la Pologne, et les
ministres d'Elisabeth lui objectant que la guerre entre les deux
pays est terminée et que le pape se vante d'avoir réconcilié les
belligérants. Pris de court, Pissemski s'écrie : « Le pape peut dire
ce qui lui plaît ; notre monarque connaît mieux que personne ses
amis et ses ennemis ! » Quelques jours plus tard, Elisabeth le
reçoit, en présence de Jacques Roberts qui sert d'interprète, pour
parler de « l'affaire secrète ». Tout en se prétendant heureuse
d'envisager un rapprochement familial avec le tsar, elle déclare que
Mary Hastings, remarquable par ses qualités morales, risque de
déplaire à un prince « connu pour être amateur de beauté ».
« D'ailleurs, ajoute-t-elle, elle vient d'avoir la petite vérole ; je ne
souffrirai jamais que vous la voyiez dans cet état, ni que le peintre
fasse son portrait alors qu'elle a le visage empourpré et couvert des
marques de cette maladie. » Cependant, comme l'ambassadeur
insiste, disant qu'il tiendra compte dans son appréciation de cette
détérioration passagère des charmes de l'élue, Elisabeth promet de
le contenter dès que Mary Hastings sera de nouveau présentable.
En vérité, la fille de Henri VIII, lequel a inscrit six femmes à son
actif, ne peut en vouloir au tsar de rechercher une neuvième
épouse alors qu'il est encore marié. Mais elle désire auparavant que
la Russie concède par traité le monopole de tout son commerce
extérieur à l'Angleterre. Pressé de voir aboutir le projet de
mariage, Pissemski ergote sur la forme du document, exige que le
tsar y soit désigné non comme « le cousin » mais comme « le
frère » de la reine, et finit par céder sur le fond. Après quoi, un

haut dignitaire lui annonce qu'Elisabeth lui accordera incessam-
ment son audience de congé. Stupéfait, le malheureux se récrie :
« Et l'affaire du mariage ? » Le haut dignitaire lui réplique en
exhibant des gazettes qui annoncent une grande nouvelle pour la
Russie : le 19 octobre, Marie Nagoï a donné au tsar un fils bien
portant qui se nomme Dimitri [1]. Tout comme il a nié la paix avec la
Pologne, Pissemski dément cette malencontreuse révélation. « Des
gens perfides ont imaginé cette fable, dit-il, pour interrompre le
cours des négociations relatives à un mariage aussi favorable à
l'Angleterre qu'à la Russie. La reine doit s'en rapporter uniquement à la lettre du tsar et à mes assertions ! » Certes, dans son for
intérieur, il ne doute pas que l'information soit exacte. Mais,
connaissant le tsar, il sait que cette naissance ne l'empêchera pas de
répudier sa femme pour épouser la petite-nièce d'Elisabeth. Il
revient donc à la charge auprès de la reine qui, soucieuse de servir
les intérêts du commerce britannique, consent enfin à lui ménager
une entrevue avec Marie Hastings

Le 18 mai 1583, Pissemski, accompagné de Jacques Roberts, est
accueilli à la maison de campagne du chancelier lord Thomas
Bromley. Des rafraîchissements sont préparés dans le jardin. Peu
après, un groupe de femmes paraît dans l'allée. Entre lady
Bromley et lady Huntingdon, marche celle que l'ambassadeur
nomme déjà « la fiancée du tsar ». « La voici, chuchote lord
Bromley, vous pouvez la regarder à loisir. La reine a voulu que
Mary vous fût montrée en plein jour et non pas sous la voûte
obscure d'un appartement. » Pénétré d'angoisse devant l'importance du jugement qu'on attend de lui, le Russe écarquille les
yeux. Lord Bromley l'invite à faire un tour dans le parc et
s'arrange pour croiser à plusieurs reprises le chemin des trois
femmes. Chaque fois, Pissemski salue Mary qui répond par une

1. Dimitri mourra assassiné, en 1591, à Ouglitch, et la rumeur publique
accusera Boris Godounov d'avoir ordonné l'attentat

révérence. Quand elle a disparu pour de bon, lord Bromley demande : « L'avez-vous bien regardée ? » « J'ai obéi à mes instructions », répond Pissemski avec une raideur militaire. Et il écrit, dans son rapport au tsar : « La princesse Hountinks (*sic*), Marie Hantis (*sic*), est de taille élevée, mince et blanche de peau ; elle a les yeux bleus, les cheveux blonds, le nez droit, les doigts des mains longs et effilés. »

Ayant fait venir l'ambassadeur, Elisabeth lui exprime à nouveau la crainte que sa petite-nièce ne soit pas assez belle pour séduire le tsar. « Je pense qu'elle ne vous a pas plu à vous-même », dit-elle. Imperturbable, le Russe répond : « Je crois qu'elle est belle. Le reste est l'affaire de Dieu ! » A la mi-juin, le portrait de Mary Hastings, destiné au tsar, se trouve enfin terminé, et, après avoir assisté à une impressionnante revue de la flotte anglaise (vingt-quatre vaisseaux de soixante-dix ou quatre-vingts canons, montés chacun par mille hommes et plus), Pissemski s'embarque en compagnie de Jérôme Bowes, le nouvel ambassadeur d'Angleterre choisi par la reine. Il ramène avec lui également son plus proche collaborateur, dont le nom, Néoudatcha, signifie, en russe, *échec*. Tout compte fait, il n'est pas mécontent du résultat de sa mission. Il est loin de se douter que la réputation d'Ivan, meurtrier de son fils, est un sérieux obstacle au mariage projeté. Malgré l'entrevue dans le jardin du lord-chancelier, ni la reine ni sa petite-nièce ne songent au tsar comme à un parti possible. Toute la cour a joué la comédie devant l'ambassadeur pour soutenir les prérogatives des commerçants anglais.

En octobre 1583, lorsque Jérôme Bowes arrive en Russie, Ivan l'accueille en ami. Mal renseigné par les rapports du naïf Pissemski, il est persuadé que l'alliance politique et le mariage sont deux affaires pratiquement réglées dont il ne reste plus qu'à préciser les détails. Mais, dès le début, les discussions entre les négociateurs russes et l'ambassadeur anglais se révèlent difficiles. Contrairement au souple et rusé Jenkinson, Jérôme Bowes est un

Audience donnée par Ivan Terrible à divers ambassadeurs, à l'Alexandrovskaïa Sloboda.
Photo Collection Viollet.

Supplice en Russie, au temps d'Ivan
le Terrible. Paris, Bibliothèque
nationale. Photo Collection Viollet.

Cruauté d'Ivan le Terrible,
gravure du XIXe siècle.
Photo Collection Viollet.

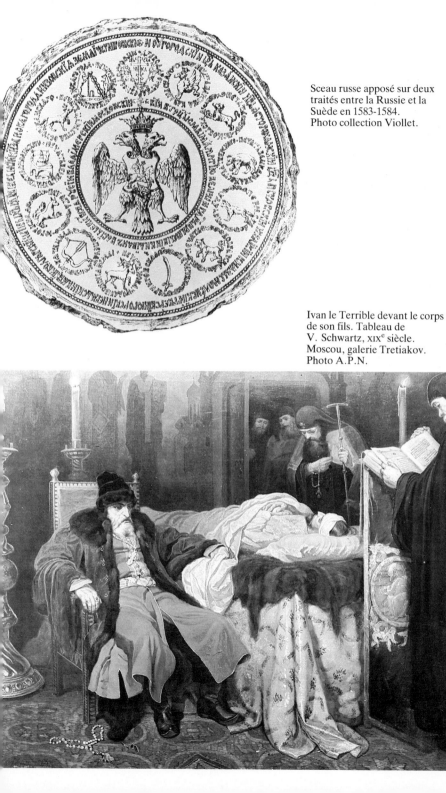

Sceau russe apposé sur deux
traités entre la Russie et la
Suède en 1583-1584.
Photo collection Viollet.

Ivan le Terrible devant le corps
de son fils. Tableau de
V. Schwartz, xixᵉ siècle.
Moscou, galerie Tretiakov.
Photo A.P.N.

Tombeau d'Ivan le Terrible dans la cathédrale de Saint-Michel-Archange à Moscou.
Photo A.P.N.

homme dur, tranchant, hautain, susceptible. Non seulement il maintient la demande de monopole commercial, mais il affirme que l'Angleterre n'aidera la Russie contre ses ennemis qu'après avoir épuisé auprès d'eux toutes les tentatives de conciliation. Cette dernière condition rend impossible la reprise immédiate des hostilités contre Etienne Bathory. Après vingt séances de pour-parlers inutiles, Ivan convoque Jérôme Bowes, le 13 décembre 1583, et lui dit, par l'intermédiaire de l'interprète : « Comment veux-tu que je devienne l'allié de la reine, si mes plus grands ennemis (la Suède, le Danemark, la Pologne) sont ses amis ? Il faut qu'Elisabeth oblige Bathory à me restituer la Livonie et Polotsk, ou bien qu'elle lui déclare la guerre avec moi ! » « La reine me tiendrait pour un insensé, si je consentais à un traité de cette nature », déclare Jérôme Bowes. « Tu as pris avec mes plénipoten-tiaires des airs de supériorité qui ne sauraient être soufferts, car, parmi les souverains, mes égaux, j'en connais qui ont le pas sur ta maîtresse ! » crie le tsar. « Il n'existe pas de souverain plus illustre qu'Elisabeth, rétorque l'ambassadeur d'Angleterre. Elle ne le cède en puissance ni à l'empereur ni au tsar lui-même ! » A ces mots, Ivan, hors de lui, menace Jérôme Bowes de le jeter dehors. Rigide, Jérôme Bowes répond que Sa Majesté la reine sait venger les injures faites à ses agents. Brusquement apaisé, Ivan revient à son projet de mariage. Le diplomate l'assure que le portrait de Mary Hastings est très flatté, qu'elle a plus de trente ans, qu'elle est laide, malade et que, de toute façon, elle est hostile à l'idée d'une conversion. Cependant, la reine, dit-il, a d'autres parentes fort belles. Le regard du tsar s'allume de convoitise. Ayant congédié son interlocuteur, il soupire : « Plût à Dieu que j'eusse moi-même un serviteur aussi fidèle ! » Lors d'un nouvel entretien, le 18 décembre, il retourne à la charge : « Tu nous as parlé de dix ou vingt jeunes filles parmi lesquelles nous pourrions choisir une femme dans ton pays et tu refuses de les nommer. Nous ne saurions cependant nous mettre en frais sur une indication aussi

vague. Il y a apparemment plus de mille filles à marier en
Angleterre, dont plus d'une cuisinière : voudrais-tu que nous les
recherchions toutes ? » Et il ajoute : « Tu es un homme peu
instruit et tu n'as aucune idée de la façon dont doit se comporter un
envoyé ! »

Pendant deux mois, les entrevues entre le tsar et l'ambassadeur
d'Angleterre se succèdent, houleuses et sans issue. Le 14 février
1584, Jérôme Bowes annonce à Ivan que la reine lui a ordonné de
rentrer par voie de terre jusqu'en France. Or, depuis la perte de la
Livonie, la voie de terre est polonaise. « Tu en profiteras pour me
vendre à mes ennemis ! clame Ivan, les yeux en billes. Puisque tu
n'es pas venu pour négocier sérieusement, tu peux t'en aller,
remportant ce que tu as apporté ! Nous te donnons congé sur
l'heure ! » Habitué à ces éclats de colère, Jérôme Bowes attend
avec philosophie un retournement d'humeur. Et, en effet, trois
jours plus tard, le tsar lui remet un projet de traité réclamant, en
échange du monopole commercial, une alliance offensive pour
reprendre la Livonie. Prudent, Jérôme Bowes répond que sa
maîtresse, très pieuse, répugne aux conquêtes. « Mais il ne s'agit
pas de conquêtes ! réplique le tsar. La Livonie est notre ancien
patrimoine. » « Est-ce bien sûr ? » interroge l'ambassadeur avec
ironie. Ivan bondit sous l'insulte. « Nous ne demandons pas à la
reine d'être juge entre nous et le roi de Pologne ! » glapit-il. Et il
fixe l'audience de congé au 20 février. Ce jour-là, quand Jérôme
Bowes se présente au palais, on lui annonce que le tsar, malade, ne
peut le recevoir [1].

---

1. Jérôme Bowes ne sera autorisé à quitter la Russie que quatre mois plus tard,
muni d'une lettre de Fedor, le fils d'Ivan, où il n'est plus question ni d'alliance ni
de faveurs exceptionnelles aux commerçants anglais.

CHAPITRE XVII

LES DERNIERS JOURS

Depuis un an, le tsar se préoccupe de mettre de l'ordre dans les dossiers sanglants de la répression. Sans regretter ses nombreuses victimes, il tient à assurer le repos de leur âme dans l'au-delà. Ainsi, pour apurer à la fois sa comptabilité et sa conscience, dresse-t-il infatigablement les listes de tous ceux qu'il a fait périr. La plume à la main, il fouille les replis de sa mémoire, débusque des fantômes oubliés, consigne les différents supplices. Ce travail de scribe féroce et appliqué lui permet de revoir les étapes de sa vie. Son secrétaire et son confesseur l'aident à se souvenir. Des noms écrits grossièrement, en lettres majuscules, s'alignent sur le parchemin. Les nécrologes sont envoyés, avec de fortes sommes d'argent, dans les monastères, pour qu'on y récite des prières en faveur des trépassés. On lit dans ces documents : « Souviens-toi, Seigneur, des âmes de tes serviteurs de Novgorod, au nombre de mille cinq cent sept personnes... Prince Kazarine Doubrovski, plus dix hommes qui étaient venus à sa suite... Vingt hommes du village de Kolomenskoïé, quatre-vingts de Matveïché... Souviens-toi des fidèles chrétiens décédés, au nombre de quatre-vingt-quatre, et encore trois qui succombèrent, après avoir eu les mains sectionnées... » A la suite de certains noms, figure l'indication laconique : « avec sa femme », ou « avec sa femme et ses enfants », « avec ses fils », « avec ses filles ». Ce qui agace Ivan, c'est que, très certainement, vu la quantité de cadavres qu'il a accumulés, il a dû en oublier quelques-uns dans son énumération. Aussi fait-il confiance à Dieu, qui, lui, a un registre à jour, pour suppléer ces lacunes. Il lui dit carrément : « Tu te souviendras sans doute de leurs noms... » Ou encore : « Toi seul, Seigneur, connais leurs noms ! » Le nécrologe destiné au monastère de Sviiajsk mentionne, entre autres, la princesse nonne Eudoxie (tante éloignée d'Ivan), la nonne Alexandrine (sa belle-sœur, veuve de Iouri), la nonne Marie (sœur de son cousin germain Vladimir), noyées toutes trois à Biélozersk. L'une de ces listes donne le total de trois mille cent quarante-huit personnes exterminées, une autre se monte à trois mille sept cent cinquante. Même après qu'Ivan a expédié ces additions funèbres, des noms lui reviennent. Tout un peuple de martyrs ensanglantés se presse derrière ses épaules. Sans se reconnaître coupable de leur mort, il a l'impression qu'il n'est plus jamais seul dans sa chambre. Un poids insoutenable l'oppresse. La débauche, les excès de table ont ruiné sa santé. Depuis le meurtre de son fils, il ne peut dormir que quelques heures par nuit. Il a regagné son palais du Kremlin, fuyant Alexandrovskaïa Sloboda, dont les murs sinistres lui rappellent l'agonie du tsarévitch. Un soir, on lui annonce qu'une comète, dont la queue a la forme d'une croix, est apparue dans le ciel de Moscou. Emmitouflé de fourrures, il se fait porter sur le perron pour la voir. Le froid est vif, l'air transparent. L'immense cité est ensevelie sous la neige. La tête renversée, le tsar contemple longuement l'astre prémonitoire à la chevelure rougeoyante. Puis, il murmure : « Voilà le présage de ma mort ! »

Dès le début de l'année 1584, sa déchéance physique s'accentue. Les médecins parlent d'une « décomposition du sang » et d'une « corruption des entrailles ». Le corps du tsar se met à enfler, sa peau se détache par lambeaux, dégageant une puanteur atroce. Les onguents dont il s'enduit ne peuvent chasser cette odeur. Il lui semble parfois qu'il transporte dans ses vêtements le relent des charniers où il aimait se promener naguère. Mais non, c'est sa chair à lui qui sent si mauvais. Ou peut-être son âme ? Et si Dieu ne l'aimait plus ? Si, au lieu de l'accueillir à bras ouverts dans son Paradis, il le faisait piétiner à la porte ? Pourtant, il a bien mérité de la patrie. Certes, ses guerres à l'ouest ont été désastreuses. Mais, à l'est, il a conquis Kazan, Astrakhan, la Sibérie. Il a unifié son pays malgré l'opposition des boyards. Aurait-il pu parvenir à ce résultat glorieux s'il ne s'était débarrassé par la torture de ses pires ennemis ? Que pèsent quelques milliers de cadavres suppliciés auprès de toutes les populations, de toutes les terres acquises, par la force, à la Russie ? Mais on ne sait jamais, avec Dieu ! Après l'avoir toujours soutenu, le Très-Haut est capable de lui reprocher, au suprême moment, l'hécatombe de Novgorod, ou ses trop nombreux mariages, ou le meurtre du tsarévitch. Ce dernier acte de violence constitue peut-être la goutte de sang qui fera déborder le vase. Non, non, car Dieu, lui aussi, est comptable du sang de son enfant, le Christ. Il a laissé périr Jésus sur la croix. Tous deux assassins de leur fils, Dieu et le tsar sont faits pour se comprendre. En vérité, si Dieu se montre d'une équité redoutable le jour du Jugement dernier, il s'abandonne à la plus franche fantaisie sur terre. Sa justice, ici-bas, est faite de crimes impunis et d'innocence piétinée. Il frappe à tort et à travers, sans se soucier des mérites de ceux qu'il élève et de ceux qu'il écrase. A tous les monarques, qui sont les représentants de son pouvoir en ce monde, il donne l'exemple de la cruauté et de l'inconséquence. Comment leur en voudrait-il de lui ressembler ? Plus Ivan met d'incohérence dans ses châtiments, plus il doit être aimable au maître de la nature. Il se le répète, à longueur de journée, pour se rassurer. Entre deux entretiens avec ses conseillers, il rôde dans le palais, discourant tout seul, à voix haute. Il craint la venue du crépuscule, générateur de visions apocalyptiques. Chaque nuit, il est visité, dans la pénombre, par l'image de son fils, tantôt superbement vêtu et souriant, tantôt livide et la tempe trouée. Le spectre lui parle. Ivan lui répond. Puis, soudain, il crie et saute à bas de son lit. Ses serviteurs accourent. On le recouche. Mais, parfois, il refuse de se rendormir, convoque des prêtres, fait sonner les cloches, ordonne de célébrer un office. L'aube qui se lève le trouve épuisé, hagard, incapable de prendre une décision. Il découvre qu'il existe des instruments de torture plus efficaces que ceux dont il a usé. Oui, le remords et la peur sont pires que le bûcher, la corde ou les tenailles. De bourreau, le tsar devient victime. Il multiplie les dons aux églises ; il songe à se racheter en s'abaissant ; il écrit à tous les couvents de Russie : « Aux très célèbres et très saints monastères. A tous les moines vertueux et méritants ! Le grand-prince Ivan Vassiliévitch vous salue très bas et se met à vos pieds en vous suppliant de lui obtenir le pardon de ses péchés et de prier tous en commun ou séparément dans vos cellules afin que le Seigneur et la très Sainte Vierge lui pardonnent sa scélératesse, lui accordent la guérison et le délivrent de la maladie dont il est atteint. » Dans son délire, il espère que les moines qu'il a épargnés parleront plus fort à l'oreille de Dieu que ceux qu'il a fait mettre à mort par centaines, à Novgorod et ailleurs, plus fort que le métropolite Philippe, plus fort que l'archevêque Léonide.

Mais bientôt, comme ni les potions des médecins ni les prières des religieux n'arrêtent le cours de la maladie, Ivan s'adresse aux magiciens. De tous côtés, des astrologues, des devins, des sorciers arrivent à Moscou. Ils sont enfermés, au nombre d'une soixantaine, dans une maison proche du palais. Jamais on n'avait vu une telle concentration de savants en sciences occultes. On leur apporte à manger sur place. Chaque jour, un familier du tsar, le prince Bogdane Bielski, les interroge. Ils sont pessimistes. Tous les signes du ciel concordent : la mort du souverain est pour bientôt. Afin de

ne pas effrayer son maître, Bogdane Bielski lui dissimule les
conclusions des diseurs de bonne aventure.

Malgré les propos lénifiants de son entourage, Ivan se sent
irrémédiablement perdu. La pestilence de son corps augmente, ses
testicules enflent douloureusement. Il se préoccupe de sa succession. En 1572, il avait rédigé un testament en faveur de son fils
aîné, le tsarévitch Ivan. Celui-ci étant mort, il dicte, en présence
des boyards, de nouvelles dispositions qui instituent Fedor héritier
du trône. Il lui recommande de régner avec piété et d'éviter à son
pays des guerres inutiles avec des Etats chrétiens. Pour guider ce
jeune prince faible de corps et d'âme, il nomme une commission de
sauvegarde composée de cinq boyards : Ivan Chouïski, héros du
siège de Pskov, Ivan Mstislavski, fils de la propre nièce du grand-
duc Vassili, Nicétas Iouriev, frère d'Anastasie, la première tsarine,
Bogdane Bielski et surtout Boris Godounov, le plus intelligent de
tous, dont la sœur Irène a épousé Fedor. Rendu tendre et
pusillanime par l'approche de la mort, il les appelle « ses amis, ses
compagnons d'armes ». Il leur enjoint de libérer les prisonniers
polonais et allemands, de réduire les impôts. Il se plaint à eux, une
fois de plus, que, tout au long de sa vie, les méchants boyards
l'ont, par leurs menées subversives, obligé à une sévérité qui n'est
pas dans son caractère. Sa manie de la persécution tourne
maintenant à la démence. Tous sont coupables, sauf lui. Mytho-
mane traqué par des ennemis imaginaires, il affirme, dans un
sanglot : « On m'a rendu le mal pour le bien, la haine pour
l'amour ! » Qui espère-t-il tromper par ce plaidoyer extrême : ses
proches ou Dieu, les générations futures ou le gardien de l'au-
delà ? Cependant, au milieu même de sa mansuétude angélique, il a
des sursauts de violence. Ainsi, ayant appris, par une indiscrétion,
que les astrologues viennent de fixer dans leurs calculs une date —
le 18 mars 1584 — pour sa mort, il jure de les faire brûler vifs si
leur prédiction ne se réalise pas. Sa belle-fille, l'épouse de Fedor,
lui ayant rendu visite dans sa chambre, « recule d'horreur », dit-

on, devant ses gestes et ses propos obscènes. Le moribond a un
élan de désir incestueux. Le diable s'est brusquement réveillé
dans sa chair. Aussitôt après, il éprouve un tel abattement qu'on
prie le nouvel ambassadeur de Pologne de différer son arrivée à
Moscou.

Sa plus chère distraction est maintenant de se faire porter sur sa
chaise dans la salle du Trésor. Là, il contemple, des heures durant,
fasciné, les pierres précieuses dans les coffres. Le 15 mars, il invite
l'ambassadeur d'Angleterre, sir Jérôme Horsey, à le suivre dans sa
visite. Sous le regard du diplomate, il fait ruisseler entre ses doigts
tremblants des diamants, des émeraudes, des saphirs, des rubis,
des perles, des hyacinthes. Le reflet de cette fortune illumine ses
yeux avides. Pour chaque joyau, il indique amoureusement son
origine et son prix. On dirait qu'il n'en revient pas d'être si riche et
qu'il souffre d'avoir à quitter tout cela. Prenant des turquoises
dans le creux de sa main, il chuchote à son hôte : « Voyez comme
elles changent de couleur. Elles pâlissent, elles annoncent ma
mort, je suis empoisonné. » Puis, il désigne son sceptre en « corne
de licorne[1] », serti de pierres précieuses (« Elles ont coûté
soixante-dix mille roubles », affirme-t-il) et demande à son médecin de dessiner un rond sur la table avec le bâton insigne de son
pouvoir. Le médecin s'exécute. Alors, Ivan fait apporter des
araignées et les place à proximité du cercle. Celles qui y pénètrent
meurent aussitôt, celles qui s'en éloignent demeurent en vie.
« Voilà un signe certain, dit le tsar. La corne de licorne ne peut
plus me sauver. » Et, revenant aux pierres précieuses, il confie à
Horsey : « Ce diamant est le plus riche et le plus fameux de
l'Orient. Je n'en ai jamais fait usage. Il modère la fureur et la
luxure, rend abstinent et chaste. La moindre parcelle réduite en
poudre empoisonnerait un cheval, plus encore un homme. » Du

_____

1. On appelait ainsi l'ivoire, dont la vertu magique était de combattre le
poison.

doigt, il désigne un rubis : « Oh ! celui-ci fait le plus de bien au
cœur, au cerveau, il fortifie la mémoire, il clarifie le sang
corrompu... Voyez cette émeraude : elle a les couleurs de l'arc-en-
ciel. Cette pierre précieuse est l'ennemie de la malpropreté.
Essayez-la. J'aime à regarder ce saphir. Il conserve et accroît le
courage, les joies du cœur ; il plaît à tous les sens vitaux ; il est
souverain pour l'œil, la vue ; il guérit les coups de sang, donne de la
force aux muscles et à leurs fibres... Tous sont des dons de Dieu,
secrets dans leur nature, mais Il les révèle pour l'usage de l'homme
et sa contemplation comme amis de la grâce et de la vertu, et
ennemis des vices... » La langue d'Ivan s'empâte. Il parle de plus
en plus difficilement. Tout à coup, il s'évanouit. On l'emporte.

Quand il revient à lui, il ne demande pas à recevoir les saints
sacrements. Sans doute croit-il encore qu'il guérira, grâce aux
efforts conjugués des prêtres, des médecins et des sorciers. Tout au
plus indique-t-il au métropolite qu'en cas de mort prochaine il
voudrait être enseveli non comme un tsar mais comme un moine.
Son père, Vassili III, avait exprimé le même désir. Autour de lui,
au Kremlin, règne un silence angoissé. Dans les églises, les fidèles
prient.

Le 17 mars, ayant pris un bain chaud, Ivan se sent plus alerte.
Le lendemain matin, le mieux se confirme. Se rappelant que les
astrologues lui ont prédit la mort pour le 18 mars, il déclare à
Bogdane Bielski : « D'après les devins, c'est aujourd'hui que je
devrais rendre le dernier soupir ; or, je sens renaître mes forces.
Que ces imposteurs se préparent donc eux-mêmes à la mort ! »
Bogdane Bielski va porter cette sentence aux magiciens réunis dans
leur maison. Imperturbables, ils lui répliquent : « Attends, la
journée n'est pas terminée ! » On prépare un second bain chaud et
Ivan s'y plonge avec délice. Il y reste trois heures durant. Après
quoi, il se couche et fait un somme. A son réveil, il est de joyeuse
humeur. Il se lève, enfile une robe de chambre par-dessus sa
chemise, appelle les chanteurs du palais, joint sa voix à celle des

choristes, puis, les ayant congédiés, il s'installe devant son jeu
d'échecs et demande à Bogdane Bielski de faire une partie avec lui.
Mais sa main est si faible qu'il ne peut disposer les pièces sur les
cases. Le roi, la reine tombent et roulent à terre. Soudain, Ivan
s'effondre lui-même, foudroyé par une attaque, les bras pendants,
la tête sur l'échiquier. On crie, on se précipite, les médecins se
consultent et frottent le corps avec de la vodka et des essences
végétales pour le ramener à la vie. Peine perdue.

Exécutant la volonté du défunt, le métropolite lit au-dessus du
cadavre les prières du sacre monastique. Lavé, coiffé, revêtu de la
robe de renoncement, Ivan reçoit pour l'éternité le nom de frère
Jonas. Une croix de bois et une icône de la Résurrection reposent
sur sa poitrine. Dans l'antichambre, certains chuchotent que cette
mort n'est pas naturelle et que le tsar aurait été empoisonné par
Bogdane Bielski et Boris Godounov, pressés de s'emparer du
pouvoir [1]. Nul doute que le débile Fedor sera un jouet entre leurs
mains. Sous des mines consternées, les boyards cachent mal leur
sentiment de délivrance. Massés devant le corps habillé de bure, ils
tremblent encore rétrospectivement. Est-il possible que leur
cauchemar ait pris fin ? Ivan ne va-t-il pas subitement se relever de
la couche et, galvanisé, l'œil étincelant, les envoyer tous à
l'échafaud ?

Cependant, autour du Kremlin, une foule innombrable et
recueillie attend des nouvelles du maître. Par crainte d'un
soulèvement ou d'un complot de palais, Boris Godounov retarde
d'un jour l'annonce de la mort. C'est seulement lorsque tous les
détails de la succession dynastique ont été mis au point par la
commission de sauvegarde qu'il fait sonner le glas. Quand un
héraut crie du haut de l'escalier Rouge : « Le tsar n'est plus ! » des

---

1. C'est ce qu'affirme, entre autres, l'ambassadeur d'Angleterre Jérôme
Horsey. Plus vraisemblablement, Ivan a succombé à quelque affection des
intestins et de l'appareil génito-urinaire.

gémissements lui répondent et la multitude tombe à genoux. Pour ce peuple russe qu'il a épouvanté pendant près de quarante ans, Ivan est, malgré ses crimes et ses erreurs, le représentant du Très-Haut sur la terre. On ne peut le juger, pas plus qu'on ne peut juger Dieu. Père de la nation, il a tous les droits sur elle. D'ailleurs, ce sont principalement les boyards, détestés de tous, qui ont supporté ses coups. Impitoyable pour les traîtres, les aristocrates, les moines pervers, il n'a que très rarement frappé les humbles. Qui sait si, en perdant ce tsar redoutable, les petites gens ne perdent pas leur meilleur défenseur ? Oubliant le meurtre du tsarévitch, les tortures publiques, la guerre désastreuse de Livonie, la misère du pays, ils ne se souviennent que de la conquête de Kazan, d'Astrakhan, de la Sibérie. La démesure même du tsar assure sa survie dans l'imagination populaire. En Russie, la faveur des masses opprimées va toujours aux caractères les plus forts. La peur du fouet n'exclut pas l'amour et parfois y contribue. Par l'effroi même qu'il inspire, le tyran retient les cœurs.

Un énorme concours de monde assiste aux funérailles du tsar en la cathédrale de Saint-Michel-Archange. Ivan est enseveli aux côtés du fils qu'il a tué dans un accès de fureur démentielle. Sur son tombeau, figure l'inscription suivante : « L'an 7092-1584 [1], le dix-huitième jour de mars, a comparu le très fidèle souverain, tsar et grand-prince de toute la Russie, Ivan Vassiliévitch, en monachisme Jonas. »

C'est à contrecœur que Fedor monte sur le trône. De constitution faible et d'esprit incertain, il est atterré par la responsabilité qui brusquement lui incombe. Son père disait de lui qu'il était plus un sacristain qu'un prince héritier. Il l'avait surnommé « le sonneur de cloches ». Dès ses premiers pas, le nouveau tsar

---

1. En Russie, à l'époque, le compte des années ne commençait pas à la naissance de Jésus-Christ, mais à la création du monde qui, selon la tradition, remontait à l'an 5508 avant cette naissance. Ainsi l'année 1584 était-elle considérée comme l'année 7092.

s'appuie sur son robuste et ambitieux beau-frère. Bientôt, Boris Godounov gouvernera la Russie à sa place. Quant à Ivan, les chanteurs de *bylines* s'emparent déjà de son fantôme et en font un vengeur, un conquérant, l'orgueil de la Russie et la terreur des grands. Alors que les archives conservent la trace de ses vrais crimes, les conteurs exaltent ses prétendues vertus. Monstre sanguinaire pour les uns, justicier et rassembleur de terres pour les autres, il s'avance vers le tribunal de la postérité dans un brouillard traversé de rayons.

CHRONOLOGIE

1530   *25 août :* Naissance à Moscou
d'Ivan, fils aîné de Vassili III et
d'Hélène Glinski / Baptême d'Ivan
au couvent de la Sainte-Trinité.

1531

1532   Arrivée à Moscou d'une ambassade envoyée
par le sultan Bâber de Delhi / Construction de
l'église de l'Assomption à Kolomenskoïé.

1533   *30 octobre :* Naissance d'Iouri, frère cadet
d'Ivan / *4 décembre :* Mort du grand-duc de
Moscou, Vassili III / Régence d'Hélène /
Intrigues des boyards / Elimination des deux
frères du grand-duc défunt / Reprise de la
guerre contre la Lituanie.

1534

Couronnement impérial de Charles Quint / Ouverture de la Diète d'Augsbourg / Confession d'Augsbourg et Confession tétrapolitaine / Prise de Cherchell par les Espagnols / Fondation de la Bourse d'Amsterdam / Mort de Marguerite d'Autriche, Bâber.

Création du Collège de France / Titien : *Saint-Pierre martyr* / Corrège : *La Sainte Nuit* / Janequin : *Chantons, sonnons, trompettes* / Benvenuto Cellini invente le balancier monétaire / Construction du château de Saint-Germain-en-Laye et du White Hall Palace de Londres / Mort de Chaitanya, Quentin Matsys / Naissance de Jan Kochanowski, La Boétie.

Formation de la Ligue de Smalkalde / Traité de Saalfeld / Défaite des cantons protestants suisses à Kappel / Ferdinand Ier de Habsbourg est élu « roi des Romains » / Christian II tente de récupérer la Norvège et le Danemark / Mort de Zwingli, Louise de Savoie.

Marguerite de Navarre : *Le Miroir de l'âme pécheresse* / Michel-Ange : *La Nuit et l'Aurore* / Lucas de Leyde : *La Guérison de l'aveugle de Jéricho* / Primatice à Fontainebleau / Fondation de l'ordre religieux des Barnabites / Traversée des Andes par Pizarro.

Réunion définitive de la Bretagne à la France / Ambassade française auprès des Ottomans / Paix de Nuremberg / Henri VIII s'oppose à la Papauté / Invasion de la Hongrie par les Ottomans / Diète d'Arboga.

François Rabelais : *Pantagruel* / Clément Marot : *L'Adolescence clémentine* / Corrège : *Léda et le cygne* et *La Madone au Saint-Georges* / Peruzzi : palais Massimo à Rome / Sansovino : bibliothèque de San Marco à Venise / Construction du palais Saint-Jacques à Londres / Janequin : *La Bataille* / Naissance de Jean-Antoine de Baïf, Roland de Lassus, Alonso Sanchez Coello.

Entrevue de Marseille entre François Ier et le Pape / Mariage d'Henri VIII avec Anne Boleyn / Excommunication d'Henri VIII / Campagne d'Andrea Doria en Grèce / Adoption du Code Carolina par la Diète de Ratisbonne / « Querelle des Princes » au Danemark / Conquête de l'Azerbaïdjan par les Ottomans / Assassinat d'Atahualpa et prise de Cuzco par Pizarro et Almagro / Mort de Frédéric de Danemark / Naissance d'Elisabeth d'Angleterre.

Schöner : *Opusculum geographicum* / Regiomontanus : *Cinq Livres sur les triangles* / Cranach : *Adam et Eve* / Holbein le Jeune : *Les Ambassadeurs* / Titien : *Portrait de Charles Quint* / Création du Jardin botanique de Padoue / Mendoza atteint la Californie / Mort de L'Arioste / Naissance de Montaigne.

« Affaire des Placards » en France et aggravation des persécutions contre les protestants / Traité d'Augsbourg entre la France et la Ligue de Smalkalde / Paix religieuse de Cadan / Installation des anabaptistes à Munster / « Acte de suprématie », début du schisme anglican / Avènement du pape

Rabelais : *Vie du grand Gargantua* / Budé : *De transitu...* / Holbein le Jeune : *Portrait de Thomas Cromwell* / Titien : *Portrait d'Isabelle d'Este* / Sangalo : palais Farnese à Rome / Michel-Ange à Rome / Fondation de la Compagnie de Jésus par Ignace de Loyola / Premier voyage de Jacques Cartier au Canada

1535

1536   Ivan reçoit des ambassadeurs litua-
        niens.

1537   Nouvelle trêve avec la Lituanie / Perte de
                                            Gomel / Signature à Novgorod d'une trêve de
                                            soixante ans avec Gustave Ier de Suède.

1538   *3 avril :* Mort d'Hélène, peut-être empoison-
                                            née par les boyards / Dispute des boyards
                                            pour la régence dont s'emparent le prince
                                            Vassili Chouïski, puis Ivan Bielski, puis de
                                            nouveau les Chouiski.

Paul III / Prise de Tabriz et Bagdad par les Ottomans / Prise de Tunis par Khaïr-el-Din Barberousse / Victoire de Christian III sur Christian II au Danemark / Mort du pape Clément VII.

/ Mort du Corrège, de Lascaris / Naissance de Robert Garnier.

Reprise de la guerre entre François Ier et Charles Quint / Edit de Coucy en faveur des réformés / Alliance de François Ier avec les Ottomans / Massacre des anabaptistes à Münster / Bataille de Svendborg et ruine de Lübeck / Charles Quint reprend Tunis / Tabinshweti s'empare de Bassein / Mort de Francesco Sforza, Duprat.

L'Arétin : *Ragionamenti* / Parmigiano : *La Madona del colle lungo* / Peruzzi : palais Massani à Rome / Adoption de la réforme à Genève / Introduction en France du supplice de la roue / Fondation de Lima par Pizarro.

Signature des « Capitulations » entre la France et les Ottomans / François Ier occupe la Bresse, le Bugey et Turin / Charles Quint envahit la Provence / Edit de Lyon / Exécution d'Anne Boleyn / Mariage d'Henri VIII avec Jane Seymour / Acte d'union entre l'Angleterre et le Pays de Galles / Proclamation de l' « Acte des dix articles » / Confession de foi de Genève / Prise de Bizerte par Barberousse / Les Espagnols maîtres du Pérou / Annexion du Canada à la couronne de France.

Calvin : *Institutio religionis christianae* / Marot : Psaumes / Construction du palais de Landshutt en Allemagne / Construction en Angleterre du palais de Norwich / Sansovino : palais Correr à Venise / Installation de Calvin à Genève / Destruction des temples bouddhistes par Che-Tsoung / Deuxième voyage de Jacques Cartier au Canada / Fondation de Valparaiso et de Buenos Aires / Mort d'Erasme.

Signature d'une trêve entre la France et l'Empire / Confiscation par Henri VIII des biens de l'Eglise / Assassinat d'Alexandre de Médicis par Lorenzaccio / Bataille de Las Salinas et victoire de Pizarro / Mort de Jane Seymour / Naissance d'Edouard d'Angleterre.

Bonaventure des Périers : *Cymbalum mundi* / Theophanos : *Le Massacre des Innocents* / Construction du grand portail de Saint-Michel à Dijon / Construction du chœur de Saint-Etienne-du-Mont à Paris / Construction du château de San Elmo à Naples / Ouverture à Naples du premier Conservatoire de musique / Premiers travaux du géographe Gerardus Mercator / Ordination d'Ignace de Loyola / Découverte des îles Caroline.

Trêve de Nice / Entrevue de François Ier et Charles Quint à Aigues-Mortes / Soulèvement écrasé à Florence contre Cosme de Médicis / Calvin et Farel exilés de Genève / Formation d'une Sainte-Ligue entre l'empereur, le pape et Venise contre les Ottomans / Bataille de Corfou / Ligue de Nuremberg / Tremblement de terre en Sicile / Mort de Charles d'Egmont.

Vivès : *L'Ame et la Vie* / L'Arétin : *Le Dialogue des courtisanes* / Condamnation par la Sorbonne de Bonaventure des Périers / Hernando de Soto explore les régions à l'ouest du Mississippi / Naissance de saint Charles Borromée.

1539

1540

1541

| 1542 | Macaire, nouveau métropolite de Moscou, entreprend l'éducation d'Ivan jusque-là livré à son naturel violent. | Le métropolite Joseph, partisan d'Ivan Bielski, est enfermé au monastère de Biélozersk. |
| 1543 | Emprisonnement par André Chouïski de Fedor Vorontzov, ami d'Ivan. | Acte d'autorité a Ivan qui fait périr André Chouïski / Les Glinski s'emparent du pouvoir. |

Congrès de la Ligue de Smalkalde / Ordonnance de Villers-Cotterêts / Révolte de Gand / « Acte des Six Articles » en Angleterre / Soulèvement indien réprimé par les Espagnols à Panama.

Robert Estienne : *Trésor de la langue latine* / Ouverture par Tintoret d'un atelier à Venise / Pierre Hamon : cloître de l'église des Célestins / Parution à Strasbourg du premier livre de psaumes en français / Organisation définitive de la Compagnie de Jésus / Mercator dresse la carte du monde / Grande grève (ou « trac ») des typographes à Lyon / Mort de Nanak.

Soumission des Gantois par Charles Quint / Mariage d'Henri VIII avec Anne de Clèves puis, après répudiation, avec Catherine Howard / Exécution de Thomas Cromwell / Sher Khan écrase Hournayoun à Kaunauj et s'établit à Delhi / Mort de Jean Zapolya.

Dolet : *De la manière de bien traduire* / Mohammad de Jais : *Padmâvat* / Sansovino : la Loggeta de Venise / Construction du palais Spada à Rome et de la cathédrale de Saint-Domingue à Haïti / Fouilles archéologiques à Rome / Coronado en Californie et au « Nouveau-Mexique ».

Diète de Ratisbonne / Retour de Calvin à Genève / Début de la « guerre de Gueldre » / Prise de Bude par les Ottomans / Echec de Doria pour reprendre Alger / Prise d'Agadir par les Saadiens.

Edition en français de l'*Institution chrétienne* de Calvin / Michel-Ange : *Le Jugement dernier* à la chapelle Sixtine / Primatice : Galerie d'Ulysse à Fontainebleau / Pierre Lescot : jubé de Saint-Germain-l'Auxerrois / Delorme : château de Saint-Maur-les-Fossés / Troisième voyage de Jacques Cartier au Canada / Exploration de l'Arkansas par de Soto / Fondation de Santiago du Chili / Mort de Jean Clouet, Paracelse / Naissance du Gréco, de Pierre Charron.

Nouvelle guerre entre François Ier et Charles Quint / Siège de Perpignan / Exécution de Catherine Howard et sixième mariage de Henri VIII avec Catherine Parr / Défaite et mort de Jacques V d'Ecosse à Solway-Moss face aux Anglais / Avènement de Marie Stuart / Naissance de Toyotomi Hideyoshi.

Guillaume Postel : *De orbis terrae concordia* / Bartolomé de las Casas : *Brevissima Relación de la Destrucción de Las Indias* / Antoine Heroët : *La Parfaite Amie* / Parution du premier livre en finnois / Michel-Ange : *Crucifixion de saint Pierre, Conversion de saint Paul* à la chapelle Pauline / Marot à Genève / Création de l'Inquisition, à Rome, sous la direction du cardinal Carafa / « Nouvelles lois » en faveur des Indiens d'Amérique.

Siège de la ville de Nice par une flotte franco-ottomane / Mainmise de Charles Quint sur le duché de Gueldre / Nouvelle constitution donnée par Calvin à Genève / Galaudeiros aidé des Portugais reconquiert

Copernic : *De revolutionibus orbium cœlestium* / Vesale : *De corporis humani fabrica* / Rédaction en Angleterre du *King's Book* / Frycz Modzewski : *Homicides et Châtiments* / Cellini : la *Nymphe de Fontainebleau*, une salière

1544

1545

1546   Les Tatars sont repoussés sur l'Oka, puis sur la Volga.

1547 *16 janvier :* Sacre d'Ivan / *3 février :*   Ivan prend le titre de tsar / *3 juin :* Ivan
          Mariage avec Anastasie Romanovna   maltraite une délégation de notables de la ville
          / Début du règne personnel d'Ivan.   de Pskov / *20 juin :* Troisième incendie à
                                                   Moscou depuis le début de l'année / Disgrâce
                                                   des Glinski.

l'empire éthiopien / Règne du grand lama Sodman Gyamso.

en or et en émail et la médaille de François Ier / Titien : *Ecce Homo* / Création du Jardin botanique de Pise / Mort d'Holbein le Jeune.

Bataille de Cérisoles / Traité de Crépy-en-Laonnois / Diète de Spire / Gustave Ier fait décréter l'hérédité de la couronne suédoise dans sa famille / Prise de Wissegrad par les Ottomans.

Münster : *Cosmographie* / Maurice Scève : *Délie* / Agricola : *De ortu et causis subterraneorum* / Postel : *De orbis terrae concordia* / Ligier Richier : Transi de René de Chalon / Serlio : château d'Ancy-le-Franc / Mort de Clément Marot / Naissance de Robert Garnier, Du Bartas, Le Tasse.

Ouverture du concile de Trente / Massacre des Vaudois dans le Luberon / Mort de Sher Khan (Sher Shah).

Luther : *Contre la Papauté* / Calvin : *Contre la secte des libertins* / Serlio : *Règles générales de l'architecture* / Palladio : Palazzo della Ragione à Venise / Delorme : château d'Anet / Mosquée des princes à Constantinople / Tombe de Sher Shah au Bengale / Cellini : *Persée avec la tête de Méduse* / Tintoret : *L'Ascension de Marie* / Mort de Hans Baldung.

Paix des Ardres / Alliance de Maurice de Saxe avec Charles Quint : guerre contre la Ligue de Smalkalde / Révolte de John Knox et des protestants écossais / Mort de Khaïr el-Din Barberousse.

Rabelais : le *Tiers Livre* / L'Arétin : *Le Philosophe* / Fracastoro : *De contagione* / Vasari : *Vie de Jésus-Christ* / Tintoret : *Le Jugement dernier* / Création de la manufacture de tapisserie de Florence / Ravages du typhus dans la population indienne d'Amérique espagnole / Le jésuite François-Xavier aux Moluques / Exécution d'Etienne Dolet / Mort de Luther / Naissance de Tycho Brahé, Desportes.

Bataille de Mühlberg / Rupture entre Charles Quint et Paul III / Ouverture de la Diète d'Augsbourg / Avènement d'Edouard VI d'Angleterre / Défaite des partisans écossais de John Knox à Saint-Andrews / Avènement d'Henri II en France / Révolte en Guyenne contre les gabelles / Ferdinand de Bohême écrase une révolte hussite à Prague / Invasion de la Perse par les Ottomans / Mort d'Henri VIII d'Angleterre, François Ier, Hernan Cortés, Pierluigi Farnèse / Naissance d'Olden-Barnevelt.

Marguerite d'Angoulême : *Les Marguerites de la Marguerite* / Budé : *L'Institution du prince* / La Boétie : *Discours de la servitude volontaire* / Rencontre de Ronsard et Du Bellay / Titien : *Vénus et Adonis* / Tintoret : *Présentation au temple* / Pierre Bontemps : tombeau de François Ier / Jean Goujon devient sculpteur du roi / Michel-Ange commence à diriger la construction de Saint-Pierre de Rome / Vignola : villa Farnèse à Caprarola / Henri II rétablit en France la Chambre ardente / Exécution de Gruet à Genève / Naissance de Cervantès.

1548   Naissance d'Anne, première fille d'Ivan et d'Anastasie.

Création d'un nouveau conseil (l'*Isbrannaïa Rada*) où siègent les favoris d'Ivan : le métropolite Macaire, le prêtre Sylvestre, Alexis Adachev et André Kourbski.

1549

1550   Mort d'Anne, fille d'Ivan et d'Anastasie.

Assemblée des représentants de toutes les provinces de Russie *(Zemski Sobor),* Promulgation du *Domostroï,* code de la vie domestique rédigé par le prêtre Sylvestre, et du *Tsarski Soudiebnik,* nouveau code de justice / Réorganisation de l'armée / Campagne contre Kazan et fondation de Sviiajsk.

1551   Naissance de Marie, fille d'Ivan et d'Anastasie.

23 février : Réunion d'un concile ecclésiastique / Propositions de réforme de la vie ecclésiastique *(Stoglav)* / Réorganisation de la noblesse.

1552   Naissance du tsarévitch Dimitri, premier fils d'Ivan et d'Anastasie.

16 juin : Départ d'Ivan en campagne contre les Tatars / *23 août :* Installation du siège devant Kazan / *2 octobre :* Capitulation du

Vote à la Diète d'Augsbourg de l'intérim qui restaure le catholicisme en Allemagne / Mariage de Marie Stuart et du Dauphin / Expédition française en Ecosse pour soutenir la révolte de la Cornouaille / Nouvelle guerre franco-anglaise / Mariage de Jeanne d'Albret avec Antoine de Bourbon / Avènement de Sigismond II de Pologne qui accueille la secte hussite expulsée de Bohême / Suspension par Paul III du concile de Trente / Domination des Saadiens au Maroc / Début des guerres entre Birmans et Siamois / Mort de Sigismond Ier de Pologne.

Rabelais : le *Quart Livre* / Titien : *Portrait équestre de Charles Quint* / Tintoret : *Miracle de saint Marc* / Ligier Richier : Gisante de Philippe de Gueldre / Lescot : aile Henri II du Louvre / Création du Jardin botanique de Bologne / Jésuites au Congo et au Maroc / Exécution par l'Inquisition de Burlamacchi.

Siège de Boulogne par François de Guise / « Acte d'uniformité » et publication du premier *Prayer Book* / Révolte des catholiques en Cornouaille et dans le Norfolk écrasée par le comte de Warwick / Parme incorporé aux Etats de l'Eglise / Séparation des Pays-Bas de l'Empire / Mort du pape Paul III.

Du Bellay : *Défense et Illustration de la langue française* / Goujon et Lescot : Fontaine des Innocents / Palladio : basilique de Vicence / Arrivée de François-Xavier au Japon / Création de tribunaux de commerce à Lyon et à Toulouse.

Traité franco-anglais : la France récupère Boulogne / Election du pape Jules III / Mort du roi des Birmans Tabinshwehti.

Ronsard : *Odes* / Calvin : *Traité des scandales* / Vasari : *Le Vite de' piu eccelenti pittori, scultori et architettori italiani* / Vasari : palais des Offices à Florence / Construction des cathédrales de Mexico et Cuzco / Goujon : les Cariatides du Louvre / Titien : Portrait de Philippe II / Clouet : *Le Bain de Diane* / Illustration du *Dastan I-Amir Hamzah* (manuscrit mongol) / Fondation du collège des Jésuites à Rome / Mort de Kano Mokonobu.

Reprise des guerres d'Italie entre Henri II et le Pape / Réouverture du concile de Trente / Ligue de Dresde entre les princes allemands et Maurice de Saxe / Edit de Chateaubriand / Reprise de Tripoli et Tlemcen par les Ottomans.

Pierre Ramus : *Animadversiones aristotelicae* / Frycz-Modrzewski : *Du redressement de l'Etat* / Vignola : villa di Papa Giulo / Invention de la notion de cosinus par Rhéticus / Construction de deux globes terrestres par Mercator / Fondation de l'université de Lima / Création de l'Oratoire de Rome par Philippe de Néri / Mort de Chiu Ying.

Traité de Chambord et occupation des Trois Evêchés par Henri II / Prise d'Augsbourg par Maurice de Saxe / Attaque de

Ronsard : *Les Amours* / Jodelle : *Cléopâtre captive* / Baïf : *Les Amours de Méline* / Titien : *Danaé* / Découverte des trompes d'Eustache

gouverneur de Kazan, Iadiger Mohamed / *29 octobre* : Retour triomphal d'Ivan à Moscou / Construction d'une église de l'Intercession de la Sainte-Vierge (futur Saint-Basile-le-Bienheureux) confiée à l'architecte Barma Iakovlev.

1553 Baptême du tsarévitch Dimitri par l'archevêque de Rostov au monastère de la Sainte-Trinité / *Mars :* Maladie d'Ivan et rédaction de son testament / Pèlerinage d'Ivan et sa famille à Kirillov / Mort du tsarévitch Dimitri à Kirillov / *Juin :* Enterrement de Dimitri dans la cathédrale de Saint-Michel-Archange / Disgrâce du prêtre Sylvestre et d'Alexis Adachev.

26 février : Baptême de Iadiger Mohamed / Épidémie de peste ulcéreuse dans la ville de Pskov / Mort de l'archevêque Sérapion / Révolte des tribus mongoles contre les collecteurs d'impôts et mort de Boris Saltykov / Intrigues des boyards durant la maladie d'Ivan / *24 août :* Débarquement dans l'embouchure de la Dvina d'un vaisseau anglais commandé par Richard Chancelor / *Décembre :* Arrivée de Richard Chancelor à Moscou et remise à Ivan d'une lettre d'Edouard VI.

1554 *28 mars :* Naissance du second fils d'Ivan et Anastasie, Ivan.

Campagne de pacification dans la région de Kazan / *Février :* Départ de Richard Chancelor pour Londres avec un message pour Marie Tudor / Conquête d'Astrakhan / Courte guerre avec la Suède pour la possession de la Finlande.

1555

Retour en Russie de Richard Chancelor / Charte autorisant les Anglais à trafiquer librement dans toute la Russie.

1556

21 juillet : Envoi d'un ambassadeur en Angleterre, Joseph Grigorievitch Népéïa / Mort de Richard Chancelor dans un naufrage / Annexion d'Astrakhan au domaine russe.

1557 *31 mai :* naissance de Fedor, troisième fils d'Ivan et Anastasie.

Marie d'Autriche contre la Picardie / Convention de Passau qui annule l'Interim d'Augsbourg / Révolte de Sienne / Second Acte d'uniformité et second *Prayer Book* / Reprise de la guerre en Transylvanie entre les Ottomans et Ferdinand de Bohême / Nouvelle suspension du concile de Trente.

par Bartolomeo Eustachio / Publication de la *Recopilacion,* code colonial / Création du « Collegium germanicum » de Rome / Mort de François-Xavier / Naissance d'Edmund Spenser, Agrippa d'Aubigné.

Echec de Charles Quint devant Metz et retraite désastreuse / Conquête éphémère de la Corse par les Français / Victoire de Maurice de Saxe à Sievershausen / Avènement de la catholique Marie Tudor en Angleterre / Mort d'Edouard VI d'Angleterre, Maurice de Saxe.

Calvin : *Défense de la foi orthodoxe* / Postel : *Liber de causis* / Théodore de Bèze : *Abraham sacrifiant* / Léonard Limousin : les deux ex-voto de la Sainte-Chapelle / Découverte par Michel Servet de la petite circulation sanguine / Fondation de l'Université de Mexico / Exécution de Michel Servet à Genève / Mort de François Rabelais.

Défaite franco-siennoise à Marciano / Mariage de Marie Tudor avec Philippe d'Espagne / Attaque de Tlemcen par les Saadiens / Mort de Sher Khan.

Ronsard : *Bocage* / Anonyme : *La Vie de Lazarillo de Tormes* / Georges Wickram : *Le Fil d'or* / Véronèse : *Jupiter foudroyant les vices* / Moro : *Portrait de Marie Tudor* / Sansovino : *Mars et Neptune à Venise* / Palestrina : *Messes* / Invention de l'amalgame pour le traitement du minerai d'argent / Naissance de Sir Philip Sidney.

Capitulation de Sienne / Carafa élu pape sous le nom de Paul IV / Abrogation en Angleterre des mesures contre le catholicisme / Paix d'Augsbourg / Entrée d'Houmayoun à Delhi / Révolte réprimée par la terreur à Genève / Mort de Jules III, Marcel II, Henri d'Albret.

Ronsard : *Les Amours de Marie* / Louise Labbé : *Sonnets* / Michel-Ange : *Pietà Rondanini* / Véronèse : *Couronnement de la Vierge* / Premières œuvres imprimées de Roland de Lassus / Fondation de Henryville par les Français au Brésil / Naissance de Malherbe.

Trêve de Vaucelles / Reprise des guerres en Italie / Abdication de Charles Quint / Régence de Boiram Khan à Delhi pendant la minorité d'Akbar / Mort d'Houmayoun.

Ronsard : *Les Hymnes* / Fondation du groupe de La Pléiade / Tintoret : *Couronnement de Frédéric Barberousse* / Palladio : palais Thiène / Construction près d'Agra des palais de Fatehpur Sikri et à Delhi du mausolée d'Houmayoun / Palestrina : *Messe du pape Marcel* / Mort de l'Arétin, saint Ignace de Loyola.

Campagne du duc de Guise en Italie / Siège de Saint-Quentin / Ligue (Covenant) des

Du Bellay : *Les Antiquités de Rome* / Construction de la Grande Mosquée de Bija-

1558		*22 janvier :* Entrée d'une armée russe en Livonie / *12 mai :* Prise de Narva / *18 juillet :* Capitulation de Dorpat / Concession à la famille Stroganov d'un vaste territoire sur les bords de la Kama / Départ de l'Anglais Jenkinson vers Khiva et Boukhara par la Caspienne.
1559		Intervention de Sigismond-Auguste de Pologne pour protéger la Livonie / Défaite des chevaliers livoniens du Porte-Glaive à Ermes / Série de victoires éclatantes sur les Tatars de Crimée.
1560	*7 août :* Mort d'Anastasie / Exil du prêtre Sylvestre et mort d'Alexis Adachev / *Nouveaux favoris :* Alexis et Fedor Basmanov, Maliouta-Skouratov, Vassili Griaznoï / Ivan demande en mariage Catherine, sœur de Sigismond-Auguste.	Représailles contre les boyards.
1561	*21 août :* Remariage d'Ivan avec Marie, fille du prince tcherkesse Temriouk.	*21 novembre :* Le grand-maître de l'ordre des Porte-Glaive, Kettler, cède la Livonie au roi de Pologne / Second voyage commercial de Jenkinson vers la Perse.
1562	Disgrâce du prince André Kourbski.	Défaite de Kourbski devant les Polonais à Nevel.

protestants écossais / Edit de Compiègne / Crise financière à Anvers / Avènement au Portugal de dom Sébastien / Installation des Portugais à Macao / Mort de Jean III de Portugal.

pour en Inde et de la mosquée de Suleiman à Constantinople / Introduction du signe d'égalité (=) par Recorde / Fondation de Rio de Janeiro.

Reprise de Calais par François de Guise / Défaite française à Gravelines / Avènement en Angleterre d'Elisabeth Iʳᵉ / Réunion des protestants français au Pré-aux-Clercs / Mariage du dauphin François avec Marie Stuart / Mort de Charles Quint, Marie Tudor.

Du Bellay : *Divers jeux rustiques* / Parution posthume de *L'Heptaméron* de Marguerite d'Angoulême / Création de l'Académie de Genève / Conversion de Coligny au calvinisme / Mort de Janequin / Naissance de Kano Sorakon.

Traité de Cateau-Cambrésis / Avènement de François II et régence de Catherine de Médicis / Premier synode national des huguenots à Paris / Edit d'Ecouen / Vote par les Communes anglaises de l'Acte de suprématie et du Bill d'uniformité / Révolte contre la régente Marie de Guise en Ecosse / Avènement de Frédéric II sur le trône danois / Election du pape Pie IV / Mort de Paul IV, Christian III de Danemark, Henri II de France, Galaudeiros, Nanda Bayin / Naissance de Nourhatchi.

Du Bellay : *Le Poète courtisan* / Amyot : traduction des *Vies des hommes illustres* de Plutarque / Montemayor : *La Diane* / Cranach : *Maurice de Saxe et son épouse* / Première utilisation des niveaux dans l'arpentage / Mort de Wen Chen-Ming.

Conjuration d'Amboise / Edit de Romorantin / Avènement de Charles IX / Soulèvement dirigé par Share O'Neill en Irlande / Organisation de l'Eglise presbytérienne par John Knox en Ecosse / Avènement d'Eric XIV en Suède / Prise de pouvoir d'Oda Nobounaga au Japon / Mort de François II, Marie de Guise, Gustave Iᵉʳ, Moulay-Hassan.

Théodore de Bèze : *Traité de l'autorité du magistrat* / Thomas Sackville : *Gordobus ou Ferrex et Porex* / Tintoret : *Glorification de saint Roch* / Michel-Ange : Porta Pia / Delorme : galerie des fêtes de Chenonceaux / Roland de Lassus : *Septem psalmi pœnitentialies* / Mort de Du Bellay / Naissance d'Arminius.

Etats généraux d'Orléans / Colloque de Poissy / Retour de Marie Stuart en Ecosse / Tentative de conquête de l'Estonie par Eric XIV / Mort de Bairam Khan.

John Knox : *Book of discipline* / Guichardin : *Histoire d'Italie* / Jacques Grévin : *César* / Floris de Vriendt : Hôtel de ville d'Anvers / Germain Pilon : monument pour le cœur d'Henri II / Palestrina : *Impropères* / Naissance de Francis Bacon, Luis de Gongora.

Massacre de Vassy qui marque le début des « guerres de Religion » / Traité d'Hampton Court qui cède Le Havre aux Anglais / Traité de Fossans avec la Savoie / Réouver-

Ronsard : *Discours sur les misères de ce temps* / Maurice Scève : *Microcosme* / Le Tasse : *Il Rinaldo* / Kochanowski : *La Concorde* / Véronèse : *Les Noces de Cana* / Tintoret : *L'Empe-*

1563 *Mars :* Naissance du quatrième fils d'Ivan : Vassili / *Mai :* Mort de Vassili / Mort de Iouri, frère cadet d'Ivan / On commence à attribuer à Ivan le surnom de « Terrible ».

Déferlement d'une armée russe sur la Lituanie / *15 février :* Prise de Polotsk / Trêve de six mois avec la Pologne / Exil du prince Vladimir Andréïévitch / Mort de Macaire et élection d'Athanase comme métropolite de Moscou.

1564 Fuite d'André Kourbski en Pologne et début d'une longue et extravagante correspondance entre Ivan et lui / *3 décembre :* Départ d'Ivan de Moscou / *25 décembre :* Installation à Alexandrovskaïa Sloboda.

Déroute du khân de Crimée Devlet-Guireï qui avait mis le siège devant Riazan / Tentative vaine des Polonais pour reprendre Polotsk / Installation de la première imprimerie russe à Moscou.

1565 Transfert de la résidence d'Ivan de Moscou à Alexandrovskaïa Sloboda.

3 janvier : Renonciation d'Ivan au trône de Russie / *5 janvier :* Délégation menée par l'archevêque Pimène pour obtenir le retour d'Ivan / *2 février :* Rentrée d'Ivan à Moscou / *4 février :* Création de l'*Opritchnina* et des *opritchniks* / Extermination des boyards / Autorisation accordée aux luthériens d'ouvrir un temple à Moscou / Extension du monopole des marchands anglais.

1566

Réunion du premier *Zemski Sobor* (états généraux) qui vote la poursuite de la guerre contre la Lituanie.

ture du concile de Trente / Trêve de Prague entre Ferdinand Ier et les Ottomans / Tentative de soumission des Rajpoutes en Inde par Akbar / Mort de la régente du Portugal Catherine, Antoine de Bourbon.

reur *excommunié par le pape Alexandre III* / Breughel : *Le Triomphe de la mort* / Tentative de colonisation française de la Floride / Premier voyage de John Hawkins vers l'Amérique / Mort de Claude de Serouisy, Willaert / Naissance de Lope de Vega.

Assassinat de François de Guise / Edit d'Amboise / Publication en Angleterre des « 39 Articles » / Eric de Suède s'empare de son frère Jean de Finlande / Clôture du concile de Trente / Attaque des côtes du Fou-Kien par les pirates japonais / Banqueroute des Fugger.

Kochanowski : *Le Satyre ou l'homme sauvage* / Ambroise Paré : *Cinq Livres de chirurgie* / Brueghel : *Le Massacre des Innocents* et *La Tour de Babel* / Animuccia : *Laudi spirituali* / Construction du palais de l'Escorial / Début des travaux de Bernard Palissy sur la faïence / Naissance de Gomar.

Agitation des Pays-Bas contre les Espagnols / Avènement de Maximilien II sur le trône impérial / Entrevue franco-espagnole de Bayonne / Siège de Malte par les Ottomans / Conquête du Malva par Akbar / Conquête du Sud-Siam par le roi de Birmanie Baying Naung / Mort de l'empereur Ferdinand Ier.

Publication du *Cinquième Livre* de Rabelais / Delorme : château des Tuileries / Construction de l'hôtel de ville de La Haye / Publication à Rome du premier *Index des livres interdits* / Edit de Charles IX fixant le commencement de l'année au 1er janvier / Deuxième voyage d'Hawkins vers l'Amérique / Mort de Michel-Ange, Vésale / Naissance de William Shakespeare, Christopher Marlowe, Galilée / Mort de Calvin.

Nouvelle révolte vaine de l'Irlande / Mariage de Marie Stuart avec Henri Darnley / Lettres dites du Bois de Ségovie qui accentuent la répression des protestants aux Pays-Bas / Destruction de la colonie française de Floride par les Espagnols / Occupation de l'île de Chio par les Ottomans / Destruction du royaume de Vijayanagar par les sultans du Dekkan / Conquête des Philippines par les Espagnols / Mort du pape Pie IV.

Rémy Belleau : *La Bergerie* / Henri Estienne : *Traité de la conformité* / Brueghel : *Chasseurs dans la neige* et *Le Repas de noces* / Titien : *La Toilette de Vénus* / Construction de la mosquée de Futtipore en Inde / Première mention du crayon par le Suisse Gesner / Installation de colons hollandais en Laponie.

Ordonnance de Moulins / Doublement des impôts en Castille / Protestation des « Gueux » des Pays-Bas / Prise de Szeged en Hongrie par les Turcs / Révolte des janissaires à Constantinople / Election du pape Pie V / Mort de Soliman le Magnifique.

Henri Estienne : *Apologie pour Hérodote* / Bodin : *Méthode pour la connaissance facile de l'histoire* / Construction de la grande mosquée et du palais de Lahore ainsi que du palais d'Agra en Inde / Sinan : mosquée de Sélim II / Palladio : palais Chiericatti et palais Valmanara / Introduction du lamaïsme en Mongolie.

1567 Ivan demande la main d'Elisabeth Iʳᵉ d'Angleterre.

1568   Procès et emprisonnement à vie du métropolite Philippe / Election du métropolite Cyrille.

1569 *1ᵉʳ septembre :* Mort de la tsarine Marie.

Empoisonnement de Vladimir Andréïévitch et de sa famille / Déportation à Moscou de cinq cents familles de Pskov et cent cinquante de Novgorod / *Août :* Départ de Savine en Angleterre pour négocier un traité d'alliance militaire / *Décembre :* Expédition contre Novgorod accusée de trahison / Massacre des habitants de toutes les villes russes situées entre Moscou et Novgorod.

1570 Mariage de la nièce du tsar, Euphémie, avec Magnus, frère du roi du Danemark / Disgrâce et exécution des Basmanov et de Viazemski, anciens favoris.

8 janvier : Entrée d'Ivan à Novgorod, massacre des habitants / Famine et épidémie de peste dans toute la Russie / Administration de la Livonie confiée à Magnus / Echec de Magnus au siège de Reval.

1571 Fuite d'Ivan à Alexandrovskaïa Sloboda / *15 juin :* Retour à Moscou / *28 octobre :* Mariage d'Ivan avec Marthe Sòbakine / *3 novembre :*

Invasion par les Tatars de Crimée des territoires méridionaux de la Russie / Incendie de Moscou par les Tatars / Nouvelles représailles contre les boyards.

Assassinat de Darnley et emprisonnement de Marie Stuart / Coup de main avorté des huguenots sur le château de Montceau-en-Brie et début de la deuxième guerre de Religion / Répression du soulèvement des Pays-Bas par le duc d'Albe / Abolition du compromis de Prague / Mort du connétable de Montmorency.

Paix de Longjumeau mais reprise immédiate des hostilités entre catholiques et protestants français / Arrestation par Philippe II de son fils don Carlos / Evasion de Marie Stuart et nouvel emprisonnement en Angleterre / Proclamation de Jacques VI roi d'Ecosse / Révolte des Morisques espagnols dans l'Alpujarra / Eric XIV de Suède renversé par le duc de Finlande Jean III / Défaite du corsaire anglais Hawkins devant les Espagnols à San Juan de Ulloa.

Défaite des protestants français à Jarnac et Moncontour / Révolte des provinces catholiques du Nord de l'Angleterre / Réunion de la Lituanie au royaume de Pologne à la Diète de Lublin / Répression par les Birmans de la révolte siamoise.

Paix de Saint-Germain / Amnistie accordée par Philippe II aux rebelles des Pays-Bas / Constitution d'une ligue entre l'Espagne, Venise et le pape pour reprendre Chypre occupé par les Ottomans / Paix de Stettin entre le Danemark et la Suède.

Défaite de la flotte ottomane à Lépante / Répression de la révolte des Morisques d'Espagne / Election d'Etienne Bathory au trône de Transylvanie / Achèvement

Naissance de la Commedia dell' Arte en Italie / Brueghel : *Le Pays de Cocagne* / Titien : *Autoportrait* / Palestrina : Second Livre de *Messes* / Fondation de Rio de Janeiro et de Caracas / Troisième voyage d'Hawkins en Amérique / Découverte des îles Hawaii / Naissance d'Honoré d'Urfé, Guilhem de Castro, François de Sales.

Jean Bodin : *Réponse aux paradoxes* / Agrippa d'Aubigné : premiers poèmes du *Printemps du sieur d'Aubigné* / Brueghel : *La Parabole des aveugles* / Clouet : *Portrait de Pierre Quthe* / Palladio : villa Rotonda / Vignole : église du Gesù à Rome / Fondation de l'ordre des Carmes déchaussés / Naissance de Monteverdi, Campanella.

Kochanowski : *L'Etendard ou le Serment prussien* / Caron : *Triomphe de l'hiver* / Construction de l'*Antiquarium* de Munich / Herrera : palais d'Aranjuez / Palestrina : premier livre de *Motets* / Carte de navigation établie par Mercator / Mort de Brueghel l'Ancien / Naissance du Caravage.

Ortelius : *Theatrum orbis terrarum* / Palladio : *Quatre Livres d'architecture* / Titien : *Le Couronnement d'épines* / Véronèse : *Repas chez Simon le Lépreux* / Pilon : *Le Christ ressuscité* / Vasari : studiolo de François Ier à Florence / Construction de l'Hôtel de Ville de Cologne / Excommunication d'Elisabeth d'Angleterre / Installation de l'Inquisition à Lima / Premier voyage de Francis Drake en Amérique.

Fernando de Herrera : *A la batalla de Lepanto* / D'Aubigné : *Le Printemps* / Sanchez Coello : *Portrait d'Anne d'Autriche* / Construction de la mosquée Suleimaní à Andrinople / Fondation

Mariage du tsarévitch Ivan avec
Eudoxie Sabourov / *13 novembre :*
Mort de la tsarine Marthe.

1572 Quatrième mariage du tsar avec   Mort du métropolite Athanase / Réunion sous
Anne Koltovski / Voyage de noces à   la présidence de l'archevêque de Novgorod
Novgorod / Montée en faveur de   Léonide d'un concile qui confirme le mariage
Boris Godounov / Mort du favori   du tsar interdit par le *Stoglav* / Election du
Maliouta-Skouratov.   métropolite Antoine / Nouvelle invasion des
                                        Tatars arrêtée par le prince Vorotynski /
                                        Dissolution de l'*Opritchnina* / Conquête de
                                        l'Estonie / Défaite devant les troupes suédoi-
                                        ses à Lode / Révolte des tribus de Tchérémis-
                                        ses dans la région de Kazan.

1573 Candidature d'Ivan au trône de
Pologne.

1574 Répudiation de la tsarine Anne /   Pillage de l'Ukraine par les Tatars / Pendant
Mariage avec Anne Vassiltchikov   l'interrègne polonais, occupation par les Rus-
puis, après sa mort, avec Vassilissa   ses de la Livonie et d'une partie de la
Melentiev.   Lituanie.

1575   Installation par Ivan sur le trône du prince
                                        tatar Siméon.

d'Idriss III à la tête de l'empire tchadien du Kanem-Bornou / Traité entre la Chine et la Mongolie orientale / Fondation de la Bourse de Londres / Mort de Jean Sigismond de Transylvanie

de Manille / Mort de Benvenuto Cellini / Naissance de Kepler, Tirso de Molina.

Massacre de la Saint-Barthélemy / Abjuration d'Henri de Navarre / Révolte des Gueux qui s'emparent de Brielle / Siège de Candie par les Ottomans / Annexion du Goujrate à l'empire mongol de Delhi / Attaque des navires espagnols à Panama par le corsaire Francis Drake / Election de Grégoire XIII / Mort de Coligny, Pie V, Sigismond-Auguste de Pologne

Ronsard : *La Franciade* / Henri Estienne : *Trésor de la langue grecque* / Camoens : *Lusiades* / Véronèse : *Repas chez Lévi* / Tintoret : *La Bataille de Lépante* / Construction de l'Acropole d'Allahabad en Inde, de l'Hôtel de Ville d'Arras, de Longleat House / Bullant : Hôtel de Soissons / Création de l'université de Bogota / Mort de Doan, Goudimel / Naissance de Ben Jonson

Quatrième guerre de Religion terminée par l'édit de Boulogne / Paix séparée de Venise avec les Ottomans / Resistance des Gueux dans les Pays-Bas et rappel du duc d'Albe / Oda Nobunaga seul maître du Japon / Election d'Henri d'Anjou au trône de Pologne / Mort du sultan Sélim II.

Le Tasse : *Aminta* / Hotman : *Franco-Gallia* / Du Bartas : *La Muse chrétienne* / Construction de la cathédrale de Mexico / Roland de Lassus : *Patrocinium musices* / Début au Japon de la période Momoyama / Ambroise Paré : ligature artérielle / Mort de Jodelle, Vignola / Naissance de Mathurin Régnier.

Avènement sous le nom d'Henri III du duc d'Anjou qui abandonne le trône polonais pour le trône français / Traité de Bristol entre l'Espagne et l'Angleterre / Echec des négociations aux Pays-Bas / Défaite des Espagnols à Middelbourg et à Leyde / Les Birmans maîtres du Laos / Prise par les Ottomans de Bizerte, Tunis et La Goulette / Mort de Sélim II, Charles IX.

Ronsard : *Sonnets pour Hélène* / Montaigne commence d'écrire les *Essais* / Toulsi Das commence la rédaction du *Ramayana* / Titien : *Portrait de Philippe II* / Zucchero : *Portrait d'Elisabeth Ire* / Roland de Lassus : *Premières Chansons mesurées à l'antique* / Conrad Daypodius : horloge astronomique de la cathédrale de Strasbourg.

Banqueroute espagnole / Election de Rodolphe II « roi des Romains » / Election d'Etienne Bathory au trône de Pologne / Soumission par Oda Nobunaga de la puissante secte bouddhiste Ikkô-shû.

Spranger : *Hercule et Omphale* / Tintoret : *Jupiter donnant à Venise l'empire du monde* / Caron : *Auguste et la Sibylle* / Apogée de l'art du bronze Edo au Bénin / Fondation de la communauté religieuse de l'Oratoire par Philippe de Néri / Construction par Akbar à Fatchpour Sikri d'une « Maison de l'Adoration » / Ambroise Paré : étude du traitement de l'invalidité physique par massage / Mort de Hurtado de Mendoza / Naissance de Montchrestien, Jacob Böhme, Bérulle.

1576   Retour d'Ivan au Kremlin et exil de Siméon à Tver.

1577   Retour d'Ivan à Alexandrovskaïa Sloboda.   Echec au siège de Reval / Résistance acharnée de l'Estonie, de la Livonie et de la Lituanie / Siège et « châtiment » de Wenden / Nouvelle vague d'exécutions / Proposition d'alliance à l'empereur Rodolphe / Armistice de quinze ans avec le Danemark / Mort du khân tatar Devlet-Guireï.

1578   Reprise de Wenden et défaite des Russes devant les Polonais.

1579   *Août :* Entrée soudaine en Lituanie d'Etienne Bathory qui enlève Polotsk, Sokol, Krasnoï.

1580   Huitième mariage du tsar avec Marie Fedorovna Nagoï / Mariage   Enlèvement par Etienne Bathory de Viélikié-Louki, dépôt de guerre des Moscovites /

Paix dite de Monsieur et édit de Beaulieu / Formation par les catholiques de la Sainte-Ligue / Confédération de Delft / Révolte des troupes espagnoles aux Pays-Bas et saccage d'Anvers / Pacification de Gand / Avènement de Rodolphe II à la tête de l'empire / Début du règne d'Ismaël II sur le trône de Perse / Annexion du Bengale à l'empire mongol de Delhi.

Bodin : *La République* / Belleau : *Amours et Nouveaux Echanges de pierres précieuses* / Baïf : *Mimes, enseignements, proverbes* / D'Aubigné : *Les Tragiques* / Sir Humphrey Gilbert : *Discours de la découverte* / Palladio : *Il Redentore* à Venise / Ouverture à Londres du premier théâtre permanent / Création en France des Messageries royales / Construction d'un observatoire à Uraniborg par Tycho Brahé / Cardano : description de la typhoïde / Début du voyage de Drake autour du monde / Mort du Titien / Naissance de saint Vincent de Paul.

Sixième guerre de Religion terminée par la paix de Bergerac et l'édit de Poitiers / Réunion des provinces catholiques du sud des Pays-Bas dans l'Union de Bruxelles / Agitation en Perse.

Sainte Thérèse d'Avila : *Le Château intérieur* / Saint Jean de la Croix : *La Nuit obscure* et *Le Cantique spirituel* / Palladio : église du Rédempteur, à Venise / Le Gréco : retable de Santo Domingo el Antiguo / Véronèse : *Moïse sauvé des eaux* / Roland de Lassus : *Messe Douce Mémoire* / Palestrina et Zoilo : révision du plain-chant / Martin Frobisher cherche le passage du Nord-Ouest / Naissance de Rubens.

Défaite des Portugais à Ksar el-Kébir contre les Marocains / Victoire des Espagnols à Gembloux aux Pays-Bas / Nouvelle campagne des Ottomans contre la Perse.

John Lily : *Euphues* / Philip Sidney : *Défense de la poésie* / Edmund Spenser : *Shepherd's Calendar* / Du Bartas : *Le Sepmaine* / Kochanowski : *Le Renvoi des ambassadeurs grecs* / Tintoret : *Vénus, Ariane et Bacchus* / Décoration du Palais des Doges à Venise par Véronèse / Construction du Pont-Neuf à Paris, des monuments des comtes de Wurtemberg à Stuttgart / Ouverture d'un atelier de faïence à Nevers.

Confédération d'Arras et Union d'Utrecht / Formation des Provinces-Unies / Septième guerre de Religion en France / Révolte des Irlandais / Mort du grand vizir Mohammed Soqolly.

Hubert Languet : *Vindictae contra tyrannos* / Le Gréco : *Espolio* / Navarette : *Le Martyre de saint Laurent* / Sanchez Coello : *Portrait de l'infante Isabelle Claire* / Duval : *Portrait des frères Coligny* / Fondation du théâtre de la Croix à Madrid / Akbar se proclame chef de la religion dans ses Etats.

En France, guerre dite des Amoureux terminée par le traité de Fleix / Philippe II

Le Tasse : *Jérusalem délivrée* / Montaigne : première édition des *Essais* / Bernard Palissy :

du fils du tsar Fedor avec Irène, sœur de Boris Godounov.

Invasion de la Carélie et de l'Estonie par les Suédois.

1581   *19 novembre :* Assassinat par Ivan de son fils aîné / *22 novembre :* Enterrement du tsarévitch Ivan.

Echec d'Etienne Bathory devant Pskov / Occupation de Narva et conquête du golfe de Finlande par les Suédois / Ambassade auprès du pape Grégoire XIII pour la préparation d'une croisade contre les musulmans / *1er septembre :* Départ d'Ermak et de ses cosaques, au service des Stroganov, pour franchir l'Oural / *Octobre :* Prise de Sibir.

1582   Demande en mariage de Mary Hastings.

Conquête de toute la Sibérie par les cosaques d'Ermak et de Koltzo / Négociations avec la Suède et la Pologne par l'intermédiaire de l'envoyé du pape Possevino / Signature avec la Pologne d'une trêve de dix ans : la Russie perd la Livonie.

1583   *19 octobre :* Naissance de Dimitri, fils d'Ivan et de Marie Nagoï.

Signature d'une trêve avec la Suède qui garde l'Estonie et toutes les places russes qu'elle occupe de Narva au lac Ladoga.

1584   *18 mars :* Mort d'Ivan le Terrible, foudroyé par une attaque.

Début du « temps des troubles », période de perturbations dynastiques

d'Espagne roi du Portugal / Traité de Plessis-les-Tours qui donne le titre de souverain des Pays-Bas au duc d'Anjou.

Discours admirable de l'art de la terre / Robert Garnier : *Antigone* / Le Gréco : *Saint Maurice et la légion thébaine* / Mann Sing fonde le palais d'Amber en Inde / Palladio et Siamozzi : théâtre Olimpico de Venise / Construction de la mosquée d'Aya-Slouk près d'Ephèse / Deuxième fondation de Buenos Aires / Naissance de Quevedo, Frans Hals.

Etats de La Haye qui proclament la déchéance de Philippe II / Prise de Tournai et de Douai par Alexandre Farnèse / Trêve entre Philippe II et les Turcs.

Vincenzo Galilei : *Dialogues de la musique ancienne et moderne* / Robert Newman : *The New Attractive* à propos de l'inclinaison magnétique de la Terre / Construction du château d'Eu par Claude Leroi de Beauvais / Landini : Fontaine de la Tortue à Rome / Baujoyeux : *Ballet comique de la reine* / Découverte de la propriété isochrone du pendule par Galilée / Apparition en Angleterre de la chaise à porteurs / Retour de Drake de son voyage autour du monde / Naissance de Ruiz de Alarcoz.

Débarquement du duc d'Anjou à Flessingue / Nouvelle guerre en Allemagne entre les princes catholiques et l'archevêque de Cologne / Assassinat à Kyoto d'Oda Nobugana par un de ses vassaux.

Giordano Bruno : *De umbris idearum* / Robert Garnier : *Bradamante* / Le Gréco : *Le Martyre de saint Maurice* / Terzi : église São Vicente de Fora à Lisbonne / Monteverdi : *Sacrae Cantiumculae* / Fondation de la première Académie de langue italienne à Florence / Naissance de David Téniers le Vieux.

Siège d'Anvers par le duc d'Anjou / Victoire des troupes bavaroises sur l'armée de l'archevêque de Cologne soutenu par l'électeur palatin / Invasion du Yunnan par les Birmans.

Robert Garnier : *Les Juives* / Du Bartas : *Le Triomphe de la foi* et *Judith* / Scaliger : *De emendatione temporum* / Monteverdi : *Madrigali spirituali* / Expérience de Galilée sur la chute des corps / Décret de tolérance publié par Akbar autorisant toutes les religions dans son empire / Echec de Sir Humphrey Gilbert pour coloniser Terre-Neuve / Concile de Lima / Naissance de Grotius et de Frescobaldi.

Prise de Gand par Alexandre Farnèse / Traité de Joinville entre Henri de Guise et Philippe II / Mort du duc d'Anjou et de Guillaume le Taciturne.

Cervantès : *Numance* / Les Carrache : *Histoire des Argonautes* / Germain Pilon : *Portrait du chancelier de Birague* / Construction de l'hôtel d'Angoulême / Achèvement de l'Escorial / Palestrina : quatrième livre de *Motets* / Construction du phare de Cordouan / Mort de Jan Kochanowski.

BIBLIOGRAPHIE

Personnage complexe, Ivan le Terrible a, parmi les historiens, des partisans mesurés et des adversaires fanatiques. Si Karamzine, Kovalevski, Idanov le condamnent pour la fureur de ses passions, d'autres, tels Soloviev, Bielov, Zabieline, oubliant tout le mal qu'il a fait, le louent pour son génie politique. Les démocrates révolutionnaires Bielinski, Herzen, Dobrolioubov le tiennent pour un précurseur. Karl Marx admire ses talents de diplomate et d'organisateur. Lénine et Staline voient en lui le fondateur de l'Etat russe centralisé. La Grande Encyclopédie soviétique va même jusqu'à saluer en lui « l'un des plus grands civilisateurs de son temps ». Après la mort de Staline, un revirement semble s'être produit à ce point de vue et on dénonce volontiers, à Moscou, « l'idéalisation d'Ivan le Terrible ».

Les sources directes pour l'évocation de ce règne sont rares. Mais une nombreuse littérature a été inspirée par ce premier tsar de l'histoire de la Russie. Je ne citerai ci-dessous que les principaux ouvrages consultés.

ALEXANDROV, Victor : *Les Mystères du Kremlin*, Paris, 1960.
BEUCLER, A. : *La Vie d'Ivan le Terrible*, Paris, 1931.
BRIAN-CHANINOV, N. : *Histoire de la Russie*, Paris, 1929.
DUCHESNE, E. : *Le Stoglav*, Paris, 1920
— *Le Domostroï*, Paris, 1910.
DURAND-CHEYNET, Catherine : *Ivan le Terrible*, Paris, 1981.
ECK, Alexandre : *Le Moyen Age russe*, Paris, 1933.

FLETSCHER, Gilles : *La Russie au XVIe siècle*, Leipzig-Paris, 1864.

GRAHAM, Stephen : *Ivan le Terrible, le premier tsar*, Paris, 1933.

HERBERSTEIN : *La Moscovie du XVIe siècle*, présentation de Robert Delort, Paris, 1965.

IVAN LE TERRIBLE : *Correspondance*, traduite et présentée par Daria Olivier, Paris, 1959.

— *Epîtres* (en russe), Moscou-Leningrad, 1951.

JENKINSON, Anthony : *Early Voyages and Travels to Russia and Persia* (en anglais), Londres, 1886.

KARAMZINE, M. : *Histoire de l'Empire de Russie* (onze volumes), traduite en français, Paris, 1819.

KOVALEVSKI, P. I. : *Ivan le Terrible et son état d'âme* (en russe), Saint-Pétersbourg, 1899.

— *Manuel d'histoire russe*, Paris, 1948.

KOURBSKI, prince André : *Histoire du règne d'Ivan IV*, Genève, 1965.

LÉGER, Louis : *La Femme et la Société russe au XVIe siècle*, Paris, 1887.

LEROY-BEAULIEU, Anatole : *L'Empire des tsars et les Russes* (trois volumes), Paris, 1883.

MERILYS, Jean : *Ivan le Terrible*, Paris, 1948.

MILIOUKOV, SEIGNOBOS et EISENMANN : *Histoire de Russie* (trois volumes), Paris, 1932.

NAZAREVSKI, V. V. : *Histoire de Moscou*, Paris, 1932.

PERCHERON, M. : *Moscou*, Paris, 1937.

PIERLING, le père : *Bathory et Possevino. Les rapports du Saint-Siège avec les Slaves*, Paris, 1887.

— *Papes et Tsars*, Paris, 1890.

— *La Russie et l'Orient*, Paris, 1891.

PLATONOV, S. : *Histoire de Russie*, Paris, 1929.

— *Ivan le Terrible* (en russe), Berlin, 1924.

RAMBAUD, Alfred : *Histoire de Russie*, Paris, 1879.

SCHAKOVSKOY, Zinaïda : *La Vie quotidienne à Moscou au XVIIe siècle*, Paris, 1962.

SEMENOFF, M. : *Ivan le Terrible*, Paris, 1928.

STAHLIN, G. : *La Russie, des origines à la naissance de Pierre le Grand*, Paris, 1946.

VALLOTTON, Henry : *Ivan le Terrible*, Paris, 1959.

WALISZEWSKI, K. : *Ivan le Terrible*, Paris, 1904.

ZIEGLER, Charles : *Ivan IV, dit le Terrible*, Paris, 1957.

ZIMINE, A. A. : *L'Opritchnina d'Ivan le Terrible* (en russe), Moscou, 1964.

DICTIONNAIRE BIOGRAPHIQUE RUSSE : (en russe), article du professeur S. Sérédonine sur Ivan le Terrible, Saint-Pétersbourg, 1897.

GRANDE ENCYCLOPÉDIE SOVIÉTIQUE : (en russe) tome XVIII, article sur Ivan le Terrible.

INDEX

A

ADACHEV, Alexis, 49, 50, 53, 59, 70, 88, 89, 90, 91, 92, 93, 96, 97, 101, 103 et n. 1, 107, 108, 109, 110, 111, 123, 124, 125, 126, 205, 206.
ADACHEV, Daniel, 110.
AGRAFÉNA, 19, 20.
ALEXEÏEV, prêtre, 15.
AMALEC, 205.
ANASTASIE, 1ʳᵉ femme d'Ivan IV, voir ROMANOVNA ZAKHARINE-IOURIEV.
ANDRÉ, frère de Vassili III, 10 n., 16, 17, 18, 19.
ANDRÉÏEVITCH, Eudoxie, 156, 157.
ANDRÉÏEVITCH, Vladimir, 88, 89, 90, 93, 97, 105, 109, 114, 116, 125, 149, 156, 157, 176, 206.
ANNE, fille d'Ivan IV et d'Anastasie Romanovna, 80, 104 n. 1.
ANNE, de Pologne, 113.
ANTHIME, 56.
ANTOINE, métropolite, 184.
ASSUÉRUS, 36.
ATHANASE, métropolite, 117, 126, 127, 128, 129, 139, 140, 147.
ATHANASE, saint, 229.
AUGUSTE, 36.

B

BACON, Francis, 143.
BARMINE, Fedor, 47, 53.
BASILE LE BIENHEUREUX, 82.
BASMANOV, Alexis, 112, 126, 127, 133, 147, 154, 168, 170.
BASMANOV, Fedor, 110, 112, 126, 168, 170.
BATHORY, Étienne Iᵉʳ, 200, 201, 202, 205, 209, 210, 211, 212, 213, 214, 215, 216, 218, 225, 235, 239, 240.
BEKBOULATOVITCH, Siméon, 198, 199, 200.
BEST, Robert, 144.
BIELSKI, Bogdane, 244, 245, 247, 248.
BIELSKI, prince Dimitri, 68, 70, 150, 151.
BIELSKI, Ivan, 17, 20, 22, 24, 40, 53.
BOË, 210.
BOÏSMANN, 204.
BOMELIUS, Élisée, 145, 182, 223, 224, 235.
BOROVSKI, Paphnuce, 12, 13.
BOUTOURLINE, 24.
BOWES, Jérôme, 238, 239, 240.
BROMLEY, lady, 237.

TABLE DES MATIÈRES

Achevé d'imprimer en avril 1983
sur les presses de l'Imprimerie Bussière
à Saint-Amand (Cher)

— N° d'édit. 9815. — N° d'imp. 896. —
Dépôt légal : octobre 1982
Imprimé en France